生产物流运作管理

（第2版）

主　编　陈鸿雁　张子辰
副主编　张德洲　吴龙飞

北京理工大学出版社
BEIJING INSTITUTE OF TECHNOLOGY PRESS

内 容 简 介

本书是"十二五"职业教育国家规划教材的修订版，是高等职业教育财经商贸类、物流类专业配套教材。在《职业教育专业简介（2022年修订）》中，生产物流运作管理是物流类、交通类、工商管理类专业的核心课程之一。本书从生产物流运作管理的核心内容出发，以生产物流运作管理的"组织—运作—管理"为主线，系统阐述生产物流运作管理的基本原理及应用。本书共8个项目，包括开启企业物流之门、建立物流管理组织、采购物流运作、生产物流运作、销售物流运作、逆向物流运作、物流库存管理、生产现场物流管理。本书从生产企业的视角诠释了生产物流运作管理，将物流管理与生产运作有机地结合起来，融为一体。

本书建设了丰富的数字化教学资源，如微课、动画、教学课件、岗位能力库、实战任务、技能训练库、案例库、知识链接库、素养库等，读者通过扫描二维码可以获取与重要知识点、技能点对应的优质数字化教学资源，便于线上线下混合学习、自主学习，满足"互联网+"时代移动学习的需求。

本书是由高职院校教师和行业企业专家双主体合作开发的教材，理论联系实践，突出实用价值，深入浅出，通俗易懂。本书可以作为高等职业院校和应用型本科院校物流类、交通类、工商管理类专业的教材，也可以作为相关从业人员的岗位培训教材，以及社会人士的参考用书。

图书在版编目（CIP）数据

生产物流运作管理 / 陈鸿雁，张子辰主编. -- 2版
. --北京：北京理工大学出版社，2024.3
ISBN 978-7-5763-3720-4

Ⅰ.①生⋯　Ⅱ.①陈⋯ ②张⋯　Ⅲ.①企业管理-物
流管理-生产管理-教材　Ⅳ.①F273.4

中国国家版本馆 CIP 数据核字（2024）第 059560 号

责任编辑：徐艳君　　　文案编辑：徐艳君
责任校对：周瑞红　　　责任印制：施胜娟

出版发行 / 北京理工大学出版社有限责任公司
社　　址 / 北京市丰台区四合庄路6号
邮　　编 / 100070
电　　话 / （010）68914026（教材售后服务热线）
　　　　　（010）68944437（课件资源服务热线）
网　　址 / http：//www.bitpress.com.cn

版 印 次 / 2024 年 3 月第 2 版第 1 次印刷
印　　刷 / 河北盛世彩捷印刷有限公司
开　　本 / 787 mm×1092 mm　1/16
印　　张 / 16.25
字　　数 / 400 千字
定　　价 / 88.00 元

图书出现印装质量问题，请拨打售后服务热线，负责调换

随着经济全球化的迅速发展和全球物流战略的普遍实施，企业需要有效地整合与利用内外部资源，从物流运作管理中挖掘利润，获得竞争优势。党的二十大报告明确指出："我们要坚持以推动高质量发展为主题，把实施扩大内需战略同深化供给侧结构性改革有机结合起来，增强国内大循环内生动力和可靠性，提升国际循环质量和水平，加快建设现代化经济体系，着力提高全要素生产率，着力提升产业链供应链韧性和安全水平，着力推进城乡融合和区域协调发展，推动经济实现质的有效提升和量的合理增长。"纵观国内外成功企业的实践经验，物流运作管理已经成为企业核心竞争力的重要组成部分，因此，企业要提升竞争力，首要任务就是企业管理向物流运作管理转型。这种转型导致企业物流运作管理人才的需求越来越旺盛，具备企业物流运作管理思想和实际操作技能的人才炙手可热，生产物流运作管理也成为《职业教育专业简介（2022 年修订）》中物流类、交通类、工商管理类专业的核心课程之一。在这种背景下，编写生产物流运作管理教材，不仅是及时的，而且是必要的。

相比其他同类教材来说，本书具有以下鲜明的特色：

1. 编写理念体现了《国家职业教育改革实施方案》要求的职业教育特色

本书在编写理念上体现了职业教育"产教融合"的特色。一方面，本书的编写团队由具有丰富高职教学经验的"双师型"教师和具有丰富实践经验的生产物流行业企业专家构成，校企双主体合作开发特色鲜明。另一方面，本书体现了以学生为主体，以教师为主导，以培养学生的职业能力和创新能力综合素养为目标的编写思想，同时，将社会主义核心价值观与人文素养融入书中，加强对学生世界观、价值观和人生观的养成教育。

2. 内容体现真实性、实用性和前沿性

本书融入生产物流运作管理的新知识、新技术和新方法，突出实用性、前沿性和安全性，针对国内知名企业加强"案例学习"和"实战演练"，引导学生在"做"中"学"，培养学生站在现代物流高度实现降本增效，并意识到企业物流的安全稳定运行和高质量发展是实现经济高质量发展和现代化产业体系的重要推动力。

3. 体例设计符合高职学生的认知规律

本书采用项目任务编写体例，每个项目以学习目标为起点，使学生明确学习本项目所要达成的知识目标、技能目标和素养目标；以项目任务驱动学生的学习动机，使学生明确本项目的重点、难点知识与技能；以思维导图引导学生总览全项目框架和内容；以前沿视

角开阔学生的视野，有助于学生了解与本项目内容有关的前沿领域知识；每个项目后的知识检测和任务实施，帮助学生更加深入地总结、理解和运用本项目的知识与技能。

4. 数字化教学资源与纸质教材配套，体现新形态一体化教材特色

按照国家职业教育教学资源建设的要求，以知识点和技能点为颗粒度，创建微课、动画、教学课件、岗位能力库、实战任务、技能训练库、案例库、知识库、素养库等数字化教学资源，体现新形态一体化教材特色。

本书由淄博职业学院陈鸿雁教授和张子辰担任主编，负责全书架构设计和编写体例设计，并对全书内容进行了统改；由山东轻工职业学院张德洲副教授和铜陵职业技术学院吴龙飞副教授担任副主编。具体编写分工为：陈鸿雁编写了项目1、项目2、项目4的7个任务和项目7；张子辰编写了项目3、项目5、项目6，并录制全书微课和视频；张德洲编写了项目8；吴龙飞编写了项目4中的任务4.3。为了给授课教师提供教学支持，本书提供了立体化的教学资源库，如有需要，请与编者联系（联系邮箱1369772314@qq.com）。

在编写过程中，编者参阅了大量国内外公开发表和出版的文献资料，在此，向原著作者和出版单位表示诚挚的敬意和由衷的感谢。

由于编者的理论水平和实践经验有限，书中难免存在不足之处，恳请各位专家和读者批评指正，以便再版时予以修正，使其日臻完善。

编　者

目　录

模块一　企业物流认知

模块二　企业物流运作技能

模块三　企业物流管理

模块一
企业物流认知

项目1 开启企业物流之门

知识目标

1. 理解企业物流的含义及目标；
2. 了解国外发达国家物流业的发展阶段及成功经验；
3. 了解国内物流业的发展阶段及存在的问题；
4. 掌握企业物流体系的 5 个子系统；
5. 掌握企业常见的物流活动；
6. 理解物流合理化的内涵及阶段。

技能目标

1. 能够识别生产企业常见的物流活动；
2. 能够辨析不同的企业物流运作系统；
3. 能够分析企业物流存在的问题，并提出合理化方案。

素养目标

1. 培养创新思维意识，运用创新思维认识我国生产物流与先进发达国家之间的差距；
2. 培养创新实践精神，在实践中不断运用和完善物流合理化的理论和方法；
3. 培养终身学习的理念、锲而不舍的学习精神和学习生产物流新知识的能力。

项目任务

海尔的物流运作管理

海尔集团创立于 1984 年。作为实体经济的代表，海尔持续聚焦实业，始终以用户为中心，是全球领先的美好生活和数字化转型解决方案服务商。2022 年，海尔集团全球营业收入为 3 506 亿元，品牌价值为 4 739.65 亿元。

海尔物流成立于 1999 年，依托海尔集团先进管理理念及海尔集团强大资源网络构建而成的物流推进本部，如今已成为全球最具竞争力的第三方物流企业。物流推进本部下设三个中心，分别为采购中心、储运中心和配送中心。其中采购中心负责供应商资源的管理、采购成本的降低与战略采购物资的采购；储运中心负责按订单将物资入库，并 JIT（准时制）配送至工位；配送中心负责将成品配送至终用户。

目前，除集团内业务外，海尔物流通过"一流三网"已经开始为雀巢、AFP、乐百氏、HP、郎酒提供不同要求的物流增值服务，海尔物流希望利用自己的服务为所有企业建立起供应链体系。

（资料来源：海尔集团网站，https：//www.haier.com/）

阅读以上材料，完成以下任务：

1. 如何理解"海尔的企业物流最终成为海尔的物流企业"？
2. 从运营模式看，海尔物流属于哪一种？
3. 海尔的物流运作系统包括哪几部分？画出它们的运作体系图。
4. 你认为海尔还应重视哪个系统？请提出合理建议。
5. 海尔为什么不与国内物流公司合作，由其来承担其物流业务呢？

思维导图

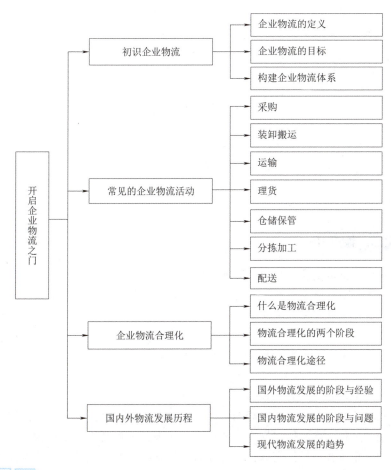

开启企业物流之门
- 初识企业物流
  - 企业物流的定义
  - 企业物流的目标
  - 构建企业物流体系
- 常见的企业物流活动
  - 采购
  - 装卸搬运
  - 运输
  - 理货
  - 仓储保管
  - 分拣加工
  - 配送
- 企业物流合理化
  - 什么是物流合理化
  - 物流合理化的两个阶段
  - 物流合理化途径
- 国内外物流发展历程
  - 国外物流发展的阶段与经验
  - 国内物流发展的阶段与问题
  - 现代物流发展的趋势

任务知识

任务 1.1　初识企业物流

　　企业物流作为一种形式存在，是伴随着产品的生产与销售而发生的。企业生产和制造产品，必须有一定的厂房空间，必定存在着物料的装卸与搬运、仓储与保管、配送等物流活动。产品按照一定的工艺路线生产加工，而组装成产品的在制品、零部件的物体实际流动，也就是物料在加工环节的流动，就是企业物流的体现。

1.1.1 企业物流的定义

《物流术语》（GB/T 18354—2006）中给"企业物流"定义为：货主企业在生产经营活动中所发生的物流活动。通俗来讲，企业物流就是物料从进入企业管理现场以后的流通过程。

企业物流一般分为企业内部物流和企业外部物流两部分。

1. 企业内部物流

企业内部物流是指在企业生产过程中，对产品或在制品生产加工时产生的搬运、仓储、保管、配送等实体流动过程。

企业内部物流是企业生产正常运行的保障，现实中对企业内部物流的不断更新、改造，使企业内部物流更加趋向完善，满足了企业的生产需求。

某企业内部物流如图 1-1 所示。

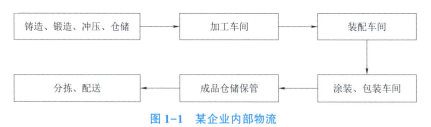

图 1-1　某企业内部物流

实战训练1-1

随着经济的快速发展，物流行业也呈现出飞速的增长趋势。物流体系作为经济体系的重要组成部分，对其顺畅发展具有不可替代的作用。企业内物流执行需要结合企业管理的需要、企业文化、绩效要求等确定工作流划分的颗粒度和数量，避免过于简单或过于复杂。

问题：请为某民营小型企业设计内部物流流程体系。

2. 企业外部物流

企业外部物流是指在企业生产活动中，零部件供应商、原材料及产品销售等企业生产外部实体流动的过程。企业外部物流一般更多地体现在采购物流及销售物流中。企业外部物流所面临的是企业客户及供应商，更应注重的是其物料的输送性及可协调性。生产企业外部物流如图 1-2 所示。

图 1-2　生产企业外部物流

1.1.2 企业物流的目标

企业物流是伴随原料、辅料及外购件进入生产过程，经过加工或装配活动，直到成品或半成品入库而发生的物流运作活动。当企业的生产计划确定之后，物流管理的目标就是根据生产计划做好物料的供应、仓储、配送等工作，保证各个工序能够按计划开始其作业活动。具体来说，企业生产物流要实现的目标主要有以下几个：

1. 保证生产的顺利进行

常言道"兵马未动，粮草先行"，可见"粮草"的重要性。企业生产也是如此，企业生产的"粮草"是什么？那就是原材料、供应商的配件、辅料等。为了保障企业正常生产，以及企业生产的顺利进行，企业生产也需要"粮草先行"，需要物流对企业生产的支持。

生产企业接收订单以后，制订生产计划，同时针对企业的生产计划制订原材料及配件的采购供应计划。由于不同品种、数量、用途的原材料所需的采购时间、供应商不同，所以企业要保证采购物料的顺利到位，只有制定好标准的物料供应流程，使物料从采购到应用得到有效控制，才能确保企业生产顺利进行。生产物流的合理科学安排，保证了企业的生产顺利，这就是物流管理的目标之一。

2. 降低企业成本，提高企业整体效率

影响企业生产成本的因素很多，如人工成本、原材料成本、加工成本、管理成本等。产品市场的竞争，促进企业要不断努力降低生产成本，而物流成本是近些年新提出的成本核算内容，其可降低的成本比例及可挖掘潜力很大。在物流成本降低上下功夫，可以使企业生产事半功倍，使企业积极思考和创新，使企业获得更大的利润；实施准时化精益生产，利用物流可以使企业在生产过程中各部门、各单位的工作更加协调，使企业整体效率提高，使企业对市场的反应时间缩短，更有利于企业赢得市场。

3. 实现企业物流的系统化、规范化

企业生产重要的是有计划性和可控性，只有这样企业才能有序生产。但是，企业在生产过程中经常出现生产计划部门与生产控制部门、采购部门、供应部门、配送部门等不协调，原材料到货时间滞后，供应产品质量不合格等现象，造成企业生产计划经常变化，无法正常实施，最后延迟交货，出现客户索赔现象，增大了企业的成本，使企业丢失了市场。

企业生产计划及物流计划应同时进行，其流程应不断地改善、优化、规范，确保物流满足生产需求。在编制企业生产计划及物料采购计划的同时，应大力推行准时化生产的思维与方法，使企业的生产有章可循，使生产能够顺利进行，员工各尽其责。

物料生产计划时序如图1-3所示。良好的物料生产计划时序，可以使企业

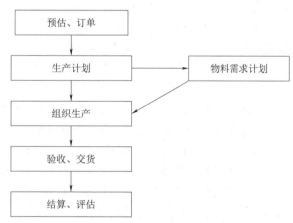

图1-3 物料生产计划时序

在生产过程中实现标准化和准时化，促进企业在生产过程中不断完善和创新流程，减少企业生产环节中的浪费，降低企业的运营成本。

4. 科学认知企业生产中物流管理的内容

目前，我国很多企业对物流管理的理解还仅仅局限于仓储与运输。有些企业领导认为物料的采购、供应、仓储保管、回收等工作是辅助内容，因此，不重视物流的管理工作，只是在生产现场的管理上肯下功夫、肯投入，而对物流的投入及改善漠不关心。而现实中，物流管理的实际工作领域与内容相当丰富，涉及的企业管理内容及管理方法很多，涉及企

知识拓展：
学习企业
物流的意义

业供应链管理、大客户管理、生产计划与物料管理、产品原材料的配送及产品回收物流管理等诸多管理内容。只有科学合理地认知物流，才能更好地管理和应用物流。

1.1.3 构建企业物流体系

企业生产系统活动的基本结构是"投入—转换—产出"。企业投入的是输入物流，或称内向物流、采购（供应）物流；转换的是企业生产物流，或称企业转换物流；产出的是企业输出物流，或称外向物流、销售（分销）物流；废弃物回收、包装材料回收、退货等活动是回收物流或逆向物流。

1. 企业采购物流（purchasing logistics）

《物流术语》（GB/T 18534—2006）中"采购物流"的定义为：采购物流也称原材料采购物流，是指企业根据生产所需的物料（零部件、辅料）进行采购、运输、装卸搬运的管理过程。

企业为保证生产的正常运行，需要不间断地进行物料（零部件、辅料）的采购供应。采购供应不仅要足额采购物资，同时要针对企业的需要进行采购，还应满足以最低的采购成本、最快的采购速度、最好的采购质量进行采购活动的要求。因此，采购物流关注的是如何降低物料供应过程的成本，提高供应网络的有效性，选择最佳的供应方式，提高与供应商的合作伙伴关系等问题。

2. 企业生产物流（production logistics）

《物流术语》（GB/T 18534—2006）中"生产物流"的定义为：企业生产过程中发生的涉及原材料、在制品、半成品、产成品等所进行的物流活动。更主要的是指企业在生产、制造产品时，原材料、零部件在生产工艺及生产计划的需要下，为了满足生产制造产品进行的物品流动。

企业生产物流即原料、辅料及外购件从企业仓库或企业"入口"进入生产流程，随着加工过程流过各个生产作业环节，直到生产过程结束，最后"流入"成品库或半成品库。

企业研究的重点是减少物流时间，缩减生产周期，节约劳动力。

3. 企业销售物流（distribution logistics）

《物流术语》（GB/T 18534—2006）中"销售物流"的定义为：企业在出售商品过程中所发生的物流活动。也就是指企业生产出来的产品，通过销售商进行销售或自销、直销时，在供方与需方之间的实体流动过程。

企业销售物流伴随着产品销售的全过程，重点研究产品的包装、运输、配送、售后服务等一系列活动内容，并采取各种如少批量、多批次、定时、定量配送等特殊的物流方式达到目的。

4. 企业回收物流（return logistics）

《物流术语》（GB/T 18534—2006）中"回收物流"的定义为：退货、返修品和周转使用的包装容器等从需方返回供方或专门处理企业所引发的物流活动。也就是指企业生产的产品出现质量问题时，企业针对产品而进行的返修、退货及产品的调换而进行的一系列物流活动，同时还包括企业生产制造过程中的包装器皿、包装材料的回收利用。

企业在生产、供应、销售活动中总会产生各种边角余料和废料，或者是客户的退货，或者是废旧物品的回收。如果回收物品处理不当，则往往会影响整个生产环境，甚至影响产品的质量，而且占用很大空间，造成浪费。回收物流做好了，一方面有利于环境保护，另一方面也可以提高资源的再利用，帮助企业降低原材料成本。

5. 企业废弃物流（waste material logistics）

《物流术语》（GB/T 18534—2006）中"废弃物流"的定义为：将经济活动或人民生活中失去原有使用价值的物品，根据实际需要进行收集、分类、加工、包装、储存等，并分送到专门处理场所的物流活动。

企业在生产制造过程中，伴随着产品的制造、加工，相对应地会出现一些不可再利用的废弃物，如工业废水、废酸、废油料、废品等。企业废弃物的回收处理非常重要，体现的是企业对环境、对社会的责任心，企业应针对废弃物进行专门管理。

图1-4所示为生产企业运作的几种物流形态。

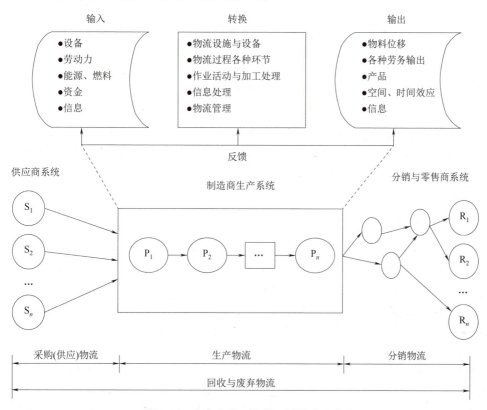

图1-4　生产企业运作的几种物流形态

任务1.2　常见的企业物流活动

生产企业常见的物流活动大致包括物料的采购、装卸搬运、运输、理货、仓储保管、分拣加工和配送。

1.2.1　采购

企业为保证生产的正常运行，需不断输送原材料、零部件、辅料等进入企业，用来保证生产。物料采购活动狭义的理解是指企业购买物品，通过物品在市场的交换，为企业获得有用资源。采购工作是企业与社会的衔接点。采购部门采购的原材料品种、数量来源于生产计划的需求，采购部负责物料采购的同时，对供应商的管理、市场变化及市场信息的收集，也对企业生产起着重要作用。

采购部门在企业组织机构中相对独立，但是与企业生产系统、财务系统、技术系统及市场管理都有密切联系。采购计划来源于企业生产计划的需求，采购资金需要财务部门的支持，同时采购原材料的品种、型号及质量的优劣需要技术部门的支持。作为企业生产运营的一个部门，采购活动可以说是企业降低成本的第一要素，采购活动对企业是至关重要的。常见的采购方式有零散采购、大批量采购、招标采购、议价采购等。

1.2.2　装卸搬运

装卸、搬运实为两个词汇，是企业采购活动后的第一项物流具体活动。装卸是指物料在空间垂直距离的移动，而搬运是指物料在空间的水平位移。由于装卸与搬运在实际工作过程中难以分开，它们同时存在，经常同时发生，因此，人们常常将装卸和搬运连在一起书写。

生产现场中，装卸搬运在企业生产活动中占有相当大的比例，约占物流工作的 1/3。装卸搬运是一个劳动密集型活动，内容相对简单，相比生产技能技术性较弱。装卸搬运逐步从纯人工作业向机械化作业乃至自动化作业发展。

在生产物流作业中，装卸搬运能产生"空间效用"及"时间效用"。装卸搬运在企业生产中不能创造价值，但它是企业生产必不可少的工作环节。我们要尽力去减少不必要的装卸搬运或提高装卸搬运的科技手段，使装卸搬运的效率提高，减少企业的浪费。

1.2.3　运输

企业生产物流运输专指物料的载运与输送，它是指在不同的地域之间以改变物料空间位置为目的的工作活动，是较大范围的位移活动，它注重的是运输效率。物料运输随着国家的改革开放，形式逐步多样化，其效率大有提高。

运输是物流的基础，是企业稳定运行的先行条件。虽然运输不产生新的物质产品，但可以使物品潜在的使用价值增加，可以使社会物资得以充分利用，刺激社会产品生产速率，满足社会的消费需求。

物料运输有铁路运输、公路运输、水路运输、航空运输、管道运输和复合式运输 6 种方式。运输是物流活动的重要组成要素之一，运输的合理化，对企业及社会的发展有重要的影响，对促进节约型社会有重大贡献。国家、企业针对运输进行了一系列的科学调查研究，对物流运输提出了更高的要求，即在传统的运输基础上，更合理地设计运输路线，选择合理的运输工具，做到物流运输用时最短、费用最低、效率最高。

生产企业物流运输是物流管理的重要项目，影响物流运输的因素主要包括以下内容：

1. 运输距离

物流运输距离的长短，对运输的成本、效率、所用的时间，以及企业的生产计划、采购有着深远的影响。

2. 运输费用

目前，运输费用在不断增加。运输费用的增加，直接影响企业的运营成本，造成企业产品的成本增加。

3. 运输工具

目前物流的运输工具主要是火车、轮船、汽车，各种运输工具有各自的优越性，同时也有各自不同的条件要求。企业物流对运输工具的选择，对物料到达企业的时间、成本有非常大的影响。企业应最大限度地合理选择运输工具，条件允许时，根据运输成本核算，选择的顺序为船舶运输、火车运输、汽车运输。

4. 运输时间

运输是企业物流过程中花费时间较多的环节，运输时间的长短对物流运输有重要的影响。时间允许，可以选择路线相对较长，但运输工具及费用较低的复合式运输方法。例如，有水路的情况下，采用水路与公路运输相结合的方法，降低运输成本；没有水运，可以采用铁路与公路运输相结合的方式，同样可以降低企业物流运输成本。

5. 运输环节

运输环节复杂，就会相应增加运输时间和运输风险。运输环节的增加相应地也增加了运输过程中的附属活动。例如，复合式运输可以相应地降低企业运营成本，但是，复合式运输增加了货物在运输工具上的装卸搬运次数，增大了货物损坏的不安全系数，增加了物料的运输时间。

1.2.4 理货

生产企业的理货作业（验收、入库）是生产企业物流的开始，理货作业的质量、效率对企业的生产影响非常大，其工作流程必须标准化。对理货作业的要求必须严格，若物流第一工序就出现问题，则会给日后的物料管理带来不可想象的麻烦。理货作业各项表格的填写必须清晰，验收物料时应仔细认真，不管是物料的质量、数量还是验收时间，都要认真按照订单的要求进行验收，避免出现差错。

由于企业采购的物料来自不同的厂家、地区，到货时间也各不相同，使理货作业相对复杂烦琐。理货作业流程如图1-5所示。

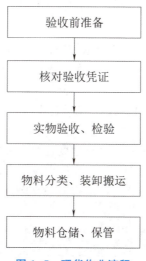

图1-5 理货作业流程

作为理货工作的员工，必须具备多种技能，如计算机的应用、货物（物料）的识别、叉车的驾驶、货物码垛知识等。

1.2.5 仓储保管

仓储保管是生产企业物流中的一个十分重要的环节，是企业针对物料（零部件）及生产的管理与保障，是企业生产过程中的重点。

仓储，可以理解为存放储藏。"仓"即为库，"储"即为存放，仓储就是利用仓库存放、储存物料，目的是缓冲生产与物料供应商之间需求的时间差。生产企业中，仓储分为动态仓储与静态仓储两种。动态仓储是指企业为满足生产的需求主动备货，一般指供应商运送到企业的在途物料数量，也称在途库存；静态仓储是指企业在仓库的物料数量，其中包括中间库存量、生产现场在制品库存量。生产企业仓储的意义在于：一是缓冲供应商与生产现场之间的时间差；二是缩小供应商与生产现场的地域距离差；三是消除生产不均衡带来的计划变更因素；四是调剂供应商及生产现场产品品种、数量的不均衡生产；五是保证企业生产交货期。

物料的保管是指物料在仓库中的一系列的维护、盘点、存放等物流活动。企业采购的物料（零部件）进入库房后，针对几十种、几百种、上千种物料，需要进行科学合理的保养与管理。物料保管原则有：保质、保量，确保物料没有损失；物料分类、分区保管，确保物料不出现混料；保证物料先进先出；针对不同物料采用不同的保管方法；定时定期对物料进行盘点，确保物品库存量为科学合理库存量。

生产企业的市场竞争体现在产品的开发与制造上，仓储保管是确保企业生产与销售及售后服务的重要因素之一。仓储保管主要体现在物料、备件及成品的管理上，要建立科学的最大、最小及安全库存。做好仓储保管工作，对企业生产有着重要的意义。

1.2.6 分拣加工

生产物料根据生产计划的安排，进入企业的仓储中心（库房）或直接进入生产现场，以满足生产的需求。进入仓储中心储存的物料需要进行分类保管；物料在仓储中心储存一段时间后，按生产计划先进先出的原则对物料进行分拣、加工。

1. 分拣

物料的分拣是依据生产计划的需求而进行的，物料的分拣是企业产前物流的一部分。在生产制造产品的过程中，零部件、标准件种类繁多，导致企业的仓储保管工作繁杂。每一种产品所应用的零部件、标准件各不相同，企业在混流生产过程中，一条组装线可以组装多种不同型号的产品，因此，产前物流中的分拣就凸显出其重要性。

分拣工作根据生产节拍及生产计划准时将组装线上需要的零部件、标准件拣选出来。拣选工作应与产品组装的节拍相一致，拣选速度过快，会造成在制品、零部件、标准件在组装线上堆积；拣选速度过慢，零部件、标准件供应不上，会造成组装线停产。因此，物流分拣工作应在企业生产中得以重视。产前物流的分拣方法有多种，企业应根据具体的生产需求选择分拣方法。

分拣方法大体可分为以下两种：

（1）摘果式分拣。摘果式分拣形象地说就是像在果园中摘取果实一样去拣选物品。具体的操作方法是：操作者在物料架（堆、垛）中穿梭行走，按照拣选单据的内容，拣选需要的物品。操作者每天拣选的物品可以是同一种物品，也可以是不同的物品。制造业中的分拣，由于产品固定，每天拣选的物品基本不变。

（2）播种式分拣。播种式分拣形象地说就是像在田野中进行播种一样去拣选物品。具体的操作方法是：操作者将大宗货物集中一次用叉车、运输机械、料箱等从货位中取出，然后根据各拣选单据的需求，将货物分别放在不同的周转箱中，以满足生产需求。

目前大型企业的仓库（第三方物流仓库）有采用自动化分拣系统和半自动化分拣系统

进行分拣作业的。在制造业中多采用电子标签、手持条码机与人工拣选相结合的方法提高劳动效率。电子标签货架主要是货架与计算机系统相联，配套使用，在拣选物料时可以提高分拣效率，同时分拣的质量也可以得到保障。

2. 加工

物料加工是根据生产计划的要求，通过使用调料单将物料调出仓储中心，然后根据不同的要求进行初加工，如汽车覆盖件、焊装件所用的原材料为板材，而企业从轧钢厂采购的板材料为卷料，在冲压工序之前，需将薄板卷材根据生产工艺的要求，用剪板机剪裁成固定的板材。这样的工作过程称为物料的产前加工。

企业用于生产制造零部件、标准件种类繁多，相当一部分零部件是协作厂家加工生产的。

1.2.7 配送

配送是企业物流中的重中之重，是企业物流的核心业务。物料从采购开始，到生产结束，无时无刻不依赖于物料的准时配送到达。

物料的配送是将物料分拣后，针对企业不同的岗位（工序）需求，进行最终送达的物流活动。实现准确的物料配送，需要物流、信息流及严格的生产计划的配合，需要企业不断地改善、完善物流过程，才能使配送满足生产需求。

生产企业现场物料的配送有以下两种形式。

1. 按节拍直达配送

仓储中心按生产计划，针对组装线的需求，将分拣的物料（零部件）放置在专业物料箱中，根据不同的时间顺序，将物料送达需要的岗位（工序）。

2. 批量配送

零部件供应商集中在某一时间段，针对生产需求，按日配送计划将物料（零部件）成批次地送达到生产现场的物流方式。

任务 1.3　企业物流合理化

企业物流目标的建立基础是企业战略规划和企业生产目标分解。企业物流能否更好地对企业生产进行有效的支持，辅助生产计划顺利进行，即生产物流如何科学、合理，应围绕着企业的生产目标而制定。影响物流合理化的因素很多，有效地将企业生产中的规划、组织、管理、人员、资金进行结合，充分体现其高效性，是企业物流合理化的目标。

1.3.1 什么是物流合理化

物流合理化就是使物流设备配置和一切物流活动趋于合理。合理具体表现为：以尽可能的物流成本获得尽可能高的服务水平。

物流合理化是物流管理追求的总目标。它是对物流设备配置和物流活动组织进行调整改进，实现物流系统整体优化的过程，即在一定的条件下，物流的运行速度最快，劳动耗费最省，流量最多，流质最好，服务最优，效力和效果最佳。

物流合理化是物流学科产生以来学者们一直关注、探讨的一个问题，也是产业界追求、探索的理想化目标。

1.3.2 物流合理化的两个阶段

1. 第一阶段

第一阶段要使构成物流活动的包装、运输、配送、仓储、装卸搬运、流通加工和信息处理等各种单项活动实现合理化。

（1）包装合理化。主要存在诸如采用什么样的包装种类，才能满足作为包装对象的商品的要求，例如，采用纸箱包装时，如何确定其尺寸、形状和强度等与物流有关的问题。

（2）运输合理化。作为运输方法，可以选用卡车、火车、船舶、飞机等运输工具，如使用卡车时，是使用自备卡车，还是使用运营卡车。各种运输方式各有优缺点，采用哪一种方法才是最经济、最合理的，值得研究。

（3）配送合理化。如配送中心的选址、配送方式的选择、配送路线的安排等。

（4）仓储合理化。仓储也存在是选用自备仓库还是营业仓库的问题。如果建造自备仓库，则存在是建造单层仓库、多层仓库还是建造高层自动化仓库，以及仓库结构是采用架式还是采用棚式等问题。

（5）装卸搬运合理化。如在考虑以托盘将货物分组，并使用叉车进行装卸搬运时，就存在用哪一种叉车最适于货物装卸搬运作业的问题；在使用传送带或其他自动搬运机械时，存在使用方法的问题。

（6）流通加工合理化。如在物流过程的哪一环节进行流通加工最好，以及流通加工的方法是否有实现机械化或自动化的可能性等问题。

（7）信息处理合理化。这是最令人关注的问题。物资实际流动的背后，必然会发生信息的传递。如何填制作为信息传递媒介物的出库单证和发运单证，以及通过什么终端将这些信息存储于计算机中，如何使用计算机处理等，都与物流信息体系的设计和改善有关。

综上所述，物流合理化的第一阶段的首要任务是使上述各种单项活动达到合理化的要求。为了实现这一任务，除了引进必要的设备和工具，改善操作方法也是至关重要的。各职能部门应致力于所承担工作任务的合理化。不过，物流的合理化，并不是仅靠第一阶段的工作就能完成的，也就是说，仅仅依靠各职能部门在合理化方面的单独努力并不能充分地实现整个物流的合理化。

2. 第二阶段

第二阶段应通过"整体思考"使物流系统合理化。

由于物流内部各活动之间存在交替损益的关系，因此，一个部门的合理化，并不表示物流整体的合理化。如果将仅从个别部门考虑的方法称为"局部思考"，那么，以整体目的为主的考虑方法可称为"整体思考"。

1.3.3 物流合理化途径

合理化的含义，就是事物的主体，或者事物的普遍性处于全面、客观、适中、科学状态，也可以说处于符合规律、符合客观、符合实际的状态。生产企业物流合理化也应该遵循这一思维原则。物流合理化的途径要根据本企业的实际，结合经营环境、发展态势等因素综合考虑。

1. 企业经营决策者要高度重视

一般来讲，生产企业的管理是纷繁复杂的，矛盾无时不有、无处不在，然而孰轻孰重，先解决哪个，后解决哪个需要决策者定夺。如果企业的决策者不懂物流，或者对物流的重要性缺乏认识，那么这个企业恐怕就会重生产、重销售、重质量、重人才、重信息、重市场，就是不重视物流。由于企业决策者轻视物流，当物流部门与其他部门发生矛盾时，就会牺牲物流部门的利益。因此，物流合理化需要企业决策者高度重视。发达国家生产企业的决策者都把物流部门作为企业的支柱部门对待。

2. 全体员工要认识一致

企业实现物流合理化需要全体员工认识一致，如果没有一致的认识，则没有行动的统一。物流涉及企业的方方面面，物流合理化不单单是物流部门的任务和责任，与企业的其他部门也密切相关。如企业各个分厂、车间、仓库及产品质量、大小、形状设计等都应考虑物流的合理性，这就需要全体员工对物流合理化认识上的一致。

3. 建立科学完善的组织管理体系

物流体系的建立与有效执行取决于建立高效完善的组织机构。要实现企业物流体系的合理化、科学化，首先应重视员工团队的组成，即组织机构的形成。企业应具有一个良好的企业文化、价值观来引导员工积极努力地工作。目前，很多企业组织机构过于庞杂，解决问题时间长，办事拖拉，造成企业管理成本不断增加。企业组织机构应尽量压缩减编，采用"三层管理、大部门"的方式。"三层管理"即决策层（董事会、总经理）、执行层（中层管理者、二级经理）、操作层（操作者、一般职员）；"大部门"即将工作任务相关联的部门组合在一起，办事、解决问题可以直接坐在一起进行讨论，容易形成团队意识，易推行项目管理制度，减少"扯皮"现象发生，可以使企业办事效率提高，使企业运营成本进一步降低。

4. 建立企业物流的标准作业

企业物流的合理化与企业标准作业的建立与推广息息相关。企业物流作业复杂烦琐，工作内容广泛，涉及的操作流程相对复杂，物流质量难以控制。物流要做到高效率、高质量、低成本，必须执行标准作业。标准作业通俗地讲就是要达到"一百个人做事一个样"的效果。企业物流从物料的采购开始，到产成品的售后服务，应针对每一项工作进行标准作业的制定。标准作业的制定不仅仅是建立在文字资料上，企业还应积极培训员工、督促员工、考核员工，使员工的作业按标准执行，对标准作业流程习惯化，使企业物流的质量可控，且达到质量要求。

5. 学习先进的管理方法

企业物流的合理化，需要先进的管理经验、科学的管理方法来保障。

以往企业对物流认识不足，仅仅认为物流是对物料的仓储、保管、发放而已。物料的仓储、保管、发放，企业多安排"老弱病残"人员完成，仅仅是以不丢失、不损坏、及时发放为目标，而现实的物流管理远远不止这些，它从物料的采购开始到企业产成品的售后服务，包罗万象，这样的复杂工作和项目势必需要采用更先进的管理办法进行管理。

科学管理的内容很多，包括对人员的招聘、培养、考核、岗位定编，设备设施的选择、采购、使用、维修保养，物流各项作业的标准化编写、培训，企业成本的细分化、成本核算，物流工作流程中安全制度的建立及执行、考核，企业对现有制度的总结、改善和激励制度的建立等。

企业经营者只有学习和不断完善这些管理方法，才能使企业物流的运营更加顺畅，实现企业发展目标。

6. 合理控制库存

企业物流是通过库存、仓储来调剂企业生产对物料的需求时间及需求量的。企业物流的库存管理占用资金量非常大，企业只有合理地选择物料库存量才能降低企业运营成本。

企业物流库存有以下四种形式：

（1）在途库存（移动库存）。在途库存是指企业根据生产计划、采购计划及物料的库存量，向供应商进行原材料订购的途中运输总量，可理解为"从甲地运往乙地运输途中的物料数量"。

（2）最小库存。最小库存是企业根据生产计划、采购计划、采购周期而制定的。由于生产需求存在着不确定性，企业需要持有周期库存以外的最小库存维持企业生产，企业根据生产情况做相应的调整。一般来说，为了提高库存的周转率和降低库存的运作成本，大部分企业都会尽量减少最小库存，最小库存的多少一般和其销售、生产有关。

（3）最大库存。最大库存要根据企业生产计划用料的需求、库存面积、库存投入资金及企业战略政策而设定。

（4）安全库存。安全库存是指用于缓冲不确定因素（如大量突发性订货、交货期突然延期等）而准备的库存。安全库存是企业为了防止生产量突然变化及不可控事件的发生，避免物料不足影响生产正常运行而采取的物料仓储行为。安全库存是根据生产计划、销售情况、时间季节而制定的，一般情况下，企业物料的安全库存是一个企业生产班次用量的2~3倍。

7. 通畅的物流信息平台

企业物流的合理化、科学化依赖于企业物流信息系统。现代社会是信息社会，物流信息系统是企业物流的命脉。物流的需方、供方，在时间、数量、品种、质量上的需求都依赖于信息的传递。随着企业物流的快速发展，物流信息系统的规划、设计进入了企业战略规划。物流信息管理包括数据的收集与录入、信息存储、信息处理、信息交换、信息管理、信息维护和使用等内容。现代物流信息管理依赖于计算机系统及其网络的建立。

8. 推行精益生产思维

企业物流的合理化，更重要的是适应企业生产的需要，满足用户的需求。目前产品市场竞争的白热化，促使企业加快改革步伐。例如，丰田生产方式的精益生产意识，使更多的企业得到收益。丰田公司推出的"用最少的人、最少的设备、最少的投入、最少的场地，获得最大的效益"的理念，深深地触动了企业管理者的思维。丰田生产方式是公认的科学合理的生产方式，企业推行精益生产，可以使物流实现少人化、低成本、高效率，使企业获得高利润。

⏵⏵⏵ 实战训练1-2 ⏵⏵⏵

物流运营管理流程体系的规划和设计，不同企业不能一概而论，需要结合物流管理逻辑规划、企业管理水平、企业文化、期望的管理精度和管理侧重点。物流流程一般包括在供应链业务模块中，制造企业物流流程是其供应链流程的主要构成。

问题：

1. 设计物流流程体系应考虑哪些因素？
2. 请按照实物流和信息流分段为某国有企业设计物流流程体系。

任务 1.4　国内外物流发展历程

1.4.1　国外物流发展的阶段与经验

1. 美国物流发展的阶段与经验

美国物流体系的各组成部分均居世界领先地位，以配送中心、速递、企业物流等最为突出。

（1）美国物流发展的阶段。

美国物流的发展大致经历了 4 个阶段，如图 1-6 所示。

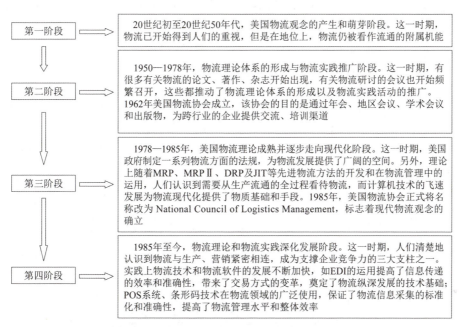

图 1-6　美国物流发展的阶段

（2）美国物流发展的经验。

美国物流的发展现在已经相当成熟，主要表现在以下几个方面：

1）政府放宽管制促进物流发展。从 20 世纪 80 年代开始，美国政府制定一系列法规，逐步放宽对公路、铁路、航空、航海等运输市场的管制，取消了运输公司在进入市场、经营路线、联合承运、合同运输、运输费率、运输代理等多方面的审批与限制，通过激烈的市场竞争，使运输费率下降、服务水平提高；1991 年颁布《多式联运法》，大力提倡多式联运的发展；1996 年出台的《美国运输部 1997—2002 年财政年度战略规划》，提出建设一个世界上最安全、方便和经济有效的物流运输系统。这些政策法规的推行，为确立美国物流在世界上的领先地位提供了保障。

2）积极推进企业物流合理化。近年来，美国企业物流面临新的市场环境：一是随着企业经营全球化，物流与供应链覆盖范围扩大，管理复杂性提高，普遍需要全球性物流服务；二是由于市场的多变性，以及客户需求的个性化和多样化趋势，物流服务要有很好的灵活性，适应企业内部和外部各种因素的变化；三是企业之间的竞争已由产品竞争转向服务竞

课堂笔记

知识拓展：
企业的三个
利润源

争，物流作为企业的"第三利润源"，需要通过各种途径来降低成本、改进客户服务、提高企业的竞争能力。为了适应新的市场环境，企业一方面打破部门界限，实现内部一体化物流管理，设立物流总监进入企业高层；另一方面，冲破与供应商和客户的企业壁垒，结成一体化供应链伙伴，使企业之间的竞争变成供应链之间的竞争。

3）大力发展第三方物流。美国企业物流合理化的一个重要途径，是将物流服务外包给第三方物流企业。美国的第三方物流企业已从提供运输、仓储等功能性服务向提供咨询、信息和管理服务延伸，UPS（美国联合包裹服务公司）、FEDEX（美国联邦快递）、APLL（美国总统轮船有限公司）、RYDER（美国莱德物流公司）等一批物流企业致力于为客户提供一体化解决方案，与客户结成双赢的战略合作伙伴关系。

美国没有集中统一管理物流的专职政府部门，政府依旧按照原职能对物流各基本环节分块管理。美国物流模式强调"整体化的物流管理系统"是一种以整体利益为重，冲破按部门分管的体制，从整体进行统一规划管理的方式。

2. 欧洲物流发展的阶段与经验

欧洲是引进物流概念较早的地区之一，也是将现代技术用于物流管理的先锋。在总体上，欧洲现代物流业的发展水平同美国一样位居世界前列，处于发展期向成熟期迈进的产业发展阶段。

（1）欧洲物流发展的阶段。

欧洲物流发展的鲜明特点是服务范围的不断扩大，形成不同的物流发展阶段，如图1-7所示。

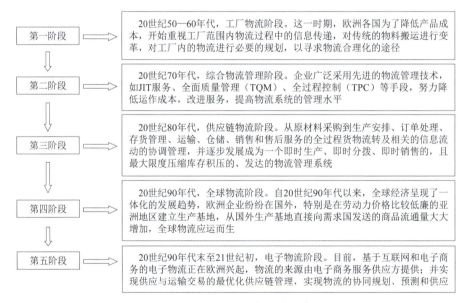

图1-7 欧洲物流发展的阶段

（2）欧洲物流发展的经验。

欧洲物流发展历史较长，它是随着制造商和客户的要求不断变化而发展起来的。欧洲的物流业从产业政策角度考察，更具特点，值得我国借鉴。

1）政府对物流产业的形成和发展给予极大支持。第一，欧洲各国政府为物流业的发展创造了良好的制度环境，欧盟的成立促进了欧洲统一市场的形成，统一的贸易、运输、关税、货币等政策，极大地促进了货物在全欧洲范围内的自由流动；第二，欧洲各国政府通过大力实施打破垄断、放松管制的政策措施，给物流行业创造出充分自由、公平竞争的市场环境，给各国物流产业的发展带来积极的影响；第三，欧洲各国政府以租赁或无偿出资形式，不断加强物流基础设施的投入建设，着力进行大型货运枢纽、物流基地、配送中心等新型物流基础设施的投资建设；第四，欧洲各国通过建设物流产业标准化体系，大大加速物流业在欧洲的一体化进程，各国先后制定了物流设施、装备的通用性标准，物流安全和环境的强制性标准，以及物流作业和服务的行业性标准等。

2）行业物流协会为物流业的发展做出显著贡献。第一，行业物流协会对整个物流产业起到引导和促进作用；第二，行业物流协会对各物流企业起到咨询服务作用；第三，行业物流协会对物流从业人员起到教育和培训作用；第四，行业物流协会对产业标准起到规范作用；第五，行业物流协会在企业、政府之间起到联络和交流作用。

3）建立物流管理中心，建设综合物流体制。以英国物流为例，20 世纪 60 年代末，政府组建了物流管理中心，开始以工业企业高级顾客委员形式出现，协助企业制订物流人才的培训计划，组织各类物流专业性的会议；到了 20 世纪 70 年代，正式组建了全英国管理协会，该协会会员多半是从事出口业务、物资流通、运输的管理人员，该协会以提高物流管理的专业化程度，并为运输、装卸等部门管理者和其他对物流有兴趣的人员提供一个相互交流的中心场所为宗旨。

3. 日本物流发展的阶段与经验

日本的物流观念是 20 世纪 50 年代从美国引入的，虽然发展时间不长，但是由于其发展迅速、现代化程度较高和物流理论、实践成果丰富，受到世界的瞩目，现已成为现代物流的先进国家。

（1）日本物流发展的阶段。

日本在 1964 年开始使用"物流"这一概念。到 1965 年，日本在政府文件中开始正式采用"物的流通"这个术语，简称为"物流"。日本物流的发展经历了以下 5 个阶段，如图 1-8 所示。

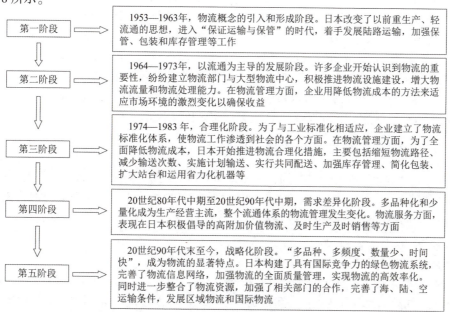

图 1-8　日本物流发展的阶段

（2）日本物流发展的经验。

日本的物流产业较为发达，物流业信息化程度很高，条码技术、快速反应及有效的客户反应等技术在日本的物流业中已得到广泛应用。日本发展物流业的经验为我国提供了很好的借鉴。

1）重视物流业的学习和研究。20 世纪 50 年代中期的日本，在经济恢复过程中，十分重视学习美国先进的技术和管理经验，他们在考察美国工厂的运输情况，如搬运设备、搬运方法、库存物资的堆垛方式与厂内运输有关的工厂总体布局和搬运技术的状况之后，正式引进了"物流"这一概念。

日本物流业除了积极向他人学习借鉴，还非常重视自身的科学研究。他们成立了物流研究所、物流学会等机构，组织各方面专家、学者和物流工作者，对共同关心的物流问题进行理论与实际应用的研究。为了提高全社会的物流意识，他们召开全国乃至国际会议，既积极提高物流业的战略地位，又积极提高物流科学研究和管理水平，取得了良好的社会效益。

日本重视物流科学研究还体现在肯花大力气培养物流管理人才上。除了在有关的大专院校设有物流课程，培养高级物流管理人才，还有群众学术团体为社会培养一般的专业技术人才。

2）物流业的发展得到了政府的支持和引导。日本政府推进物流发展主要表现在积极加快建立物流基地。首先，由政府牵头确定市政规划，在城市的市郊结合部、内环线之外（或城市之间的主要干道附近），选择合适的地块作为建设物流基地的选址；其次，将基地内的地块分别以生地的价格出售给各个不同类型的物流行业协会，各协会以股份制的形式在其内部会员中招募资金，用来购买土地和建造物流设施，同时成立专业公司来负责此项工作，协会成员的出资额可多可少，不足部分政府还可提供长期低息贷款；再次，政府对已确定的物流基地积极加快交通设施的配套发展，在促进物流企业发展的同时，促使物流基地的地价升值，使投资者能得到回报；最后，各个协会的专业公司须根据当前本行业的实际需求在物流基地内统一规划建设物流设施，建成后由专业公司负责管理。

3）重视物流业信息化。为提高物流效率，适应流通产业发展的新要求，日本政府非常重视物流产业的信息化。日本在 20 世纪 80 年代物流业信息化程度已经很高。随着世界性的信息化浪潮的兴起，20 世纪 80 年代后，流通业务将准时制生产方式引入商品流通中，生产者和销售者采用准时制生产、准时流通的运营方式，加快了物流业信息化的步伐。通过信息化，物流企业在出入货统计与验证、库存管理联网、配送信息管理、载货明细表编制、货物追踪情报、运输车辆管理等方面实现了自动化和效率化。

1.4.2 国内物流发展的阶段与问题

在我国，"物流"是一个外来词，是在 20 世纪 70 年代末从日本引进的。当前国内企业对物流领域中存在的"第三利润源"开始有了比较深刻的认识，优化企业内部物流管理、降低物流成本成为多数国内企业最为强烈的愿望和要求。

1. 国内物流发展的阶段

国内物流发展经历了以下几个阶段：

（1）中华人民共和国成立初期至改革开放以前，计划经济时代的物流阶段。中华人民共和国成立初期到改革开放以前，我国仍处于传统的计划经济体制，国家对生产资料和主要消费品实行计划生产、计划分配和计划供应。这一时期只有传统的储运活动，即传统的物资运输、保管、包装、装卸、流通加工等活动，还不算是真正意义上的现代物流活动。

（2）改革开放初期至20世纪90年代，有计划的商品经济下的物流阶段。1978年，改革开放政策被确立后，我国从日本引入了物流概念，物流开始在中国大地上出现，但当时我国物流业相当落后。经济的持续健康发展迫切需要物流业的发展，为了改变国内经济的快速发展与物流业发展十分落后这一极不协调的现状，我国从20世纪90年代初开始积极借鉴发达国家物流发展的成功经验，积极推动物流业在国内迅速发展。在这一阶段，我国物流业取得了重大突破：物流理论研究工作更加深入，物流基础设施日趋完善，社会产品供应日益丰富，综合运输体系初步形成，国内市场出现了类型繁多的物流服务企业，我国物流业初具雏形。

（3）2000年至今，社会主义市场经济体制下的现代物流发展阶段。21世纪开始，我国现代物流大踏步进入发展期，我国开始致力于现代物流的普遍发展，并取得了以下几个方面的重大进展。第一，物流政策环境得到改善。有关物流业发展的国家政策不断出台，为物流业的发展创造了良好的环境。第二，物流规划工作井然有序。物流产业得到了国家和各级政府的高度重视，国家加强了对物流业发展的规划。各省、自治区、直辖市纷纷制定物流发展规划，物流园区、物流中心、配送中心广泛成立。企业也通过制定物流规划开始现代物流系统的建设。第三，物流信息平台与技术建设应用日趋广泛。随着国家信息化建设的大力发展，我国的信息基础网络和实用技术已经能够支持现代物流的信息运作要求。互联网信息平台、电子数据交换、全球卫星定位系统、无线射频识别技术和条码技术等现代信息技术手段在物流管理和物流技术中得到了广泛应用，使现代化物流达到一个新的水平。第四，物流业逐步得到全社会的关注。如今，物流业已经成为全社会广泛关注的焦点，物流企业大量兴建，国外发达国家名牌物流企业开始大批量地进驻中国，很多高等院校都设置了物流管理专业。

2. 我国企业物流管理存在的主要问题

我国物流业经过20多年的快速发展，取得了一定的成就，但是与发达国家相比，在物流效率和成本、专业化和信息化等方面仍存在着一定的差距和诸多问题，主要体现在以下几个方面：仓储管理成本高、库存量大，物流业务全而不精；物流管理无序，管理费用高；物流质量、效率效益差；物流管理不统一，阻碍了全国性综合物流体系的建立；第三方物流占市场份额比例过小；高端物流人才匮乏。

微课：中国物流发展涉及的主要管理部门

有了差距就有了目标，我国物流行业应针对自身的不足，充分发挥中国人聪明智慧的头脑，与先进发达国家物流行业看齐，将我国的物流行业发展壮大。

物流素养

创立于1984年的海尔集团，40年前是个亏空147万元濒临倒闭的小厂。为了生存和发展，40年的时间里，海尔集团经历了风风雨雨，创造了从无到有、从小到大、从弱到强、从国内到海外的卓越业绩，如今已成长为世界名牌。1998年海尔在美国设厂时，遇到的第一个问题就是必须和美国市场联网，信息化和物流的瓶颈困惑使海尔意识到从海尔的国际化到国际化的海尔，首先要做的事情是建立全球供应链网络，而支撑这个网络体系的正是现代

物流。于是，海尔下决心建立现代物流体系，这对当时的中国企业来说无疑是一项前所未有的创举。海尔集团的首席执行官张瑞敏也因此被誉为"中国物流觉醒第一人"。他非常欣赏《道德经》里的"大盈若冲，其用无穷"一句，并用来说明海尔的发展历程。真正的大盈，像水流，永不停歇，其用无穷。

以小组为单位，讨论与思考：

1. 结合海尔的发展，如何理解"大盈若冲，其用无穷"？

2. 面对中、美物流发展差距，张瑞敏是如何做的？给我们哪些启示？

1.4.3　现代物流发展的趋势

纵观国内外物流发展的阶段和现状，呈现以下发展趋势：

1. 专业化

专业化的物流实现了货物运输的社会化分工，可以为企业降低物流成本，减少资金占用和库存，提高物流效率；在宏观上，可以优化社会资源配置，充分发挥社会资源的作用。

2. 规模化

物流企业必须具有一定的规模，才能适应市场的发展。物流业务的服务范围一般来说是全国性的，拥有遍布全国的网络体系，顺利完成每一笔业务的收取、储存、分拣、运输和递送工作。规模化可以使企业降低成本，提高效率。从发达国家物流业发展的历程来看，物流市场最终会走向规模化和集约化。

3. 信息化

从发达国家现代物流的发展来看，在物流过程中信息技术设施自动化、经营网络化已经很普遍，它是物流发展的基石。

4. 国际化

物流的发展将突破一个国家地域界限，实现不同国家之间的物流服务。国际化的物流通过分布在国家间的物流运送体系，以国际统一标准的技术、设施和服务流程，来完成货物在不同国家之间的合理流动，这就为物流业的国际化发展提供了条件。

前沿视角

海尔物流发展战略

海尔总裁张瑞敏曾说："物流是一场革命。"要开展物流，以下三个方面是关键点。

第一，企业的管理革命。现代物流区别于传统物流的两个最大的特点：第一是信息化，第二是网络化。海尔用"一流三网"来表达这两个特点。"一流"就是订单信息流，订单信息流就表达了信息化。企业内部所有的信息都必须围绕着订单流淌，否则信息化完全没有意义。"三网"是指全球供应网络、全球配送网络和计算机管理网络。这三个网络是物流的基础与支持，假如没有这三个网络，那么物流的改造也是不可能的。

现代企业要搞现代物流，而物流又必须要搞业务流程再造，但流程再造对企业来讲，是非常痛苦和艰巨的。提出流程再造管理方法的哈默博说："流程再造就是企业的一场革命。"他还引用了毛主席的一句语录："革命不是请客吃饭。"可见，流程再造对企业的艰巨性与重要性。事实上，流程再造真正能够成功的只有20%。

第二，速度。在信息化时代，企业制胜的武器就是速度。20世纪80年代，企业制胜的武器是品质管理。20世纪90年代，企业制胜的武器是企业流程再造。但是到了2000年的新经济时代，企业制胜的武器是速度。而这个速度，就是最快地满足消费者的个性化需求。

第三，寻求并获取用户的忠诚度。核心竞争力并非意味着企业一定生产核心部件，如Dell不生产软件，也不生产硬件，但Dell能够从intel、微软采购中获取用户的忠诚度，因此，就有了核心竞争力。物流使海尔获得了这一核心竞争力。

海尔在连续多年保持80%的增长速度之后，又悄然进行着一场重大的管理革命。这就是在对企业进行全方位流程再造的基础之上，建立了具有国际水平的自动化、智能化的现代物流体系，使企业的运营效益发生了奇迹般的变化，资金周转达到一年15次，实现了零库存、零运营成本与顾客的零距离，创造了现代物流制造的两大奇迹。

（1）海尔现代物流从根本上重塑了企业的业务流程，真正实现了市场化程度最高的订单经济。

海尔物流的起点是订单，海尔把订单作为企业运行的驱动力、作为业务流程的源头，完全按订单组织采购、生产、销售等全部经营活动。从接到订单时起，就开始了采购、配送与分拨物流的同步流程，现代物流过程也就同时开始。由于物流技术与计算机管理的支持，海尔物流通过三个JIT，即JIT采购、JIT配送、JIT分拨物流来实现同步流程。这样的运行速度为海尔赢得了源源不断的订单。目前，海尔集团平均每天接到销售订单200多个，每个月平均接到6 000多个销售订单，订制产品有7 000多个规格品种，需要采购的物料品种达15万种。由于所有的采购基于订单，采购周期减到3天；所有的生产基于订单，生产过程降到一周之内；所有的配送基于订单，产品一下线，中心城市在8小时内、辐射区域在24小时内、全国在4天之内即能送达。总体来说，海尔完成客户订单的全过程仅为10天时间，资金回笼一年15次（1999年我国工业企业流动资本周转速度年均只为1.2次），呆滞物资降低73.8%。张瑞敏认为，订单是企业建立现代物流的基础。假如没有订单，那么现代物流就无物可流，现代企业就不可能运作。没有订单的采购，意味着采购回来就是库存；没有订单的生产，就等于制造库存；没有订单的销售，就不外乎是处理库存。抓住了订单，就抓住了满足即期消费需求、开发潜在消费需求、制造崭新消费需求这个"牛鼻子"。但假如没有现代物流保障流通的速度，那么有了订单也会失去。

（2）海尔现代物流从根本上改变了物料在企业的流通方式，基本实现了资本效率最大化的零库存。

海尔改变了传统仓库的"蓄水池"功能，使其成为一条流淌的"河"。海尔认为，提高物流效率的最大目的就是实现零库存。现在海尔的仓库已经不是传统意义上的仓库，它只是企业的一个配送中心，成了为下道工序配送而暂时存放物资的地方。建立现代物流系统之前，海尔占用50多万平方米仓库，费用开支很大。目前，海尔建立了两座我国规模最大、自动化水平最高的现代化、智能化立体仓库，仓库使用面积仅有2.54万 m^2。其中一座坐落在海尔开发区工业园中的仓库，面积为1.92万 m^2，设置了1.8万个货位，满足了企业全部原材料与制成品配送的需求，其仓储功能相当于一个30万 m^2 的仓库。这个立体仓库与海尔的商流、信息流、资金流、工作流联网进行同步数据传输，使用世界上最先进的激光导引无人驾驶运输车系统、机器人技术、巷道堆垛机、通信传感技术等，整个仓库空无一人。自动堆垛机把原材料与制成品举上7层楼高的货位，自动穿梭车则把货位上的货物搬下来，一一放在激光导引无人驾驶运输车上，激光导引无人驾驶运输车井然有序地按照指令再把货物送到机器人面前，机器人叉起托盘，把货物装上外运的载重运输车上，载重运输车开向出库大门，仓库中物的流淌过程结束。整个仓库实现了对物料的统一编码，使用了条形码技术、自动扫描技术与标准化的包装，没有一道环节会使流淌的过程堵塞。

自2019年12月以来，海尔进入了"生态品牌战略"阶段，和用户一起共赢进化，在链群合约里，将所有的价值、所有的节点融合在一起，构建生生不息的生态服务系统，导向生态品牌共创共赢。

知识检测

项目 1 知识检测答案

一、单项选择题

1. （　　）是指企业生产过程中发生的原材料、在制品、产成品等所进行的物流活动。
A. 企业物流　　　B. 销售物流　　　C. 供应物流　　　D. 回收物流

2. 生产物流存在于（　　）类型企业中。
A. 流通　　　B. 加工　　　C. 制造　　　D. 资源

3. 生产物流控制的核心是（　　）。
A. 在制品　　　B. 过程　　　C. 进度　　　D. 偏差

4. （　　）是将经济活动中失去原有使用价值的物品，根据实际需要进行收集、分类、加工、包装、储存等，并分送到专门处理场所的物流活动。
A. 生产物流　　　B. 回收物流　　　C. 销售物流　　　D. 废弃物流

5. 生产企业物流一般分为企业内部物流和（　　）两部分。
A. 企业采购物流　　B. 装卸搬运　　C. 企业回收物流　　D. 企业外部物流

6. （　　）是企业在生产经营过程中，为了满足生产、基础建设对原材料、材料设备、备件的需求，将定期或不定期地发生的采购行为，即商品从卖方转移到买方场所而进行的所有活动。
A. 采购项目　　　B. 采购物流　　　C. 生产物流　　　D. 销售物流

7. 企业供应物流是从外界（　　）启动企业物流过程。
A. 理货　　　B. 采购　　　C. 拣选　　　D. 入库

8. 企业物流系统的最后一个环节，作为联结企业物流与社会物流的衔接点的是（　　）。
A. 供应物流　　　B. 生产物流　　　C. 销售物流　　　D. 回收物流

9. （　　）是企业物流中的重中之重，是企业物流的核心业务。
A. 配送物流　　　B. 采购物流　　　C. 生产物流　　　D. 运输物流

10. 企业物流是所有（　　）在企业内部流动的过程。
A. 生产要素　　　　　　　　　　B. 原材料、半成品、制成品
C. 物料运行程序　　　　　　　　D. B 和 C

二、多项选择题

1. 企业物流过程为（　　）。
A. 生产物流　　　　　　　　　　B. 采购（供应）物流
C. 销售物流　　　　　　　　　　D. 逆向物流

2. 在现代制造业中，物流环节的（　　）成本超过制造环节的加工成本。
A. 运输　　　B. 物料运行时间　　C. 仓储　　　D. 功能作业

3. 物流管理在产业链上可以分为（　　）这些阶段。
A. 生产物流　　　B. 加工物流　　　C. 销售物流　　　D. 供应物流

4. 集商流和物流为一体的配送中心，其行为主体是（　　），这种配送中心模式是属

于基于销售的配送中心模式。

    A. 生产企业   B. 销售企业   C. 商贸企业   D. 物流企业

5. 企业物流库存形式有（   ）。

    A. 在途库存   B. 最小库存   C. 最大库存   D. 安全库存

6. 生产物流的作用有（   ）。

    A. 保障物流过程连续运行   B. 降低生产制造成本

    C. 保证生产过程顺利进行   D. 提高生产制造成本

7. 影响物流运输的因素主要有（   ）。

    A. 运输距离   B. 运输工具   C. 运输环节   D. 运输时间

8. 现代物流的发展趋势是（   ）。

    A. 专业化   B. 规模化   C. 信息化   D. 国际化

9. 生产物流是指（   ）在生产过程中，按照工艺流程在各个生产加工地点之间的实体流动。

    A. 外购件   B. 半成品   C. 产成品   D. 商品

10. 从企业内部作业考察，将所有物流的功能与经营活动结合起来，形成了企业内部物流的一体化，建造了企业物流运行平台，这里所说的物流运行平台包括（   ）。

    A. 供应物流   B. 生产物流   C. 销售物流   D. 逆向物流

任务实施

1. 如何理解"海尔的企业物流最终成为海尔的物流企业"？

_____

_____

_____

2. 从运营模式看，海尔物流属于哪一种？

_____

_____

3. 海尔的物流运作系统包括哪几部分？画出它们的运作体系图。

_____

_____

_____

_____

4. 你认为海尔还应重视哪个系统？请提出合理建议。

_____

_____

_____

5. 海尔为什么不与国内物流公司合作，由物流公司来承担海尔的物流业务呢？

_____

_____

_____

项目2 建立物流管理组织

知识目标

1. 了解物流管理组织建立的原则及依据;
2. 掌握几种典型的企业物流管理组织结构类型;
3. 掌握物流经理的岗位职责及素质要求;
4. 了解物流人员的基本素质、招聘程序、测评方法及培训工作;
5. 了解物流人员的培训内容及培训方法。

技能目标

1. 能够辨析不同类型的物流组织结构;
2. 能够绘制物流组织结构图,并描述岗位职责;
3. 根据岗位性质对物流人员进行招聘和培训。

素养目标

1. 培养诚实守信、廉洁自律的职业道德,符合物流人员的职业道德要求;
2. 具备与人沟通、团队合作与解决问题的能力。

项目任务

海尔的物流组织变革

海尔物流管理变革是在海尔总体管理变革的大背景下进行的,也是海尔总体管理变革的关键内容。海尔物流管理变革的核心是以顾客需求为中心的物流动作设计和实施。

1984年年初,海尔开创名牌战略阶段,采用直线职能制结构。这是一种集权式的组织结构形式,下面是最普通的员工,最上面是厂长或总经理,副总经理下设制造部、零件车间和总装车间,制造部负责动力维修、仓库、设备、物资采购和生产管理。直线职能制结构在企业小的时候,"一竿子抓到底",反应非常快。这种结构在海尔发展的初期起了很大作用。这一时期,海尔组织架构模式的效能在"日事日毕、日清日高"为特征的"OEC管理模式"下达到了顶峰。

1991年,海尔进入产品多元化战略阶段后,开始实施事业部制的组织结构。各事业部分别进行产品设计、采购、生产和销售活动,是在总公司的控制下的利润中心、优势产品生产责任单位,具有自己的产品和独立的市场。各事业部均设置相应的职能部门,造成管理层次和管理人员较多,管理结构重叠,管理成本较高。

1999年,为了应对网络经济和参加WTO带来的挑战,海尔集团根据国际化发展思路对机构进行了战略性调整。第一步,成立物流推进部。将原来分属于各个事业部的采购职能、仓储职能、运输职能全部分离出来，整合成为独立经营的物流本部，实行全集团范围内统一采购、统一销售、统一结算。第二步，把集团原来的物流职能管理资源进行整合，将物流职能管理部门全部从各个事业部分离出来成为独立的经营服务公司。整合后的公司直接面对市场的核心流程体系（如完整的物流等）和支持流程体系（如人力资源、科研、资金流、基础设施等）。第三步，把这些专业化物流流程体系通过供应链管理连接起来。扁平化的组织结构，把市场和企业结合在一起，流畅运转全以用户为中心，满足了创新要求。

自 2000 年以来，海尔物流推进本部在全集团范围内统一协调和管理全集团的物流改革工作，本部下设采购、配送、储运三个事业部，使得采购、生产支持、物资配送从战略上实现了一体化。

（资料来源：海尔集团网站，https：//www.haier.com/）

阅读以上材料，完成以下任务：

1. 海尔物流组织变革经历了哪几个阶段？描述各阶段的物流职能。
2. 画出每个阶段的海尔组织结构图，分析其优缺点和适用范围。
3. 简述海尔物流推进本部在海尔集团的作用及采购、配送、储运这三个事业部的关系。
4. 查看海尔物流推进本部的岗位招聘（操作步骤：网站→加入海尔→成长与发展→查看招聘岗位→查看工作岗位→日日顺物流），列出物流管理专业相关岗位的任职要求，思考自己是否已具备这些岗位任职要求，若不具备，那么你打算从现在开始如何培养和锻炼？

思维导图

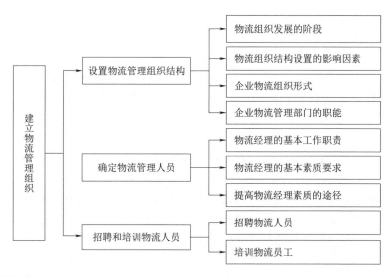

任务知识

任务 2.1 　设置物流管理组织结构

企业物流组织是执行物流管理职能的物流组织结构，而组织机构是描述组织的基本框架体系，一个组织通过对自身任务、职权进行分解、组合形成一定的机构体系。由于受环境背景、行业特征、信息化水平、企业规模等各种因素的影响，企业物流组织结构形式多样、不尽一致，实际物流活动的规模和水平也相差很大。

2.1.1　物流组织发展的阶段

从物流组织在企业中的位置来看，物流管理部门的发展可分为以下三个阶段：

第一个阶段：是在所谓的运输时代。当时，物流被作为制造部门或销售部门下属部门中的一项业务来对待，当然也就没有专门的物流管理部门。这说明在企业经营中还没有树立起物流意识。运输、保管、包装等物流的各项职能分散在各个业务部门，属于一种分散型的组织。

第二个阶段：随着对物流管理重要性认识的提高，企业开始设置专门承担物流管理的部门，如物流科。

第三个阶段：企业开始设置独立的物流部门，统筹企业的物流活动。物流部门作为从制造部门和销售部门中独立出来的管理部门，与生产部门和销售部门并列，成为独立型的管理组织。

2.1.2　物流组织结构设置的影响因素

设置物流部门要受到许多因素的影响，这些因素实际上构成了设置物流部门的基本依据。主要有以下几个方面的因素：

1. 企业规模

物流部门的设置，应根据企业的具体情况来决定。如由于企业规模越来越大、分工越来越细，物流业务过程越来越复杂，为了提高工作效率，必须按照不同的业务分工设置不同的部门。一般来说，企业规模大、专业化分工细，则部门较多；反之，则部门较少。这说明企业规模和业务分工是设置物流部门的基础。

2. 划分物流部门的标准

从不同的角度，确定划分物流部门的标准，进而形成不同的物流部门，然后进行有区别的设置。如按物流业务划分，有采购、仓储、运输、检验等部门；按物流对象划分，有适用于企业的各种业务经营部门和物流职务部门。

微课：企业
物流组织
设置的原则

3. 管理层次与管理幅度

一般情况下，企业规模大，管理层次就可能会多，因此，部门也就多；相反，企业规模小，管理层次就少，部门也会相对少一些。与此同时，管理幅度又是决定管理层次的基本因素。因此，在设置物流部门管理层次时，必须考虑管理幅度的因素。当管理幅度增大时，管理层次就会减少，物流部门也会随之减少；相反，管理层次就会增多，物流部门也会随之增多。这就是在企业机构设置中必须强调扁平化的缘故。

4. 集权与分权

设置的物流部门在划分为几个管理层次之后，要求给予各管理层充分的自主权，并使职权与职责相对等。集权与分权的程度，自然会影响到物流部门的设置。

5. 物流部门与相关部门的关系

在企业经营活动过程中，物流部门与生产部门、销售部门、财务部门及其他职能部门的关系十分密切。企业的发展要求物流部门与相关部门紧密配合、互相协作，为实现企业总体目标而共同努力。因此，物流部门的设置要视其在企业中的隶属关系而定。

2.1.3 企业物流组织形式

1. 物流组织设置的形式

在上述物流组织设置的原则要求下，结合企业的生产经营特点，物流组织的机构设置有三种形式。

（1）独立设置一个生产物流管理中心。由独立的生产物流管理中心完全独立地承担企业生产物流的计划、控制、协调及核算等全部职能。这种组织设置形式适用于生产系统的完整性、系统性较强，生产单位相对单一，生产流程比较简单，生产组织的分支机构不太多，企业的规模和物流量较大的企业。

（2）将物流职能分散在各生产经营单位。由多职能部门或生产单位成立的物流管理小组承担本部门物流管理职能。这种组织设置形式一般适用于规模不太大的企业，特别是生产相对比较分散、统一生产管理和统一物流管理有难度的企业。

（3）将物流职能分散到各生产经营单位，并在企业设立一个总的物流管理部门。分散在各生产经营单位的物流小组相当于这个物流管理部门的分支派生机构，可以实行垂直领导和管理，也可以实行条块结合的管理模式。这种组织设置模式适用于规模较大，且生产经营相对比较分散、统一生产管理有难度的企业。

2. 常见的企业物流组织管理类型

企业组织机构的具体形式，长期以来多采用以下五种基本类型：

（1）直线型。直线型组织结构是指物流部门对所有物流活动具有管理权和指挥权的物流组织结构。物流经理主要管理运输部、仓储搬运部、包装部、客户服务部，如图 2-1 所示。

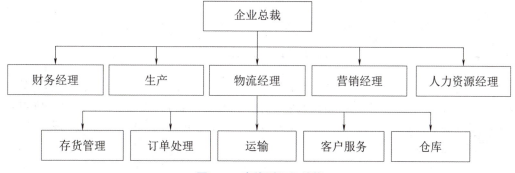

图 2-1　直线型组织结构

直线型组织结构是一种按基本职能组织物流管理部门的组织结构形式；在这种组织结构中，物流管理各个要素与其他职能部门处于并列的地位；在解决企业冲突时，物流经理可以和其他各部门经理平等磋商，共同为企业的总体目标服务。当物流活动对于一个企业的经营较为重要时，企业一般会采取直线型组织结构模式。

（2）职能型。职能型组织结构是物流部在企业中只作为一种顾问的角色，主要管理规划、分析、协调、物流工程，并形成对决策的建议，对各部门的物流活动起指导作用，但物流活动的具体运作管理仍由各自所属的原部门负责，物流部门无权管理，如图 2-2 所示。其中规划包括场所规划、仓库规划、预算、产品开发规划等；分析包括运作成本分析、客户服务和需求分析、存货控制分析、运输效率和服务分析等；协调包括销售、生产、财务及其他；物流工程包括物料搬运研究、运输设备研究、包装材料研究、物流业务流程研究等。职能型组织结构是一种过渡型结构，是物流整体功能最弱的物流组织结构。职能型组织结构常被那些刚开始实施综合物流管理的企业所采用。

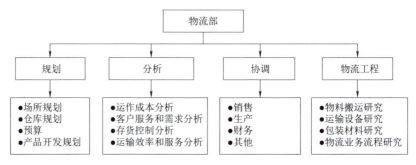

图 2-2 　职能型组织结构

（3）直线职能型。在直线职能型组织结构中，物流部经理对业务部门和职能部门均实行垂直领导，具有指挥权，如图 2-3 所示。第一层的子部门为顾问部门，职责是对现存的物流系统进行分析、规划和设计，并向上级提出改进建议，他们对图 2-3 中下层的业务部门没有管理和指挥权，只起到指导和监督的作用。第二层的子部门为业务部门，负责物流业务的日常运作，并受物流（总）部的领导。

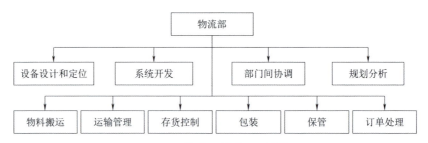

图 2-3 　直线职能型组织结构

（4）矩阵型。矩阵型组织结构，是在直线型组织结构的基础上，再增加一种横向的领导系统。总经理直接管理制造（生产日程、采购需求的决定）、工程（产品设计、维护）、市场（销售预测、客户服务）、运输（交通运输、保护性包装）、财务和会计（成本核算、财务管理）等，如图 2-4 所示。

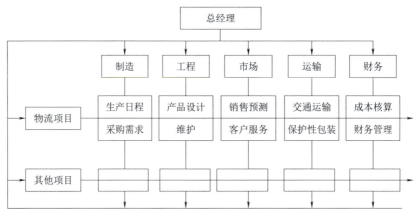

图 2-4 　矩阵型组织结构

（5）事业部型。事业部型组织结构是按产品或服务类别划分为多个类似分公司的事业部单位，实行独立核算。事业部实际上实行一种分权式的管理制度，即分级核算盈亏、分级管理。第三方物流的事业部相当于多个物流子公司，负责不同类型的物流业务，如图 2-5 所示。事业部内可灵活采用各种组织结构。

课堂笔记

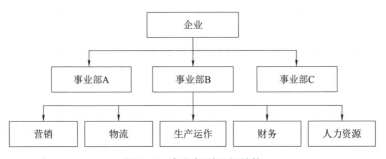

图 2-5　事业部型组织结构

微课：各类组织结构的优缺点比较

（6）控股型。控股型组织结构是建立在资本参与的基础上，由集团总公司控股若干个子公司或参股一些关联公司，各个子公司和关联公司都是独立法人，自主经营、自负盈亏，且经营领域不一定具有相关性。这是大型企业实施多元化战略、追求资本效益最大化常用的一种组织结构。

2.1.4　企业物流管理部门的职能

企业物流管理部门的职能十分明确。一般来说，物流部门是从全局出发对整个企业的物流活动进行管理的机构，它将分散在各个部门的物流业务进行统一协调管理。因此，将分散的物流任务予以系统化的机构就是物流部门。具体地说，物流部门的职能大体有以下几个方面：

1. 计划职能

计划职能主要有以下任务：

（1）规划和改进企业物流系统。

（2）制定和完善物流业务管理规程。

（3）根据企业总目标的要求，制订部门经营目标和物流计划。

（4）为实现企业物流经营目标制定相应的策略和措施等。

2. 协调职能

协调职能主要有以下任务：

（1）加强与其他部门的联系、交流与沟通，调节物流活动。

（2）发展、巩固与其他企业及客户之间的长期友好合作关系。

3. 业务营运职能

业务营运职能主要有以下任务：

（1）组织本部门各业务环节有效进行日常业务活动。

（2）评价物流工作计划和任务执行情况。

4. 教育培训职能

教育培训职能的主要任务是定期开展物流员工的培训，提升员工的综合素质。

实战训练2-1

　　某联合设备公司生产管道装置和设备，年销售额约为8 000万美元。这家公司最近设立了一个分拨部门来解决物流问题。新上任的分拨部经理对销售和市场副总裁负责，其部门目标是确定客户服务标准，并协调该服务标准与配送计划、生产计划之间的关系。

　　以前，销售部门为了取悦大客户的要求直接将企业生产的产品从工厂运出，但生产管理人员却常常跟不上进度。新部门成立以来，很快就发现了企业的这一瓶颈约束，并着手建立一套系统，以更好地协调订单录入、生产计划、基层仓储和运输之间的关系，满足客户的需求。与此同时，为了迎合客户的"口味"，销售人员又制定出了新方案，从而打乱了生产计划，采购人员则不停地抱怨新的生产计划对原材料需求的波动太大，情况进一步复杂化。

　　尽管新部门的成立给运输成本和准时送货带来了积极的影响，但是仍有不少问题存在。比如，公司里大多数与物料流动有关或参与物料流动系统的职能部门认为，分拨部门只对改善产成品的分拨系统有兴趣；而分拨经理也因无权控制成品库存心存不满；企业的生产副总裁"负责企业库存管理"，而且并不打算放弃产成品库存的控制权。

问题：

1. 请对该企业目前的组织结构存在的问题进行分析。
2. 在物流组织设计上你能给该公司什么样的建议？

任务2.2　确定物流管理人员

　　随着对物流职能重要性认识的提高，企业经营者开始重视物流管理组织在企业经营管理中的作用。物流部门地位的提高，表现为企业赋予物流经理与生产和销售部门经理同等的地位。物流经理地位的提高，使其作用得到充分发挥。企业设置了物流部门，并为其配备了合适的人员，接下来应该考虑物流部门及其人员职责的制定问题。确定物流经理的职责是企业管理的一个重要环节。

2.2.1　物流经理的基本工作职责

　　总的说来，物流经理的职责是充分调动物流员工的工作积极性，在合理使用企业各种资源、降低企业营运成本、提供最优服务的前提下，有效地开展物流管理工作，保障企业生产经营的顺利进行，实现企业的经营目标，取得最佳经济效益。

　　物流经理具有以下职责：

1. 计划决策职责

　　计划决策职责包括提出企业生产物流的管理目标和管理方案，进行企业经营预测和物流战略规划，以及制订企业年度生产物流管理计划。

2. 沟通协调职责

　　沟通协调职责包括沟通协调物流部门与其他相关部门的关系，以及物流管理部门内部各方面的关系。

3. 管理物流业务的职责

管理物流业务的职责主要是对物流工作各环节进行管理与指导、控制物流成本及各项费用支出、预测物流成果、评价物流服务、收集和处理物流信息等。

4. 物流团队建设职责

物流经理要全面负责物流部门人员对各项工作的忠诚度、认同感，从而增强企业的凝聚力。

2.2.2 物流经理的基本素质要求

作为物流专业工作的首席管理者，物流经理的个人素质应该是很高的。一个优秀的物流经理必须既是技能较高的专业人员，又是具有多方面才能的管理者。

具体来说，对于物流经理的素质要求主要包括以下内容：

1. 政治素质

（1）正确的世界观、价值观与人生观。

（2）现代化的企业管理和物流管理思想。

（3）强烈的事业心、高度的责任感、正直的品质和民主的作风。

（4）实事求是，勇于创新。

（5）优质服务。

（6）廉洁自律。

2. 知识素质

（1）应懂得马克思主义政治经济学的基本原理，掌握社会主义基本经济理论。

（2）应懂得组织管理的基本原理、方法和各项专业管理的基础知识。

（3）要具备物流管理方面的专业知识，也就是物流经理必须成为物流管理方面的行家，在知识结构上要具备采购、运输、仓储、配送、工程、统计等知识。

（4）熟悉产品制造、市场营销、售后服务及有关法律法规等方面的知识。

（5）要熟悉自然条件、地理、气候、环境变化，以及数理知识和计算机知识，将现代科技知识用于物流过程，把握市场变化规律，从而提高物流工作的效率与准确性。

（6）应懂得心理学、人才学、行为科学等方面的知识，以便做好政治思想工作，激发职工士气，充分调动员工的积极性。

3. 能力素质

知识不等于能力，国外心理学家研究表明，要办好一件事，知识起的作用只有1/4，而能力起的作用占3/4，可见能力更为重要。物流经理的能力素质是指把各种物流理论与业务知识应用于实践，进行具体物流管理活动、解决实际问题的本领。

（1）分析能力。分析市场状况及发展趋势，分析消费者购买心理，分析供货商的销售心理，从而在物流管理工作中做到心中有数、知己知彼、百战百胜。

（2）协作能力。物流管理过程是一个与人协作的过程，一方面要与企业内部各部门打交道，如与财务部门打交道解决资金、报销等问题；与生产部门打交道，了解生产现状及变化等；另一方面还要与供应商打交道，如询价、谈判等。因此，物流经理应处理好与供应商和企业内部各方面的关系，为以后工作的开展打下基础。

（3）表达能力。物流经理是用语言文字与供应商和企业内部各部门沟通的，因此，必须做到正确、清晰地表达自己所想。如果口齿不清、说话啰唆，那么只会浪费时间，导致交易失败。因此，物流经理的表达能力尤为重要，是必须锻炼的能力。

（4）成本分析和价值分析能力。物流经理必须具有成本分析能力，会精打细算。买品质太好的物料，物虽美，但价更高，会加大成本；若盲目追求"价廉"，则必须支付品质低劣的代价或伤害其与供应商的关系。因此，对于供应商的报价，要结合其提供的物料的品质、功能、服务等因素综合分析，以便买到适宜的物料。

（5）预测能力。在市场经济条件下，商品的价格和供求在不断变化，物流经理应根据各种产销资料及与供应商打交道中供应商的态度等方面，来预测将来市场上该种物料的供给情况，如物料的价格、数量等。

（6）应变能力。在物流活动中，常会发生一些突发、紧急、棘手事件，这就要求物流经理具有一定的应变能力。要随时关注供应链领域所发生的事件，如原材料价格波动、气候波动等。对影响因素有敏锐的感觉，能够及时地做好预警及防范措施。如果一个物流经理没有应变能力，在突发事件前束手无策，或逃避拖延，则会使组织陷入危机。因此，物流经理要有高超的应变能力。

4. 身体、心理素质

（1）健康的体魄。身体健康也是物流经理必须具备的条件。物流工作是繁重的，可以说是日不出而做，日落而不归，如果没有健康的体魄，即使有好的思想、科学的思维，恐怕只会觉得力不从心，无法发挥才能。所以，物流经理需要有科学的时间观念，处理好休息与工作时间上的冲突，加强体育锻炼。

（2）成熟的心理素质。物流工作是一项重要、艰巨的工作，要与企业内、外方方面面的人打交道，经常会受到来自企业内外的"责难"，所以物流经理须具有应付复杂情况和处理各种纠纷的能力，在工作中被误解时，能在心理上承受住各种各样的"压力"。对于物流经理来说，面对经济大潮的冲击，对自己的付出和效益有心理平衡感，心理容量要大，在员工面前能自觉地控制行为，办事讲话符合身份。

2.2.3 提高物流经理素质的途径

提高物流经理素质的途径很多，主要有：选拔时，要做好测评工作；把好上岗的质量关；在工作实践中要不断积累经验，加强个人自我修养。

任务2.3 招聘和培训物流人员

在物流管理及业务活动中．如果没有一支高素质的物流业务队伍，那么是不可能取得良好的物流管理效果的。因此，物流员工的选拔就是为了保证物流管理部门能够获得一批高水平、高素质、具备专业知识的物流从业人员，以推动和保障物流管理的各项工作顺利进行。

2.3.1 招聘物流人员

1. 招聘物流人员的程序

招聘物流人员的基本程序有以下几个方面：

（1）确定物流人员招聘的原则。招聘原则有公开公正、公平竞争、择优录取、效率优先、双向选择原则等。

（2）制订物流人员招聘计划。计划的内容通常包括招聘人数、招聘标准及预算等。

（3）制定物流人员的招聘策略。招聘策略包括招聘地点的选择、招聘渠道和招聘时间的确定、招聘的广告宣传等。其中，对于招聘的渠道要着重考虑，原则上关键业务岗位的物流人员应尽可能从本企业内选拔，这是由企业物流管理本身的特点所决定的。因为，各企业的生产方式、产品决策、技术选择、设施设备布置、工作流程规则等的差别是很大的，熟悉和了解本企业的生产环境、管理环境和生产程序规则是做好生产物流管理工作的重要前提。

（4）通过职务分析，确定对物流人员的基本要求。一般来讲，企业物流管理部门的员工应符合两个方面的基本要求。

1）对企业物流人员的基本技能要求，包括生产管理的基础知识、对产品的熟悉和了解程度、生产的技术过程及加工顺序的了解程度，此外还必须具有一定的管理科学知识及技能。

2）对企业物流人员的基本素质要求，包括对工作认真负责、思维敏捷、行动迅速、诚实可靠、遵守程序和规则、服从工作安排、良好的团队意识、较强的自我控制能力、受人喜欢的个性及良好的生活习惯等。

（5）确定招聘方法，进行人员测评。通过结构式面试、非结构式面试、压力面试等方式，在与应聘者面谈中观察和了解应聘者的特点、态度及潜能。再通过个性测试、特殊能力测验等方式，进一步了解和判断应聘者的气质、思维敏捷性及特殊才干等。

（6）聘用与试用。经过上述程序后，对符合物流招聘要求的求职者，应做出聘用决策。对试用合格者，试用期满便正式录用。同时还要结合物流人员招聘的实际工作，进行有效的评估。

2. 物流人员测评方法

物流人员测评的方法有很多。常用的测评方法和技术手段主要包括以下几种：

（1）简历分析。企业在人员选拔过程中通常要求应聘者填写个人简历资料。简历表格的内容大体反映了应聘人员的个性、兴趣爱好、年龄、教育、婚姻、工作经历、工作表现、工作成就等基本情况，可以借助简历分析来进行测评。

1）简历分析的基本作用。通过初步审查应聘人员的个人简历，迅速排除明显不合格的人员，有助于下一步对应聘人员进行面试；从简历表中了解有关推荐人或证明人，以便必要时与其联系，了解应聘人员更准确、更详细的资料。

2）简历分析的步骤。使用简历表进行人员测评最常见的方法是打分法。其步骤如下：

①给履历表中的每一个项目都规定一个分数，分数的确定应该依据这个项目所能反映的有关方向的工作表现情况，如工作年限、从业资质等，与应聘职务相关性高的项目分数高一些，反之则低一些。

②确定每一项目的打分标准。

③把应聘人各项得分相加得到总分。

（2）心理测试。心理测试是对人的气质、思维敏捷性、个性、特殊才干等进行判断，从而确定适应某种岗位的潜在能力。心理测试的主要方法有魏氏成人智慧表法、知觉准确性测试法、美国加州心理量表测试法、情景模拟测试法、投射测试法等。

运用心理测试法进行测评时，应注意：一是测试工具及使用方法须由专家设计，否则较难保证其可信度；二是测试一般作为参考，对淘汰不合格者有效，但对发现优秀人才未必有效；三是为了尽量减少偏差，应避免测验项目含糊不清，便于被测者做出回答；四是不应暴露测试的评价标准和确切目的，避免被测者做出伪装反应。

（3）胜任特征评价法。胜任特征评价法是一种新型的人力资源评价分析技术，最初兴

知识拓展：
物流人员
测评方法

起于 20 世纪 60 年代末至 20 世纪 70 年代初。胜任特征是指企业成员的动机、特质、自我形象、态度或价值观、某领域知识、认知或行为技能，以及任何可以被测量或计算并能显著区分出其优劣的特征。胜任特征评价法是指通过对员工进行系统全面的研究，对其外显特征及内隐特征进行综合评价，从而寻找符合某一职位的理想人选。

员工个体所具有的胜任特征有很多，但企业所需要的不一定是员工所有的胜任特征，企业会根据岗位的要求及组织的环境，明确能够保证员工胜任该岗位工作、确保其发挥最大潜能的胜任特征，并以此为标准对员工进行挑选。这就要运用胜任特征评价法提炼出能够对员工的工作有较强预测性的胜任特征，即员工最佳胜任特征能力。

1）个人的胜任力：指个人能做什么和为什么这么做。

2）岗位工作要求：指个人在工作中被期望做什么。

3）组织环境：指个人在组织管理中可以做什么。

交集部分是员工最有效的工作行为或潜能发挥的最佳领域。

当个人的胜任能力大于或等于这三个圆的交集时，员工才有可能胜任该岗位的工作。企业人力资源管理所要发掘的胜任能力模型就是个人胜任能力与另外两个圆的交集部分，即能够保证员工有效完成工作的胜任特征模型。

胜任特征评价法构建的基本原理是辨别优秀员工与一般员工在知识、技能、社会角色、自我认知、特质、动机等方面的差异，通过收集和分析数据，并对数据进行科学的整合，从而建立某岗位工作胜任特征模型构架，并产生相应具有可操作性的人力资源管理体系。

2.3.2 培训物流员工

企业培训员工的目的是提高员工工作技能、改善员工工作态度、挖掘员工潜力，以使员工更好地适应企业物流管理工作岗位。

1. 培训内容与目的

培训对任何企业都是必需的，培训的内容通常有以下三种：

（1）适应性培训。主要培训内容是使新进物流员工明确工作环境、工作程序和规则、管理要求及岗位职责要求等，以使新进物流员工可以尽快适应工作岗位的要求，胜任企业物流管理工作。

（2）提高性培训。主要培训内容是物流管理的新知识和新方法、新的制度规定、新的管理知识和新的管理理念。其目的在于提高物流员工的工作技能和工作效率，增强物流员工适应变化的能力，改善物流管理工作方法和服务质量，增强员工对物流管理的自信心和工作激情，从而大大调动物流员工的工作积极性，大幅度提高物流管理的效率和企业的整体经济效益。

（3）专题性培训。针对企业物流管理中出现的新问题、新情况对物流员工进行培训，其目的在于让物流员工尽快掌握物流发展方面的新知识、新方法和新管理工具，寻求解决在物流管理中出现新问题的方案，从而提升物流管理工作水平。

2. 培训工作的组织与实施

在明确了物流管理的培训目的之后，还必须有一个良好的培训工作组织实施计划。主要包括以下内容：

（1）制订物流员工培训计划。为了培养高素质、高能力的物流人才，在对员工培训需求进行分析的基础上，必须制订员工培训计划，包括长期、中期和短期的培训计划。物流员工培训计划的内容应包括培训目的、培训方针、培训范围、培训内容等。

在拟订的培训计划中，确定培训内容十分重要。根据员工培训目标的不同选定不同的培训内容。虽然培训具体内容不同，但从总体上看主要包括以下四个方面，如表2-1所示。

表2-1　培训内容

类型	含义与内容
知识培训	知识培训，是指经过培训后应掌握何种知识
业务技能培训	业务技能培训又称技术培训，是指经过培训后应掌握何种能力，如了解物流工作的安全性、物流工作职责、物流工作重点、物流工作的知识和技巧等
特殊培训	特殊培训，是指为特殊目的而进行的培训，如价值观的培养、客户服务培训、团队精神培训和授权培训等
品质培训	品质塑造培训，是指经过培训塑造积极品质，如吃苦耐劳、团结合作、忠于岗位、积极进取等

（2）确定物流员工培训的原则。对物流员工的短期培训要突出实用性、灵活性、速成性的特点；中期、长期培训要注重全面性、发挥潜能等特点。针对这些特点，确定明确的培训原则，这些原则主要包括以下几个方面：

1）理论联系实际，培训与运用相一致的原则。

2）讲求实效原则。

3）专业知识技能培训与员工品质培训相一致的原则。

4）全员培训和重点提高的原则。

5）长期、中期、短期培训计划相结合的原则。

（3）选择培训方式和方法。

1）物流员工培训方式主要有在职培训、脱产培训、转岗培训、专业技术人员培训和管理人员培训等。

2）物流员工培训的方法应多样化，如讲授法、视听法、会议培训法、案例讨论法、示范法、榜样（模范）学习法、岗位转换、工作现场培训等，力图取得培训的效果，达到培训的目的。

（4）评价培训效果。这是培训工作的最后一个环节，是针对员工培训的最终结果而进行的。对物流员工培训工作的评价必须事先确定好评价原则、评价内容、评价重点，然后进行认真的评价。评价培训效果的内容包括反应评估、学习评估、行为评估和结果评估，如表2-2所示。

表2-2　评价培训效果

类型	含义与内容
反应评估	反应评估是第一级评估，即在课程刚结束的时候，了解学员对培训项目的主观感觉和满意程度
学习评估	学习评估主要是评价学员通过培训对所学知识深度与广度的掌握程度，方式有书面测评、口头测试及实际操作测试等
行为评估	行为评估是指评估学员在工作中的行为方式有多大程度的改变，主要包括观察主管的评价、客户的评价、同事的评价等
结果评估	结果评估是第四级评估，其目标着眼于由培训项目引起的业务结果的变化情况

物流素养

人单合一见义勇为奖

"见义勇为"是中华民族的传统美德，是社会主义核心价值观的重要体现。

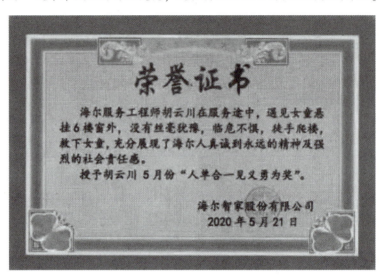

以小组为单位，讨论与思考：

海尔的"人单合一"与社会倡导的"见义勇为"有联系吗？海尔智家授予员工胡云川"人单合一见义勇为奖"有什么社会意义？

前沿视角

平台型组织

党的二十大报告指出：加快实施创新驱动发展战略。企业的发展取决于两个变量：战略和组织。战略决定组织，组织从属于战略。

平台型组织是坚持以客户需求为导向，以数字智慧运营平台和业务赋能中台为支撑，以多中心+分布式的结构形式，在开放、协同、共享的战略思维下，广泛整合内外部资源，通过网络效应，实现规模经济和生态价值的一种组织形式。平台的主要职能就是创造价值，平台具有规模价值、时间价值、经济价值、目标价值、需求价值等效应，借助技术手段，平台突破了传统约束和限制，实现人流、物流、信息流、资金流和交易流的快速、高效、有序、精准地流动。

一、平台型组织的基本结构

平台组织由职能后台、赋能中台、自主强前端、多元生态体构成。

1. "资源管控型"后台

后台职能部门作为前端业务协同发展平台，通过搭建管理体系，强化核心职能，优化管控流程，提供专业服务，成为高效能职能管理平台。

2. "业务赋能型"中台

中台，首先指的是平台，是介于前端和后台的一种平台型形态。中台的本质，是企业级能力复用平台，企业中台化就是利用平台化手段发现、沉淀与复用企业级能力的过程。

3. "客户导向"强前端

平台由核心资源组件和边缘组件构成,边缘组件演化能力强,具有极强的灵活性和适应能力。平台将资源组件与边缘组件灵活配置,就可以演化多样化、个性化的小组织群落,具有极强的环境适应性。在平台型组织中,边缘组件就是市场前端,不同的是,市场前端是直接接触客户的,是以客户和市场为中心的多元智能集合体,不再是边缘前端,而是自主的、核心的、分布式强前端。

(1) 经营性前端。自负盈亏、独立核算的自主经营体称为经营性前端,多以分(子)公司、事业部、BU、BG 的形式出现,数量不多、规模较大,每一个都是闭环的自主经营体。

(2) 市场性前端。数量众多、规模较小,但作战能力超群的自主型前端称为市场性前端,一般是快速响应客户需求的业务部门或由跨职能部门的项目小组组成,每个前端就是一个客户触点,是企业与客户的交点。例如,客户直接面对的项目组、购买商品或服务的门店、直接使用的网站、手机 APP、微信公众号等,都属于前端的范畴。

4. "多元主体"富生态

当内部平台搭建完成以后,企业已经具备了极强的市场竞争力。平台组织可以将平台资源与分布式自主强前端链接,形成网络效应。同时,当企业打开组织边界,资源和赋能平台的吸附性,也可以吸引更多的资源,链接双边甚至多边市场(商家、资源、市场、客户)并创造价值,产生更强大的网络效应。

二、平台型组织的价值

平台型组织的价值体现在以下五个方面:

1. 高信息瞬连,低交易成本

数字时代,信息可以"零时间瞬连"到任何个体与组织,加快信息流和资金流的流动。交易过程发生在虚拟空间,付出较少的搜寻时间成本可完成交易,原本空间到场的硬约束被较低的时间成本取代。数字时代消费与生产的时间无限性与空间无约束,让组织价值实现过程通过虚拟与实体空间完成了互联互通。

内部平台赋能,通过数据和算法,分析各类用户和各类业务活动,并快速匹配有价值的单元和关联,降低内部交易成本。

2. 广网络效应,短价值链条

富生态价值体系的建立,让众多价值单元从横向价值链协同变成多维价值生态协同,各类要素围绕最终用户提供价值。平台让价值链缩短,提供各种参与者的直接对接,商业模式因此变得灵活而迅速,企业与外界的连接更广、更实时、更顺畅,成本更低。

3. 多跨界协同,大规模经济

开放的组织理念,资源平台的建立,让企业能够实现跨界协同,增加了共享和整体服务,同时形成规模效应,不断强化资源,吸附更多参与主体,打造广阔的价值生态圈。

在平台组织内部,通过数据和技术的支持,将业务场景的共性需求提炼,打造为组件化的资源包,以接口形式提供给前端使用。这种内部资源集约化的管理模式,有利于产品的快速试错、更新迭代,有利于快速复制能力,拓展新业务领域,最大限度减少资源浪费,并产生资源聚集的规模效应。

4. 强业务聚合,极敏捷高效

组织规模化之后,强调分权、各业务独立发展的组织模式,不可避免地会带来各业务板块沟通协调的困难，造成过高的管理成本而产生"大企业病"，这需要在公司内部构筑平台，让各业务部门保持相对的独立和分权，然后用一个强大的中台来对这些部门进行总协调和总支持，以较好平衡集权和分权的成本，同时比较灵活地为新业务、新部门留下接口。

有了业务、资源和能力聚合的中台，可以快速匹配前端多业务场景，能够以敏捷高效的市场前端组织单元，响应多样化客户需求。如阿里巴巴整合了会员、交易、营销和结算等功能，这些基础的服务会被所有业务使用，从而提升整个组织的管理效率。

5. 齐共创共享，活组织人才

外部平台，能够让价值生态中的服务内容和产品更加多样化，同时给予更多的创新创业的机会，边缘化的创新一旦形成规模化优势，平台就可以通过资本纽带，形成"泛契约组织生态圈"，从而吸引更多参与方，齐创共享。

内部平台让员工的创意实现和商业化成本更低，员工可以自发搭建灵活市场前端来寻找业务优化的机会，甚至独立成为自主经营体，发展为经营性前端。

同时，分工协同的组织运行体系，对员工的系统性和全局性有着非常大的锻炼和提升。组织也成为一个综合型人才的培养基地，让员工实现成长。

三、海尔的平台型组织

海尔基于当前网络化战略下的一体化、开放社会化、快速资源整合的核心竞争力，构建平台型组织，鼓励员工创新，以满足员工创客化、用户个性化的需求。

平台的主要职能是聚散资源、交换价值，形成持续颠覆性创新的生态圈。它遵循四个原则：零基原则、增值原则、资源聚合原则和优于社会原则。其基本单元是"小微"，由创客在海尔孵化平台上自主注册而成。"小微"是全流程的，能够直接创造用户资源、用户价值，能够自驱动、自优化、自演进，可以利用社会化的资源、社会化的资金来进行创业。"小微"成员按单聚散，而不再是固定的组织、固定的人，从而在一定程度上保证组织的柔性化和灵活度。"小微"与平台之间是同一目标下价值交换的市场关系，以及在同一目标下的共赢共享关系。

总之，平台型组织的显著特点是中间层消失，流程由串联节点到并联平台，资源可以无障碍进入，追求利益双方的共赢共享，实现利益最大化。

（资料来源：彭剑锋，张小峰. 平台型组织的五大价值［EB］.［2019-11-07］. https://www.sohu.com/a/352128220_761946）

项目2知识检测答案

知识检测

一、单项选择题

1. 由于物流作业的实操性和场地特殊性，物流培训最好的方式是采用（　　）。

A. 多媒体培训　　B. 工作指导培训　　C. 模拟培训　　D. 工作现场培训

2. （　　）其实质在于建立物流管理组织的合理纵向分工，设计合理的垂直机构。

A. 有效性原则　　　　　　　　　B. 统一指挥原则

C. 管理层次扁平化原则　　　　　D. 职责与职权对等原则

3. 为提高物流员工的工作技能和工作效率，增强物流员工适应变化的能力，改善物流管理工作方法和服务质量等进行的培训属于（　　）。

A. 适应性培训　　B. 提高性培训　　C. 专题性培训　　D. 特殊培训

4. （　　）不属于为特殊目的而进行的培训。

A. 价值观培训　　　　　　　　　　B. 客户服务培训

C. 物流业务知识培训　　　　　　　D. 团队精神培训

5. （　　）不是培训效果评价的内容。

A. 培训内容是否合理

B. 受训人是否学会了培训的知识与技能

C. 受训人是否产生了行为的变化

D. 受训人是否由培训项目引起业务结果的变化

6. 下列不属于企业物流经理职责的是（　　）。

A. 提出企业生产物流的管理目标和管理方案

B. 沟通协调物流部门与其他相关部门的关系

C. 对物流工作各环节进行管理与指导

D. 按照合同催单、跟单

7. 当前设置企业物流组织结构时被广泛应用的类型是（　　）。

A. 直线型　　　　B. 职能型　　　　C. 直线职能型　　　　D. 矩阵型

8. 不属于运用心理测试招聘物流人员时应注意的事项的是（　　）。

A. 测试工具及使用方法须由专家设计

B. 测试一般应作为参考

C. 应避免测验项目含糊不清

D. 应把测试的评价标准和确切目的告诉被测者

9. 在企业中只作为一种顾问或参谋的角色，负责整体物流的规划、分析、协调，提供决策性建议，而不管理具体物流运作的物流组织结构属于（　　）的物流组织结构。

A. 直线型　　　　B. 矩阵型　　　　C. 直线职能型　　　　D. 职能型

10. （　　）招聘成本相对较高，通常情况下不能大规模使用，现实社会中主要是用在高层管理者和特殊的专门人员的甄选上。

A. 心理测验　　　　B. 情景模拟　　　　C. 面试　　　　D. 笔试

二、多项选择题

1. （　　）属于为特殊目的而进行的培训。

A. 价值观培训　　　B. 客户服务培训　　　C. 授权培训　　　D. 团队精神培训

2. 物流员工培训计划的内容包括（　　）。

A. 培训目的　　　　B. 培训方针　　　　C. 培训范围　　　　D. 培训内容

3. 在物流人才培训中，技术培训的目的是（　　）。

A. 提高解决问题的技能　　　　　　B. 提供完成岗位工作的技能

C. 强化员工的奉献精神　　　　　　D. 提高沟通能力

4. 影响企业物流组织设计的因素有（　　）。

A. 组织层次与宽度　　　　　　　　B. 人员配备

C. 职权划分　　　　　　　　　　　D. 组织战略

5. 物流经理的基本素质要求包括（　　）。

A. 政治素质　　　　B. 知识素质　　　　C. 能力素质　　　　D. 身心素质

6. 企业物流组织主要解决（　　）。

A. 调节各部门物流活动之间出现的目标冲突

B. 建立健全企业各项规章制度

C. 改善内部企业管理

D. 完善生产作业流程

7. 下列属于企业物流经理的职责的是（　　）。

A. 提出企业生产物流的管理目标和管理方案

B. 沟通协调物流部门与其他相关部门的关系

C. 对物流工作各环节进行管理与指导

D. 物流团队建设职责

8. 企业评价物流员工培训效果的内容主要有（　　）。

A. 反应评估　　　　　B. 学习评估　　　　　C. 行为评估　　　　　D. 结果评估

9. 简历分析的基本作用有（　　）。

A. 初步审查应聘人员的个人简历，迅速排除明显不合格的人员

B. 有助于下一步对应聘人员进行面试

C. 了解有关推荐人或证明人，以便必要时与其联系

D. 有助于进一步了解应聘人员的家庭背景

10. 以下企业物流组织结构违背了企业管理统一指挥原则的是（　　）。

A. 直线型　　　　　B. 职能型　　　　　C. 直线职能型　　　　　D. 矩阵型

任 务 实 施

1. 海尔物流组织变革经历了哪几个阶段？描述各阶段的物流职能。

_____

_____

_____

2. 画出每个阶段的海尔组织结构图，分析其优缺点和适用范围。

_____

_____

_____

3. 简述海尔物流推进本部在海尔集团的作用及采购、配送、储运这三个事业部的关系。

_____

_____

_____

4. 查看海尔物流推进本部的岗位招聘（操作步骤：网站→加入海尔→成长与发展→查看招聘岗位→查看工作岗位→日日顺物流），列出物流管理专业相关岗位的任职要求，思考自己是否已具备这些岗位任职要求，若不具备，那么你打算从现在开始如何培养和锻炼？

_____

_____

_____

_____

模块二
企业物流运作技能

项目 3　采购物流运作

知识目标

1. 掌握采购的分类和采购业务流程；
2. 掌握采购价格的构成、类型和形成步骤，理解影响采购价格形成的因素；
3. 掌握供应商的分类、管理方法和管理内容；
4. 掌握招标采购的方式和运作程序；
5. 熟悉采购合同的内容、类型和签订程序；
6. 理解采购成本控制、采购风险控制的重要性和措施方法。

技能目标

1. 能够运用某一个分类方法判定供应商的类型；
2. 能够辨析不同供应商的定价方法；
3. 能够建立和维护供应商合作伙伴关系；
4. 能够分析现实中采购风险和道德风险，提出应对措施。

素养目标

1. 树立与供应商之间关系共建、共赢、共享思想；
2. 培养遵守合约、严格自律的道德品质，建立良好的营商环境；
3. 养成诚实守信、客观公正的品质和认真履约的契约精神。

项目任务

三个企业的采购管理对比

情境1：胜利油田的采购管理

胜利油田每年的物资采购总量约为85亿元，涉及钢材、木材、水泥、机电设备、仪器仪表等56个大类，12万项物资。目前，胜利油田有9 000多人在做物资供应管理，庞大的体系给采购管理造成了许多困难。胜利油田每年采购资金的85亿元中，有45亿元的产品是由与胜利油田有各种隶属和"姻亲"关系的工厂生产，很难将其产品的质量和市场同类产品比较，而且价格一般要比市场价高。例如，供电器这一产品，价格比市场价贵20%，但由于这是一家由胜利油田长期养活的残疾人福利工厂，只能是本着人道主义精神接受他们的供货，强烈的社会责任感让企业背上了沉重的包袱。同样，胜利油田使用的大多数涂料也是由下属工厂生产，一般只能使用3年左右，而市面上一般的同类型涂料可以用10年。还有上级单位指定的产品，只要符合胜利油田使用标准、价格差不多，就必须购买指定产品。在这样的压力下，胜利油田目前能做到的就是逐步过渡，拿出一部分采购商品来实行市场招标，一步到位是不可能的。

情境2：海尔的采购管理

海尔采取的采购策略是利用全球化网络，集中购买，以规模优势降低采购成本，同时精简供应商队伍。据统计，海尔的全球供应商数量由原先的2 336家降至840家，其中国际化供应商的比例达到了71%，目前世界前500强中有44家是海尔的供应商。在供应商关系管理方面，海尔采用的是SBD（suburban business district）模式：共同发展供应业务。海尔有很多产品的设计方案直接交给厂商来做，很多零部件是由供应商提供今后两个月市场的产品预测并将待开发的产品形成图纸，这样一来，供应商就真正成为海尔的设计部和工厂，加快开发速度。许多供应商的厂房和海尔的仓库之间甚至不需要车辆运输，工厂的叉车直接开到海尔的仓库，大大节约运输成本。海尔本身则侧重于核心产品的买卖和结算业务。这与传统的企业与供应商关系的不同在于，它从供需双方简单的买卖关系，成功转型为战略合作伙伴关系，是一种共同发展的双赢策略。

情境3：通用的采购管理

据统计，通用在美国的采购金额每年为580亿美元，全球采购金额总共达到1 400亿~1 500亿美元。1993年，通用提出了全球化采购的思想，并逐步将各分部的采购权集中到总部统一管理。目前，通用下设四个地区的采购部门：北美采购委员会、亚太采购委员会、非洲采购委员会、欧洲采购委员会。四个区域的采购部门定时召开电视会议，把采购信息放到全球化的平台上来共享，在采购行为中充分利用联合采购的优势，协同杀价，并及时通报各地供应商的情况，把某些供应商的不良行为在全球采购系统中备案。在资源得到合理配置的基础上，通用开发了一整套供应商关系管理程序，对供应商进行评估。对好的供应商，采取持续发展的合作策略，并针对采购中出现的技术问题与供应商一起协商寻找解决问题的最佳方案；而在评估中表现糟糕的供应商，则请其离开通用的业务体系。同时，通过对全球物流路线的整合，通用将各个公司原来自行拟定的繁杂的海运线路集成为简单的洲际物流线路。采购和海运路线经过整合后，不仅使总体采购成本大大降低，而且使各个公司与供应商的谈判能力也得到了质的提升。

阅读以上材料，完成以下任务：

1. 比较胜利油田、海尔和通用这三个企业的采购模式，简述各企业的性质和采购特点。
2. 针对胜利油田的实际情况，请提出你对该公司采购模式的改进建议。
3. 你认为海尔的采购模式是一个家电制造企业的最佳采购模式吗？你还能提出哪些改进措施和建议？
4. 与海尔相比，通用的采购模式有什么不同？这种采购模式有哪些优缺点？
5. 对胜利油田、海尔、通用三个企业的采购模式进行比较，谈谈企业采购物流未来的发展趋势。

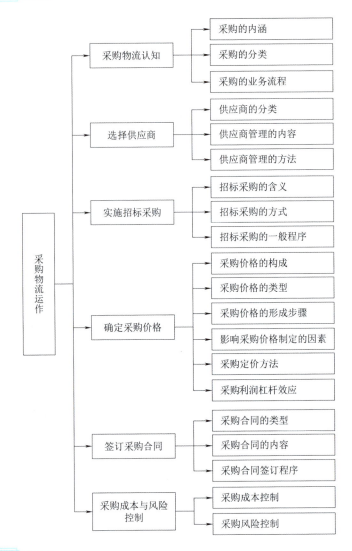

任务 3.1　采购物流认知

采购物流是企业在生产经营过程中，为了满足生产、基础建设对原材料、材料设备、备件的需求，将定期或不定期地发生的采购行为，即商品从卖方转移到买方场所而进行的所有活动。采购物流包括采购与运输两大主要操作过程，是商流与物流的统一。采购物流是企业生产经营活动的一个重要组成部分，它占用了企业大部分的流动资金，形成了企业主要的流动资产，对企业有着重要影响。所以，对企业的采购物流，必须进行系统的、有效的控制，以实现企业生产经营利润最大化的目标。

3.1.1　采购的内涵

采购是指企业采购人员根据企业生产计划对生产资料的需求而进行的一种商业行为。从狭义角度讲，采购就是针对企业或个人的需求而进行的商品、物资购买行为。从广义角度讲，采购是以购买、租赁、借贷、交换、征用等方式进行的商品、物资的市场交换。

在企业经营活动中，采购主要是指企业根据需求提出采购计划、审核计划，选好供应商，经过商务谈判确定价格、交货及相关条件，最终签订合同，并按要求收货付款的全过程。这是一种以货币换取物品的方式，也是最普通的采购途径。

3.1.2　采购的分类

为了有针对性地、有效地解决特定采购问题，对采购进行分类，将有助于企业依据每一种采购的特点，合理选择采购方式，如表3-1所示。

表3-1　采购分类

标准	采购分类及相应的类别定义
按采购主体	分为个人采购、企业采购和政府采购。 ◆ 个人采购，是指消费者为满足自身需要而发生的购买消费品的行为。 ◆ 企业采购，是指市场经济下一种最重要、最主流的采购。企业是大批量商品生产的主体，为了实现大批量商品的生产，需要大批量商品的采购。 ◆ 政府采购，是指国家各级政府为从事日常的政务活动或为了满足公共服务的目的，利用国家财政性资金和政府借款购买货物、工程和服务的行为
按采购制度	分为集中采购、分散采购和混合采购。 ◆ 集中采购，是指企业的采购权限集中于核心管理层建立的一个专门的采购机构。一般情况下，企业的分公司、分厂及各部门均没有采购的权限。 ◆ 分散采购，是指按照需要由各单位自行设立采购部门负责采购工作，以满足生产需要。 ◆ 混合采购，是指将集中制采购制度和分散制采购制度组合成一种新型采购制度
按采购区域	分为国内采购和国外采购。 ◆ 国内采购，是指企业以本币向国内供应商采购所需物资的一种行为。主要指在国内市场采购，但并不是指采购的物资都一定是国内生产的，也可以向国外企业设在国内的代理商采购所需物资，只是以本币支付货款，不需以外汇结算。 ◆ 国际采购，是指企业直接向国外厂商采购所需物资的一种行为。这种采购方式一般通过直接向国外厂方咨询，或者向国外厂方设在本地的代理商咨询采购
按采购时间	分为长期合同采购、短期合同采购。 ◆ 长期合同采购，是指采购商和供应商通过合同，以稳定双方的交易关系，合同期一般在一年以上。 ◆ 短期合同采购，是指采购商和供应商通过合同实现一次交易，以满足生产经营活动需要
按输出形态	分为有形采购、无形采购。 ◆ 有形采购，是指具有实物形态的物品的采购，例如原料、辅料、机具及设备、事务用品等。 ◆ 无形采购是相对有形采购而言的，主要是指不具有实物形态的咨询服务采购和技术采购，或是采购设备时附带的服务，如技术、服务、工程发包等

3.1.3　采购的业务流程

采购作为一项具体的业务活动，业务流程一般分为八个步骤，如图3-1所示。

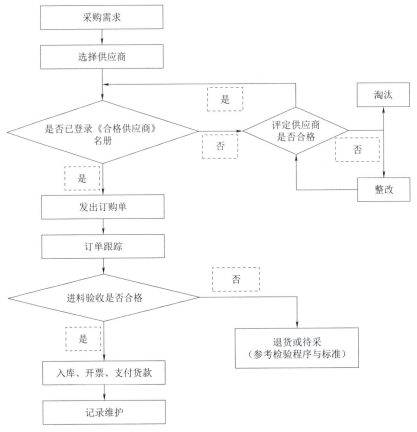

图 3-1　企业采购的业务流程

（1）需求确定与采购计划制订。需求发出部门发出采购请求，计划制订者审查通过，汇总所要采购的物资，授权采购部门制定和签发订单，采购部门分配到各个采购员，给其下达任务。

（2）供应源搜寻与分析。寻找潜在的供应商并与其进行联系，列出供应商的名单，依据这个名单来分析和选择供应商。

（3）定价。定价的方式为竞争性报价和谈判。

（4）拟定并发出订单。在选定供应商以后，接下来要做的就是同供应商签订正式的采购订单。订单是采购方向供应商发出的有关货物的详细信息和指令。一般来说，订单包括的要素有订单编号、产品名称、规格、品质简介、单价、需求数量、交易条件、运输方式、交货期限、交货地址、发票单位等。

（5）订单跟踪和跟催。采购订单发给供应商后，为使供应商能按期、按质、按量交货，应督促供应商按规定发运，设全职的跟踪催货人员。跟踪是对订单所作的例行跟踪，以便确保供应商能够履行其货物发运的承诺。跟催是对供应商施加压力，以便供应商按期履行最初所作的发运承诺、提前发运货物或加快已经延误的订单涉及的货物发运。

（6）验货和收货。货物检验步骤：一是确定检验的时间和地点，二是通知检验部门及人员，三是进行检验，四是不合格货物的处理，五是填写采购物品验收报告。货物接收步骤：一是检验合格的物料，二是与供应商协调送货，三是与仓储部门协调接货，四是供应商送货，五是货物接收入库，六是处理接收问题，七是填写货物入库清单。

（7）开票和支付货款。供应商交货检验合格后，随即开具发票，要求付清货款，采购部门应检查发票的内容是否正确，之后财务部门才能付清货款。在付款审批中，应注意单据的匹配性、规范性、真实性三个方面。

（8）记录维护。这是采购的最后一项工作。这项工作是把采购部门与订单有关的文件副本进行汇集归档，并把想保存的信息转化为相关的记录。记录维护中必须保存的记录有采购订单目录、采购订单卷宗、商品文件、供应商历史文件。

))) 实战训练3-1)))

小张是公司新来的跟单员，刚大学毕业没有任何工作经验，负责一批医用棉布订单的跟单工作。在跟供应商协调时，小张告诉供应商订单完成就立即送货，不必通知。

问题：根据采购业务操作流程，小李的送货安排是否合理，为什么？

任务 3.2　选择供应商

企业要想正常生产，必须从供应商处获得原材料（零部件）。企业必须有一批信誉良好的供应商准时提供原材料，以备生产企业使用。因此，供应商管理是企业采购工作中的重要项目。供应商管理就是对供应商进行了解、开发、选择，是对供应商的综合培养和评估。其中了解、开发、选择是供应商管理的初级阶段，合作、协作是供应商管理的目标，评估是对供应商资格、能力的审核与考核。企业对供应商的管理目的就是要建立一支可靠、稳定的供应商队伍，不断培养供应商，使供应商能够满足生产企业的需求，确保企业的生产顺利进行。

3.2.1　供应商的分类

供应商分类是对供应商系统管理的重要部分。每个企业都有许多供应商，在供应商管理中，必须将这些供应商分为不同类别，根据各供应商对本企业经营影响的大小设定优先次序，区别对待，以利于集中精力重点改进并发展最重要的供应商。

1. 按 80/20 原则和 ABC 分类法分类

ABC 分类法对采购企业的采购物资进行分类，而不针对供应商分类，但是将采购物资分门别类自然就可以将提供这些物资的供应商相应地区别开来，针对不同重要程度的供应商采取不同的策略。ABC 分类法的思想源于 80/20 原则，80/20 原则将供应商按照物资的重要程度划分为两类，即重点供应商和普通供应商，如表 3-2 所示。

表 3-2　按 80/20 原则和 ABC 分类法分类

供应商的分类	占总供应商数量的比例	占总采购物资价值的比例
重点供应商	20%	80%
普通供应商	80%	20%

2. 按交易时间长短分类

按照交易时间长短，可分为长期供应商、短期供应商和项目型供应商，如表 3-3 所示。

表 3-3　按交易时间长短分类

供应商的分类	供应商的特征
长期供应商	◆ 长期向企业提供货物，双方不仅仅是买卖关系，而是由于长期供应，企业与供应商达成一种默契。 ◆ 双方成为关系单位，供应商与企业相互往来密切，相互经常交流，在事情处理上能够很快达成一致
短期供应商	◆ 双方之间的关系仅为买卖关系。 ◆ 企业运营生产过程中，出现的物料需求计划外的采购行为。 ◆ 一般情况下，该类物资的价值少、数量小，在普通市场中采购就可以完全解决
项目型供应商	◆ 针对某一项目进行的物资供应和服务。 ◆ 双方交易过程随着项目的开始而开始，随着项目的结束而终止，无法用时间来衡量。若项目实施时间短，则项目供应商与企业的交易时间短；若项目实施时间长，则交易时间长

3. 按物资的重要程度和供应商市场的复杂程度分类

不同物资对企业生产建设的重要程度不同，所产生的影响也不同。在整个物资采购中，企业应该针对物资重要程度的不同，选择不同的供应商管理模式。按物资的重要程度和供应商市场的复杂程度，可分为战略供应商、重要供应商、瓶颈供应商和一般供应商，如表 3-4 所示。

表 3-4　按物资的重要程度和供应商市场的复杂程度分类

供应商的分类	供应商的特征
战略供应商	◆ 对于企业非常重要。 ◆ 这类供应商掌握产品的关键技术，且这种技术对企业的发展有至关重要的作用或有战略性作用。 ◆ 企业和战略供应商属长期合作伙伴关系，可采取双赢策略
重要供应商	◆ 其产品对企业也很重要，提供的产品价值很高，但市场获取方便。 ◆ 企业和重要供应商属一般合作关系，可采取低成本策略。 ◆ 尽可能规范业务流程，通过约定和协议保证采购物资的质量、价格，保证售后服务，尽可能保证采购的优势地位不动摇
瓶颈供应商	◆ 一般其产品具专有技术，虽然产品价值不高，却是企业的必需辅助产品，获取难度大。 ◆ 企业和瓶颈供应商属稳定长期合作关系，可采取灵活管理策略。 ◆ 对于优势明显的供应商，积极与他们建立稳定的合作关系。 ◆ 对于因生产材料质量有问题的供应商，通过共同参与，帮助他们改进。 ◆ 对于掌握复杂生产技术的供应商，及早参与生产过程控制，保证产品质量过关
一般供应商	◆ 一般提供价值不高的小件物资，且种类繁多。 ◆ 企业和一般供应商属一般交易关系，可采取管理成本最小化策略。 ◆ 通过经济订货批量实现采购成本的最优化

4. 按采购物资的关键性或特殊性分类

按采购物资的关键性或特殊性，可分为战略供应商和非战略供应商，如表 3-5 所示。

表 3-5　按采购物资的关键性或特殊性分类

供应商的分类	供应商的类别定义和相应的特征
战略供应商	战略供应商是现有供应商资源中保持长期良好绩效的关键采购物料的供应商，或者因企业采购物料的特殊性而要求将供应该物料的供应商定义为战略供应商，由专业采购进行评估后推荐。其特征如下： ◆ 战略供应商的评定必须得到企业采购委员会的批准。 ◆ 企业和战略供应商的关系是战略伙伴关系，双方合作共同开发产品。 ◆ 对战略供应商仅经过简单的必要评估就可授予其新的业务或者延续旧的业务。 ◆ 一旦供应商成为战略供应商，企业应采用相应的战略供应商的采购和管理策略，并赋予战略供应商相对较大的自我管理自由度，但仍应定期和在项目的关键节点对战略供应商进行评估和审核。 ◆ 如果供应商不能达到针对战略供应商的采购要求，则应该考虑是否取消该供应商的战略供应商资格，考虑更改该供应商的类别为非战略供应商，提交企业采购委员会批准，并考虑相应地更改针对该供应商的采购和管理策略
非战略供应商	非战略供应商是通过评估的，并已获得企业采购委员会批准的，但不被定义为战略供应商的任何合格的企业现有供应商。其特征如下： ◆ 企业和非战略供应商的关系是一般的买方和卖方的伙伴关系，不是战略合作伙伴关系。 ◆ 非战略供应商可以和企业共同开发产品。 ◆ 非战略供应商可以作为询价对象，需要通过非战略供应商的供应商评审和评估程序来决定是否可被授予新的业务或者延续旧的业务。 ◆ 企业针对非战略供应商的采购和管理策略应该遵循完整的企业采购和供应商管理要求，对供应商进行定期和必需的评估和审核。 ◆ 如果非战略供应商不能达到采购要求，且整改后仍然不合格，则应该考虑是否取消其供货资格，并提交企业采购委员会批准

5. 按企业指定供应商提供的物料或技术分类

按企业指定供应商提供的物料或技术，可分为客户供应商、专有技术供应商、开发类供应商、售后供应商和休眠供应商，如表 3-6 所示。

表 3-6　按企业指定供应商提供的物料或技术分类

供应商的分类	供应商的类别定义和相应的特征
客户供应商	客户供应商是由客户指定的生产某种企业所需采购物料的供应商。其特征如下： ◆ 企业的客户、企业和供应商三方应达成客户指定供应商的管理方法共识，如与供应商的价格谈判由客户负责等。 ◆ 客户指定的供应商仍然要通过企业采购委员会的批准和备案。 ◆ 客户指定供应商的项目或者采购物料的验收应该由企业的客户和企业共同完成。 ◆ 如果客户指定的供应商不能达到采购要求，且整改后仍然不合格，则必须将问题提交企业采购委员会和企业的客户作决策
专有技术供应商	专有技术供应商是企业现有供应商资源中具有提供某种企业必需的专有技术或者服务能力的供应商，而且目前的战略供应商无法提供该项专有技术或者服务，由专业采购进行评估后推荐。其特征如下： ◆ 专有技术供应商的评定必须得到企业采购委员会的批准。 ◆ 企业和专有技术供应商的关系是战略伙伴关系，双方合作共同开发产品。企业针对专有技术供应商的采购和管理策略，应该在供应商的产品开发、技术应用或革新等方面赋予专有技术供应商相对较大的自由度，但采购和供应商管理应该遵循完整的企业采购和供应商管理要求，对供应商进行定期和必需的评估和审核。 ◆ 如果供应商不能达到采购要求，且整改后仍然不合格，则应该考虑是否取消供应商的供货资格，并提交企业采购委员会批准

课堂笔记

供应商的分类	供应商的类别定义和相应的特征
开发类供应商	开发类供应商是在企业采购的开发和评估过程中，潜在可成为企业合格供应商的供应商。其特征如下： ◆ 企业和开发类供应商之间是开发和被开发的关系，尚不存在任何采购和合作伙伴关系。 ◆ 开发类供应商可以和企业共同开发产品。 ◆ 企业应该遵循完整的企业采购和供应商管理要求开发这类供应商，对供应商进行定期和必需的评估和审核。 ◆ 如果开发类供应商不能达到企业对潜在供应商的要求，且整改后仍然不合格，则应该考虑是否取消该供应商的开发类供应商资格，并提交企业采购委员会批准
售后供应商	售后供应商是只为企业提供售后产品的现有供应商。其特征如下： ◆ 售后供应商的采购决策要通过企业采购委员会批准。 ◆ 售后供应商和企业的关系可以是战略伙伴关系，也可以是非战略伙伴关系，可以和企业共同开发相关售后产品。 ◆ 企业针对售后供应商的采购和管理策略应该遵循企业售后产品的物料采购和供应商管理要求，对供应商进行定期和必需的评估和审核。 ◆ 如果售后供应商不能达到企业的采购要求，且整改后仍然不合格，则应该考虑是否取消该供应商的售后供应商资格，并提交企业采购委员会批准
休眠供应商	休眠供应商是企业供应商资源库里停止供货超过 6 个月以上的供应商。其特征如下： 休眠类供应商可以和企业共同开发产品，但要重新赋予这类供应商供货资格，必须按照相应的采购和供应商管理要求进行评估和审核，并将结果提交企业采购委员会批准

6. 按采供双方合作关系程度分类

按采供双方的合作关系由浅到深的次序，将供应商分为短期目标型供应商、长期目标型供应商、渗透型供应商、联盟型供应商和纵向集成型供应商五种类型，如表 3-7 所示。

表 3-7　按采供双方合作关系程度分类

供应商的分类	供应商的类别定义和相应的特征
短期目标型供应商	短期目标型供应商是指采购商和供应商之间是交易关系，即一般的买卖关系。其特征如下： ◆ 双方的交易仅停留在短期的交易合同上。 ◆ 双方最关心的是如何谈判、如何提高自己的谈判技巧和议价能力，使自己在谈判中占据优势，而不是如何改善自己的工作而使双方都获利。 ◆ 供应商根据合同上的交易要求提供标准化的产品或服务，保证每一笔交易的信誉。 ◆ 当交易完成之后，双方的关系也就终止了，双方的联系仅仅局限在采购方的采购人员和供应方的销售人员之间，其他部门的人员一般不会参加双方之间的业务活动，双方也很少有业务活动
长期目标型供应商	长期目标型供应商是指采购方与供应商保持长期的关系，双方为了共同的利益对改进各自的工作感兴趣，并以此为基础建立起超越买卖关系的合作。其特征如下： ◆ 双方工作的重点是从长远利益出发，相互配合，不断改进产品质量与服务质量，共同降低成本，提高共同的竞争力。 ◆ 合作的范围遍及企业内部的多个部门，如采购方对供应商提出新的技术要求，若供应商目前还没有能力实现，则在这种情况下，采购方可能会对供应商提供技术上和资金上的支持，当然，供应商的技术创新也会给采购方的产品改进提供契机，采购方向供应商提供支持的原因也在于此

供应商的分类	供应商的类别定义和相应的特征
渗透型 供应商	渗透型供应商是在长期目标型供应商的基础上发展起来的，其指导思想是把对方企业看成自己企业的一部分，对对方的关心程度较前面两种都大大提高了。其特征如下： ◆ 采购企业为了能够参与供应商的活动，甚至会在产权上采取一些恰当的措施，如相互投资、参股等，以保证双方利益的共享与一致性。 ◆ 双方在组织上应采取相应的措施，保证双方派员加入对方的有关业务当中去。这样做的好处是可以更好地了解对方的情况，供应商可以了解自己的产品在采购方企业中起到了什么作用，便于发现改进的方向；而采购方也可以了解供应商是怎样制造那些物资的，从而提出可行的改进意见
联盟型 供应商	联盟型供应商是从供应链角度提出的，供需双方的目标能够真正融合到一起，双方结成伙伴关系，共同努力实现这些目标。其特征如下： ◆ 联盟成员中有一个处于供应链核心位置的企业，常被称为供应链上的核心企业，由他出面协调各成员之间的关系。 ◆ 核心企业在更长的纵向链条上，联盟成员之间的关系维持的难度更高了，要求也更严格
纵向集成型 供应商	纵向集成型供应商是最复杂的关系类型，即把供应链上的成员企业整合起来，像一个企业一样。其特征如下： ◆ 成员企业仍然是完全独立的企业，决策权属于自己。 ◆ 每个企业都要充分了解供应链的目标、要求，在充分掌握信息的条件下，自觉地作出有利于供应链整体利益，而不是企业个体利益的决策。 　　目前，这一类型的供应商关系还只停留在学术讨论层次，实践中案例极少

7. 按供应商与企业的相互重要性程度分类

　　按供应商与企业的相互重要性程度分类，常以对企业的重要性作为纵坐标、对供应商的重要性作为横坐标构造分析矩阵（如图 3-2 所示），依据矩阵可以将供应商分为重点商业型供应商、伙伴型供应商、商业型供应商、优先型供应商四种类型，如表 3-8 所示。

图 3-2　供应商关系分类

表 3-8　按相互重要性程度分类

供应商的分类	供应商的类别定义
重点商业型 供应商	重点商业型供应商是供应商认为采购商的采购业务对他们来说无关紧要，而采购商认为该供应商对自己的采购业务是很重要的。这样的供应商就是需要注意改进提高的重点商业型供应商

供应商的分类	供应商的类别定义
伙伴型 供应商	伙伴型供应商是供应商认为采购商的采购业务对他们来说很重要，采购商也认为该供应商对自己的采购业务很重要。这样的供应商是采购商的合作伙伴，称为伙伴型供应商
商业型 供应商	商业型供应商是供应商认为采购商的采购业务对他们来说不是很重要，采购商认为该供应商对自己的采购业务也不是很重要。这样的供应商对采购商来说，可以很方便地选择更换，这些采购业务所对应的供应商就是商业型供应商
优先型 供应商	优先型供应商是供应商认为采购商的采购业务对他们来说是很重要的，而采购商认为该供应商对自己的采购业务并不十分重要。这样的供应商对采购商来说，无疑是十分有利的，是优先选择的供应商，称为优先型供应商

8. 按与供应商关系的远近分类

按与供应商关系的远近，可以将供应商分为不可接受的供应商、可接受的潜在供应商及五级不同层次的已配套的供应商，如表3-9所示。

表3-9　按与供应商关系的远近分类

类别	层次	类型	特征	处理该类供应商关系的方式
供应商关系	5	协同发展的供应商	为了长期合作，双方要不断地优化协作，最具代表性的活动就是供应商主动参与到采购方的新产品、新项目的开发业务中来，而采购企业亦依赖供应商在其产品领域内的优势来提高自己产品开发的竞争力	供应链成员之间结成长期战略伙伴关系
	4	共担风险的供应商	双方都力求强化合作，通过合同等方式将长期关系固定下来	签订合同固定双方长期合作关系
	3	运作相互联系的供应商	公开、互相信赖。一旦这类供应商选定，双方就以坦诚的态度在合作过程中改进供应、降低成本。通常这类供应商提供的零部件对企业来说属于战略品，但供应商并不是唯一的，企业有替代的供应商	长期合作
	2	需持续接触的供应商	采购的主要着力点是对供应市场保持持续接触，在市场竞争中买到价格最低的商品	竞价
	1	触手可及的供应商	采购价值低，对采购企业显得不很重要，因此，无须与供应商靠得太紧密，只要供应商能提供合理的交易即可	现货买进
		不可接受的供应商		没有关系
		可接受的潜在供应商		目前没有关系，将来可能建立关系

9. 按供应商的规模和经营品种分类

按供应商的规模和经营品种分类，常以供应商的规模作为纵坐标、经营品种数量作为横坐标构造分析矩阵（如图3-3所示），依据矩阵可以将供应商分为专家级供应商、行业领袖供应商、量小品种多供应商、低产小规模供应商四种类型，如表3-10所示。

图 3-3 按供应商的规模和经营品种分类

表 3-10 按供应商的规模和经营品种分类

供应商的分类	供应商的特征
专家级供应商	专家级供应商，是指那些生产规模大、经验丰富、技术成熟，但经营品种相对少的供应商，这类供应商的目标是通过竞争来占领大市场
行业领袖供应商	行业领袖供应商，是指那些生产规模大、经营品种也多的供应商，这类供应商财务状况比较好，其目标为立足本地市场，并且积极拓展国际市场
量小品种多供应商	量小品种多供应商虽然生产规模小，但经营品种多，这类供应商财务状况不是很好，但其潜力可培养
低产小规模供应商	低产小规模供应商，是指那些经营规模小、经营品种也少的供应商。这类供应商生产经营比较灵活，但是增长潜力有限，其目标仅是定位于本地市场

总之，企业供应商的分类也可因行业、企业和企业产品的不同而不同，但供应商分类的目的都一样，都是为了更好地管理供应商。企业供应商的分类方法也不是一成不变的，它应该随着企业产品和采购物料等因素的相关变化作出及时调整。

3.2.2 供应商管理的内容

根据企业生产产品的不同，企业需要的供应商类型也不尽相同，供应商数量也不一样，但对供应商的管理大同小异。供应商管理的基本环节包括供应商调查、供应商开发、供应商考核、供应商评价、供应商选择、供应商使用、供应商激励与控制等，如图3-4所示。

1. 供应商调查

供应商调查的目的就是要了解企业有哪些可能的供应商，各个供应商的基本情况如何，为企业了解资源市场，以及选择企业的正式供应商做准备。供应商调查，是对供应商的基本情况的调查研究，主要是了解供应商的名称、地理位置、企业知名度、能提供的产品、供货能力、市场份额、员工素质、产品质量、价格、运输进货条件等。供应商调查包括供应商初步调查和资源市场调查。

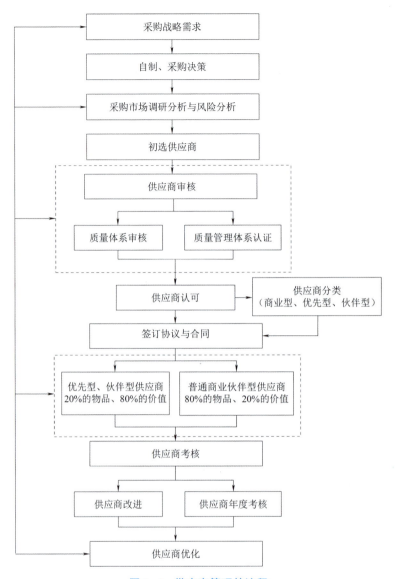

图 3-4　供应商管理的流程

2. 供应商开发

供应商管理的一个重要任务就是开发供应商。所谓开发供应商就是从无到有地寻找新的供应商，建立起适合企业需要的供应商队伍。供应商开发是一项很重要的工作。同时也是一个庞大复杂的系统工程，需要精心策划、认真组织。

3. 供应商评价

供应商评价是一项贯穿于企业供应商管理全过程的工作，在供应商开发过程中需要进行评价，在供应商选择阶段、使用阶段也需要进行评价。虽然评价的阶段不同，评价的目的略有差异，但评价的内容大同小异。

4. 供应商选择

在供应商开发阶段，供应商评价是为了选择合适的供应商。选择一批好的供应商，不但对企业的正常生产起着决定作用，而且对企业的发展也非常重要。实际上供应商选择融合在供应商开发的全过程中。供应商选择的方法是指企业在供应商调查、评价的基础上，为确定最终供应商而采用的技术工具。到目前为止，选择供应商的方法有很多，但可以归为定性分析法和定量分析法两大类。

供应商开发的过程包括了几次供应商的选择过程：在众多供应商中，每个品种选择若干供应商进行初步调查；初步调查以后，要从中选择几个供应商进行深入调查；深入调查之后又要做一次选择，确定几个供应商。初步确定的供应商进入试运行，又要进行试运行的考核和选择，确定最后的供应商结果。

5. 供应商使用

当选定供应商以后，应当结束试运作期，签订正式的供应商关系合同，开始正常的物资供应业务运作，建立起比较稳定的物资供需关系。在业务动作的开始阶段，要加强指导与配合，要对供应商的操作提出明确的要求，有些大的工作原则、守则、规章制度、作业要求等应当以书面条文的形式规定下来，有些甚至可以写到合作协议中去。起初还要加强评估与考核，不断改进工作和配合关系，直到比较成熟为止。在比较成熟以后，还要不定期地检查、合作和协商，以保持业务运行的协调、有序。

6. 供应商激励与控制

在供应商的整个使用过程中，要加强激励与控制，既要充分鼓励供应商积极主动地搞好物资供应业务关系，又要采取各种措施约束、防范供应商的不正当行为给企业造成损失，从而保证与供应商的合作关系和物资供应业务健康正常进行。

3.2.3 供应商管理的方法

一个企业总是同许多供应商有业务关系，供应商之间也互有差异，因此，对供应商管理的方法也不相同。

1. 采用竞争机制管理

竞争机制的引入促使供应商产生危机感，它可以使供应商的产品质量、交货期、价格做到更好。企业对供应商的管理采用完全控制的办法，不断进行评估、考核、审视供应商。当然企业对供应商采用竞争机制管理不能以强欺弱，不能以大欺小。在采用竞争手段时应适可而止，不能变本加厉使供应商叫苦连天，无法生存。

现代社会的市场经济竞争，推出的是双赢理念；否则供应商一旦无利可图，不与企业进行合作，企业就会面临断货、停产的危险。竞争机制一般应用在供应商选择的初级阶段。

2. 采用合约机制管理

合约机制就是企业对供应商进行一系列的评审和考核，经双方协商，针对某一物料的供应以合同形式签订确认，这种管理供应商的方法叫合约机制管理。

合约中就供应商及企业双方的权利和义务作出明确的规定，双方一经签订后就会产生法律效应，双方有义务和责任完成合同的内容。

合约机制的管理方法，不是签订合同就可以了，而是需要通过日常的一系列管理来保障合同的正常运行，一般情况下，合约机制应用在长期合作类型的供应商中。

3. 采用股权参与管理

参股、换股是企业与供应商之间管理的最好办法，企业对自己重要的供应商应积极地采用参股、换股的政策，参与供应商的日常管理。企业拥有一部分供应商的股份，在日常的供应商生产过程中，企业能够积极主动地帮助供应商进行改善和管理。优秀的大型企业可以将自身的优秀企业管理文化移植或推荐给供应商，使供应商逐步壮大和改善，逐步扩大市场份额，这样企业在供应商的管理中就可以获得更大的利益。

股权参与仅仅是一部分股份，而不是拥有供应商的最多股份或大于50%的股份。因为一旦企业拥有的股份，在供应商的股份分配中为最大股东或股份大于50%，供应商就不能称为企业的供应商，而是企业的子公司，那么企业对供应商的关系就发生了转变，相对管理办法也就应发生改变。股份参与一般应用于企业供应链中的伙伴型供应商。

4. 管理方法渗入

企业对供应商的关系管理办法中，如果企业的供应商在管理上有缺陷，那么企业应该主动积极地帮助供应商解决，将企业的优秀体制、方法移植到供应商企业当中，帮助供应商降低成本，不断改善。

管理办法渗入适用于所有供应商类型。企业应主动积极改变过去那种"我是老大，我应对供应商进行控制"的思想，树立"我该如何帮助和服务我的供应商，使其更加努力改善，保质保量、按时交货"的服务理念和"我和供应商如何共同发展进步"的理念。

任务 3.3   实施招标采购

自2000年1月1日起，《中华人民共和国招标投标法》开始施行。就目前大多数企业的实际情况而言，建立和推行招标采购制度具有很强的现实意义。招标和投标采购将公开、公平、公正的市场机制引入企业的采购活动中，使企业在采购中实现了商品质量和价格的最优化。

3.3.1   招标采购的含义

招标采购是一种有组织的购买商品、服务或工程的交易方式，它在一定范围内公开购买信息，说明拟采购的货物或项目的交易条件，邀请供应商或承包商在指定的期限内提出报价，再经过比较分析确定最优惠条件的投标人，并与其签订合同。

招标采购是在众多的供应商中选择最佳供应商的有效方法，体现了公平、公开和公正的原则。

3.3.2   招标采购的方式

目前，依据世界各国和国际组织的有关采购法律，企业常用的招标采购方式有公开招标采购、邀请招标采购和议标三种方式，如表3-11所示。

表3-11   招标采购方式

招标采购分类	招标采购的类别定义和相应的实施程序
公开招标采购	公开招标也称竞争性招标，是由招标单位通过报刊、互联网等宣传工具发布招标公告，凡对该招标项目感兴趣又符合投标条件的法人，都可以在规定的时间内向招标单位提交规定的证明文件，由招标单位进行资格审查，核准后购买招标文件，进行投标
邀请招标采购	邀请招标也称有限竞争性招标或选择性招标，是由招标单位根据自己积累的资料，或由权威的咨询机构提供的信息，选择一些合格的单位发出邀请，应邀单位（必须有三家以上）在规定时间内向招标单位提交投标意向，购买投标文件进行投标

招标采购分类	招标采购的类别定义和相应的实施程序
议标	议标也称竞争性谈判采购，是指直接邀请三家以上合格供应商就采购事宜进行谈判的采购方式。当采购方公开招标后，没有供应商投标或没有合格标的情况下，或者是不可预见的急需采购而无法按公开招标方式得到，可采用议标采购方式。另外，当投标文件的准备和制作需要较长时间才能完成或需要高额费用时，也往往采用议标采购方式。 ◆ 直接邀请议标方式，是由招标人或其代理人直接邀请某一企业进行单独协商，达成协议后签订采购合同。如果与一家协商不成，则可以邀请另一家，直到协议达成为止。 ◆ 比价议标方式，是兼有邀请招标和协商特点的一种招标方式，一般应用于规模不大、内容简单的工程承包和货物采购。通常的做法是由招标人将采购的有关要求送交选定的几家企业，要求他们在约定的时间提出报价。招标单位经过分析比较，选择报价合理的企业，就工期、造价、质量付款条件等细节进行协商，从而达成协议，签订合同。 ◆ 方案竞赛议标方式，是选择工程规划设计任务的常用方式。一般的做法是由招标人提出规划设计的基本要求和投资控制数额，并提供可行性研究报告或设计任务书、场地平面图、有关场地条件和环境情况的说明，以及规划、设计管理部门的有关规定等基础资料；参加竞争的单位据此提出自己的规划或设计的初步方案，阐述方案的优点，并提出该项规划或设计任务的主要人员配置、完成任务的时间和进度安排、总投资估算和设计等，一并报送招标人；然后由招标人邀请有关专家组成评选委员会选出优胜单位，招标人与优胜者签订合同，而对没有中选的参审单位给予一定补偿

3.3.3 招标采购的一般程序

招标采购是一个复杂的系统工程，它涉及各个方面和环节。一个完整的招标采购一般应包括策划、招标、投标、开标、评标、定标、签订合同等部分，如图 3-5 所示。

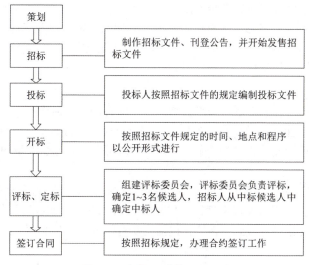

图 3-5 招标采购的一般程序

1. 策划

招标活动，是一次涉及范围很大的大型活动。因此，开展一次招标活动，需要进行周密的策划。招标策划主要应当做以下工作：

（1）明确招标的内容和目标，对招标采购的必要性和可行性进行充分的研究和探讨。

（2）对招标书的标的进行仔细研究。

（3）对招标的方案、操作步骤、时间进度等进行研究。例如，是采用公开招标还是邀请招标、是自己亲自主持招标还是请人代理招标、分成哪些步骤、每一步怎么进行等。

（4）对评标方法和评标小组进行讨论研究。

（5）把以上讨论形成的方案计划形成文件，交由企业领导讨论决定，取得企业领导决策层的同意和支持，有些甚至可能还要经过公司董事会同意和支持。

以上的策划活动有很多诀窍。有些企业为了慎重起见，特意邀请咨询公司代理进行策划。

2. 招标

在招标方案得到企业的同意和支持以后，就要进入实际操作阶段——招标。招标阶段的工作主要有以下几部分：

实例：山东得益乳业股份有限公司"奶牛精补料"采购项目招标公告

（1）发布招标公告。招标公告是招标采购的第一步。采购实体在正式招标之前，应在官方指定的媒体上，如中国招标网（http：//www.cebid.org.cn）、企业微信公众号等刊登招标通告。从刊登通告到参加投标要留有充足的时间，让投标供应商有足够的时间准备投标文件。投标准备期可根据具体的采购方式、采购内容及时间要求区别合理对待，既不能过短，也不能太长。招标公告的内容因项目而异。

（2）资格审查。资格审查的办法和程序可以在招标公告中载明投标商的资格要求，或者通过指定报刊、媒体发布资格预审公告。投标商要及时联系招标方领取"招标企业供应商信息表"，据实填写并盖章，向招标人提交资格证明文件，招标人根据资格预审文件规定对投标商进行资格审查。

微课：招标文件的内容

（3）发放招标文件。资质审核后，招标文件可以直接发放给通过资格审核的供应商。招标文件的发放，可采取邮寄的方式，也可以让投标商前来领取。如果采取邮寄方式，则要求供应商在收到招标文件后要告知招标方。

（4）招标文件的澄清、修改。对已经发出的招标文件需要进行澄清或者非实质性修改的，招标人一般应当在投标截止日期15天前以"补充通知"的方式修改。"补充通知"将以书面形式发给所有获得招标文件的招标人。

3. 投标

微课：供应商串通投标案例

投标人在获取招标公告以后，如果愿意投标，则要进入投标程序。

（1）投标准备。企业在获取招标公告后，需要对项目进行详细了解，包括项目的背景、需求、技术要求、投标文件要求等。企业可以通过与招标人联系，获取更详细的项目信息，完成各项准备工作。

（2）投标文件的提交。招标单位只接受在规定的投标截止日期前投标人提交的投标文件，拒收截止日期后送到的投标文件，并取消投标人的资格。在收到投标文件后，要签收或通知投标人投标文件已经收到。在开标以前，所有的投标文件必须密封，妥善保管。

4. 开标

开标应按招标公告中规定的时间、地点公开进行，并邀请投标商或其委派的代表参加。

开标前，应以公开的方式检查投标文件的密封情况，当众宣读投标商名称、有无撤标情况、提交投标保证金的方式是否符合要求、投标项目的主要内容、投标价格及其他有价值的内容。

开标时，对于投标文件中含义不明确的地方，允许投标商做简要解释，但做的解释不能超过投标文件记载的范围，或实质性地改变投标文件的内容。以电传、电报方式投标的，不予开标。

开标时应做好开标记录，其内容包括项目名称、招标号、刊登招标通告的日期、发售招标文件的日期、获取招标文件单位的名称、投标商的名称及报价、截标后收到标书的处理情况等。

5. 评标

评标，是招标方的主权。评标系统是招标方根据自己的利益和客观、公正、公平的原则自主建立的。评标的根本目的，就是选中真正最优的技术方案投标方，为自己带来最大的效益。

招标单位收到投标书后，直到招标会开始那天，不得事先开封。只有当招标会开始，投标人到达会场，才将投标书邮件交投标人检查，签封完后，当面开封。

开封后，投标人可以当着全体小组陈述自己的标书，并且接受全体评委的质询，甚至参加投标答辩。

评标由招标人依法组建的评标委员会负责。评标委员由招标人的代表和有关技术、经济等方面的专家组成，成员人数为 5 人以上单数，其中技术、经济等方面的专家不得少于成员总数的 2/3。

6. 定标

招标人根据评标委员会提出的书面评标报告和推荐的中标候选人确定中标人，招标人也可以授权评标委员会直接确定中标人。在确定中标人后，要通知中标人。同时对于未中标者也要明确通知他们，并表示感谢。

实例：山东得益乳业股份有限公司"物流冷藏车"项目招标结果公示

7. 签订合同

中标人应当按照中标通知书的规定和招标文件的规定与采购人员签订合同。中标通知书、招标文件及其修改和澄清部分、中标人的投标文件及其补充部分是签订合同的重要依据。

以上是一般情况下的招标采购的全过程，在特殊情况下，招标的步骤和方式也可能有一些变化。

任务 3.4　确定采购价格

企业在生产运营过程中，原材料（零部件）的采购价格高低直接影响到企业产品的成本核算。在保证原材料（零部件）质量及其应用功能的情况下，力争以最低的价格采购原材料（零部件）是采购人员的职责。同理，确定最优的物料采购价格是企业采购管理的一项重要工作。

3.4.1　采购价格的构成

采购价格由所购物品的生产成本、商品流通费用、生产企业的税金和生产企业的利润四个部分构成。

1. 生产成本

生产成本也称制造成本，是指生产单位为生产产品或提供劳务而发生的各项生产费用，包括各项直接支出和制造费用。直接支出包括直接材料（原材料、辅助材料、备品备件、燃料及动力等）、直接工资（生产人员的工资、补贴等）、其他直接支出（如福利费）；制造费用是指企业内的分厂、车间为组织和管理生产所发生的各项费用，包括分厂、车间管理人员工资，以及折旧费、维修费、修理费、其他制造费用（办公费、差旅费、劳保费等）。生产成本是衡量企业技术和管理水平的重要指标。

2. 商品流通费用

商品流通费用是商品在流通过程中所耗费的各种费用，分为生产性流通费用和纯粹流通费用（非生产性的流通费用）两类。生产性流通费用包括商品的保管、运输等费用。商品在离开生产领域后，必须经过保管、运输劳动，才能顺利地进入消费领域，这是社会再生产过程正常进行的必要环节。纯粹流通费用包括三个部分：一是用于商品买卖上的费用，包括广告推销费、通信费、商业雇员的工资和商店的其他开支；二是用于簿记上的费用，包括计算工具、笔墨纸张、写字台等的物资耗费，也包括记账员、会计员、出纳员等的劳动耗费；三是用于货币上的费用，包括社会花费于货币本身的费用、铸造和发行新的货币费用。

3. 生产企业的税金

税金是企业生产和经营过程中要按照国家税法规定向国家和地方税务机关缴纳的纳税金额。税金是国家财政收入的主要来源，是国家通过法令形式强制规定各类产品的税率并进行征收的，也是商品价格构成的重要因素，税率的高低直接影响商品价格。

企业缴纳的税金主要包括以下内容：

（1）增值税。一般纳税人按销项税额减去进项税额后的差额计算，一般税率为13%。

（2）城建税。按应缴增值税税额计算，城市税率为7%，县城、镇税率为5%，农村税率为1%。

（3）企业所得税。按应纳税所得额计算，基本税率为25%。应纳税所得额为年收入总额减去准予扣除的税额。

（4）自有房产要缴纳房产税和土地使用税，自有车船要缴纳车船使用税。

（5）账簿和合同要缴纳印花税。

（6）生产特殊产品（如烟、酒等）的企业要缴纳消费税。

（7）教育附加费。教育附加费以实际缴纳的增值税、消费税、营业税为基础，税率按照3%缴纳。

4. 生产企业的利润

利润是企业生产经营为社会创造价值的货币表现，是价格的构成因素，是企业扩大再生产的重要资金来源。

采购价格的具体构成为

$$价格 = 生产成本 + 流通费用 + 税金 + 利润 \qquad (3-1)$$

3.4.2 采购价格的类型

采购价格一般由成本、需求及交易条件决定，一般有送达价（到厂价）、出厂价、现金价、期票价、净价、毛价、现货价、合约价、实价等。

1. 送达价

送达价是指供应商的报价当中包含负责将商品送达采购方的仓库或指定地点时，其间所发生的各项费用。以国际采购而言，即到岸价加上运费（包括在出口厂商所在地至港口的费用）和货物抵达采购方之前一切运输保险费，其他有进口关税、银行费用、利息及报关费等。这种送达价通常由国内的代理商，以人民币报价方式（形同国内采购），向国外原厂进口货品后，售于买方，一切进口手续皆由代理商办理。

2. 出厂价

出厂价是指供应商的报价不包括运输费用，即由买方负担运输及相关费用。这种情形通常出现在买方拥有交通工具，或供应商加计的运费偏高时，或供应商不提供免费的运送服务。

3. 现金价

现金价是指以现金或相等的方式支付货款，但是"一手交钱，一手交货"的方式并不多见。特别是在零售行业，"月初送货，月中付款"或"月底送货，下月中付款"便被视为现金交易，并不加计延迟付款的利息。现金价可使供应商免除交易风险，买方也享受现金折扣。

4. 期票价

期票价是指买方以期票或延期付款的方式来采购商品。通常卖方会加计延迟付款期间的利息于售价中。如果卖方希望取得现金周转，则将使加计的利息超过银行现行利率，以使供应商舍期票价取现金价。另外，从现金价加计利息变成期票价，可用贴现的方式计算价格。

5. 净价

净价是指供应商实际收到的货款，不再支付任何交易过程中的费用。这一点在供应商的报价单条款中通常会写明。

6. 毛价

毛价是指供应商的报价，可能因为某些因素加以折让。例如，采购空调设备时，商家的报价已包含货物税，只要买方能提供工业用途的证明，即可减免增值税 50%。

7. 现货价

现货价是指每次交易时，由供需双方重新议定价格，交易完成后签订的买卖合约随即终止。买卖双方按交易当时的行情进行，不必承担可能发生的价格巨幅波动的风险或困扰。

8. 合约价

合约价是指买卖双方按照事先议定的价格进行交易，合约价格涵盖的期间依合约而定，短则几个月，长则一两年。由于价格议定在先，经常造成与时价或现货价的差异，使买卖双方发生利益冲突。因此，合约价必须有客观的计价方式或定期修订，才能维持公平、长久的买卖关系。

9. 实价

实价是指实际上所支付的价格。供应商为了达到促销的目的，经常给予买方各种优惠的条件，例如，数量折扣、免息延期付款、免费运送等，这些优惠都会使商品的采购价格降低。

3.4.3 采购价格的形成步骤

采购价格的形成一般包括询价、报价、还价与接受四个步骤。

1. 询价

询价是指采购方为购买某种商品而向供应商询问该商品交易的各种条件。采购方询价的目的是寻找卖主（供应商），而不是同卖主正式洽谈交易条件；采购方询价是对市场的初步试探，看看市场对自己的需求有何反应。为了尽快寻找卖主，采购方有时会将自己的交易条件稍加评述。

询价是正式进入谈判过程的先导。询价可以是口头询价，也可以是书面询价，没有固定的格式。

2. 报价

报价是指供应商因想出售某种商品而向采购方提出买卖该商品交易的各种条件，并表示愿意按照这些交易条件订立合同。报价在大多数情况下由供应商（卖方）发出，表示愿意按一定的条件将商品卖给买方；也可由采购方（买方）发出，表示愿意按一定的条件购买供应商的商品。就国内目前的商业环境而言，供应商主动报价大约占90%，采购方主动询价大约只有10%。

3. 还价

还价是指受盘人（采购方）在收到供应商报价后，对报价内容不同意，或不完全同意，反过来向报价人提出需要变更内容或建议的表示。这时原报价人就成了受盘人，同时原报价也相应地随之失效，而原受盘人就成了新的报价人。在原受盘人作出还价时，实际上就是要求原报价人答复是否同意买方提出的交易条件。

再还价是指报价人对受盘人发出的还价提出新的意见，并再发给受盘人。在商品交易中，一笔交易的达成，往往要经过多次的还价和再还价的过程。

4. 接受

接受是指交易的一方在接到另一方的报价后，表示同意。一方的报价或还价一旦被对方接受，合同即告成立，交易双方随即履行合同。在报价的有效期内，由合法的受盘人以声明等形式表示，并发送到报价人。

3.4.4 影响采购价格制定的因素

企业采购活动每时每刻都在进行，市场的变化也是一日千里。影响企业采购价格因素有以下几个：

1. 成本

成本是供应商制定商品价格的最低经济界限，供应商在价格制定中首先要考虑成本因素。

2. 市场定位

市场定位就是在买方心目中建立的产品形象。一般来说，产品的市场定位有7种选择：极品、奢侈品、精品、中档品、便利品、廉价品、次品。供应商在制定价格时要适合其相应市场定位要求。

3. 定价目标

定价目标就是企业的经营目标，经营目标越明确，就越容易定价。一般认为，企业在定价中追求的目标有生存目标、最大即期利润目标、最大即期收入目标、最大竞争优势目标、最大销售利润率目标、产品质量领袖地位目标等。供应商制定价格要根据定价目标要求进行。

4. 商品的质量、包装及销售中的有关因素

商品按质论价，优质优价，劣质低价。包装装潢、付款条件、运输条件、销售季节、成交数量、买方的喜好、广告宣传的效果、售后服务质量的好坏等也影响商品的价格。

5. 供求状态

一般来说，当供应大于需求时，企业会把价格降低；反过来，当供应小于需求时，企

业会把价格提高。价格变动也能改变供求状态，产品的价格不可能总是处于上涨状态或下降状态，从而引起价格反向变动。

6. 市场竞争

一般来说，市场竞争激烈程度越高，价格水平就越低。大多数情况下，价格低可以提高竞争优势。因此，任何形式的竞争都会限制价格。

7. 市场上的垄断力量

在市场上，垄断组织为了追求最大限度的利润，往往凭借他们所具有的经济力量，通过相互协议或联合，采取瓜分销售市场，规定统一价格，限制商品产量、销售量等措施，直接或间接地控制某些产品的价格。

8. 经济周期

危机阶段，生产下降，商品滞销，大部分商品的市场价格下降。危机后，经过一段时期的恢复调整，经济逐渐复苏，生产逐渐上升，需求逐渐增加，价格逐渐上涨。

9. 货币价值

在产品价值量不变的前提下，单位货币所代表的价值量越大，商品价格越低；单位货币所代表的价值量越小，商品价格就会升高。货币尤其是纸币的价值量通常是变动的，纸币发行量越多，则其所代表的价值量就会下降。紧缩通货发行，商品价格也会因此降低。

10. 国家政策

价格是日常经济生活中最敏感的因素，其涉及面广，影响深刻，因此，总是国家或政府最关注的因素。对此，国家制定了一系列方针政策，对企业制定价格决策具有指导或约束作用。企业定价工作，必须在国家方针政策规定的范围内进行，并自觉接受国家各级物价部门的管理和监督，正确行使价格自主权。

11. 非经济因素

自然灾害、战争、政治动荡及投机等非经济因素对市场价格都会带来影响，如台湾地区是大陆电脑配件的主要供应源，台湾地区出现地震曾导致大陆电脑零配件价格上升。

3.4.5 采购定价方法

采购人员在进行采购活动中，常用的定价方法有成本导向定价法、需求导向定价法和竞争导向定价法三类。

1. 成本导向定价法

成本导向定价法，是指以产品单位成本为基本依据，再加上预期利润来确定价格。它是企业最常用、最基本的定价方法。成本导向定价法有 4 种情况。

（1）若企业是以单位产品完全成本为基础，再加上一定的盈利额来制定价格，基本计算式为

$$价格 = 平均单位成本 + 平均利润 \quad 或 \quad 价格 = (总成本 + 目标利润)/总产量 \tag{3-2}$$

目标利润或平均利润相对于成本可以是固定的，也可以是变动的。

当目标利润作为与成本同比例增长的部分时，以成本作为计算的基数，按照利润随成本变动的比例，首先确定成本加成率（或称成本利润率），然后计算价格。其计算式为

$$价格 = 平均成本 \times (1 + 成本加成率) \tag{3-3}$$

【应用实例 3-1】假设某企业生产单一产品（某型号水泥）。全年共生产了 60 000 袋，每袋变动成本为 8 元，全年企业固定成本为 420 000 元，该产品平均成本为

$$总成本 = 8 \times 60\,000 + 420\,000 = 900\,000（元）$$

$$平均成本 = 900\,000/60\,000 = 15（元）$$

假定成本加成率为 30%，因此，每袋水泥的价格为

$$价格 = 15 \times (1 + 30\%) = 19.5（元）$$

当目标利润作为销售额中固定比率（这个比率通常称为销售利润率）的部分时，价格折扣后才是平均成本，即

$$价格 = 平均成本/(1 - 销售利润率) \tag{3-4}$$

【应用实例 3-2】假如应用实例 3-1 中，企业按销售利润率 25% 来计算价格。因每袋水泥平均成本为 15 元，所以每袋水泥的价格为

$$价格 = 15/(1 - 25\%) = 20（元）$$

（2）若企业是在成本的基础上，按照目标收益率的高低计算价格，计算步骤如下：

1）确定目标收益率。目标收益率可以表现为目标投资利润率、目标成本利润率、目标销售利润率和目标资金利润率等形式。

2）确定目标利润。根据目标收益率表现形式的不同，目标利润的计算也不同。计算式分别为

$$目标利润 = 总投资额 \times 目标投资利润率 \tag{3-5}$$

$$目标利润 = 总成本 \times 目标成本利润率 \tag{3-6}$$

$$目标利润 = 销售收入 \times 目标销售利润率 \tag{3-7}$$

$$目标利润 = 资金平均占用额 \times 目标资金利润率 \tag{3-8}$$

3）计算单价。

$$单价 = (总成本 + 目标利润)/预计销售量 = 单位变动成本 + 单位贡献毛益 \tag{3-9}$$

【应用实例 3-3】某企业年生产能力为 100 万件 A 产品，估计未来市场可接受 80 万件，其总成本为 1\,000 万元，企业的目标收益率即成本利润率为 20%，则产品的单价为

$$目标利润 = 总成本 \times 目标成本利润率 = 1\,000 \times 20\% = 200（万元）$$

$$单价 = (总成本 + 目标利润)/预计销售量 = (1\,000 + 200)/80 = 15（元）$$

（3）若企业是以产品的最后销售价为基数，按销售价的一定百分率来计算加成率，最后得出产品的售价，计算式为

$$单价 = 单位产品总成本/(1 - 加成率) \tag{3-10}$$

【应用实例 3-4】某种产品的单位成本为 100 元，加成率为 20%，则产品的价格为

$$单位产品价格 = 100/(1 - 20\%) = 125（元）$$

（4）若企业是以变动成本为基础计算产品价格，计算式为

$$单价 = 单位变动成本 + 单位边际贡献 \tag{3-11}$$

或者 $$单价 > 单位变动成本$$

【应用实例 3-5】某企业 A 产品的生产能力为每年 1\,000 台，全年固定成本总额为 50 万元，单位变动成本为 1\,000 元，单位成本为 1\,500 元，每台售价为 2\,000 元，已有订货量 600 台，生产能力有 40% 的闲置。现有一家外商提出订购 400 台，但每台出价只有 1\,200 元，问：外商的订购是否可以接受？

如果按照以往的定价水平，那么外商的出价显然不能接受，但是，如果采用变动成本定价法的思想，那么这批订货就可完全接受。因为，如果不接受，则企业的利润为

$$利润 = 销售收入 - 变动成本 - 固定成本 = (120 - 60 - 50) = 10（万元）$$

如果接受，企业的利润为

$$利润 = (120 + 48 - 60 - 40 - 50) = 18（万元）$$

即接受订货比不接受多挣 8 万元。

2. 需求导向定价法

需求导向定价法，是一种以市场需求强度及买方感受为主要依据的定价方法。若产品需求强度大，则定价较高；反之，则定价较低。这种定价方法，综合考虑了成本、市场寿命周期、市场购买力、销售地区、消费心理等多种因素。

（1）认知价值定价法。认知价值定价法是以客户对商品的认知价值制定商品的价格。当企业的价格水平与客户对商品价值的认知水平大体一致时，客户才能接受这种价格。这种定价法与现代产品定位思想很好地结合起来，已成为一种全新的定价思想和方法，被越来越多的企业所接受。其主要步骤如下：

1）确定客户的认知价值，即确定客户对企业产品的性能、用途、质量、外观及市场营销组合因素等在其心目中的认知价值。

2）根据确定的认知价值，决定商品的初始价格。

3）预测商品的销售量，即在估计的初始价格条件下，可能实现的销售量。

4）预测目标成本，计算式为

$$目标成本总额 = 销售收入总额 - 目标利润总额 - 税金总额 \tag{3-12}$$

$$单位产品目标成本 = 单位产品价格 - 单位产品目标利润 - 单位产品税金 \tag{3-13}$$

5）决策，即把预测的目标成本与实际成本进行对比，来确定价格。当实际成本不高于目标成本时，目标利润可以保证，初始价格可以定为商品的实际价格；当实际成本高于目标成本时，目标利润得不到保证，需进一步作出选择，要么降低目标利润，要么进一步降低实际成本，使初始价格仍可付诸实施，否则，只能放弃原有方案。

6）判定客户的认知度。认知价值定价法的关键是准确地判断客户对所提供商品价值的认知程度，目前采用的判断办法主要有以下三种：

①直接评议法，即邀请有关人员，如客户、中间商及有关人士等，对商品的价值进行直接评议，得出商品的认知价值。

②相对评分法，即邀请客户等有关人员用某种评分方法对多种同类产品进行评分，再按分值的相对比例和现行平均市场价格推算评定产品的认知价值。

③诊断评议法，即用评分法对产品的功能、质量、外观信誉、服务水平等多项指标进行评分，找出各因素指标的相对认知价值，再用加权平均方法计算出产品总的认知价值。

【应用实例3-6】假设有 A、B、C 三家企业制造同一种开关，抽样选出一组工业用户为对象，邀请这些用户的采购员来检查和评价这三家企业产品的价值。这里有三种可供选择的方法。

（1）直接评议法。在这种情况下，采购员们为他们认定的每种开关估计一个能反映从这些企业购买这种开关的价格。他们评议的结果是：A、B、C 三家企业开关的价格分别为 2.55 元、2.00 元和 1.52 元。

（2）相对评分法。在这种情况下，采购员们给三家企业的产品以 100 分打分计算，依此来反映购买每家企业开关的总价值。假设 A、B、C 三家企业分别获得 42 分、33 分、25 分。如果一只开关的平均市场价格为 2 元，三家企业分别收取的价格就是 2.55 元、2.00 元和 1.52 元，以反映认知价值的变化。

（3）诊断评议法。在这种情况下，采购员们采用一组产品属性对三家企业进行评价，其中产品的每种属性为 100 分，各属性的相关重要性也为 100 分。假设结果如表 3-12 所示。

表 3-12　诊断评议法

重要性权数	属性	产品		
		A	B	C
25	产品耐用性	40	40	20
30	产品可靠性	33	33	33
30	交货可靠性	50	25	25
15	服务质量	45	35	20
100	认知价值	41.65	32.65	25.40

把对每个企业的评分乘以重要性权数，然后求和，我们可以发现，A 开关的认知价值约为 42 分，高于平均分；B 开关的认知价值等于平均分；C 开关的认知价值则低于平均分。

显然，在客户眼里，A 企业产品有更高的认知价值，可以定较高的价格。如果 A 企业希望按其认知价值成比例定价，它可以定价为 2.55 元（2×42/33 元，其中 2 元为平均价格）。

如果三个企业都按其产品的认知价值成比例地定价，那么每个企业都可得到相应的市场占有率。若一个企业的定价低于其认知价值，则它会得到较高的市场占有率，因为在客户看来，他们付同样的钱，可以得到更多好处；相反，若一个企业的定价高于其认知价值，则它得到的市场占有率较低，或者根本得不到市场的承认。

（2）需求差异定价法。需求差异定价法是指根据不同需求强度、不同购买力、不同购买地点和不同购买时间等因素，制定不同的价格。如针对不同地区的购买者，则采用不同的价格；不同季节、不同日期，甚至在不同时间点，均制定不同的价格。

3. 竞争导向定价法

竞争导向定价法，是以市场上主要竞争者的产品价格作为定价基准，结合企业与竞争者之间的产品特色，制定具有竞争力的产品价格，并随时根据竞争者价格的变动进行调整。

（1）随行就市定价法。随行就市定价法是指根据同行业企业的现行价格水平定价，是一种常见的定价方法。一般是在产品的成本测算比较困难、竞争对手不确定，以及企业希望得到一种公平的报酬和不愿打乱市场现有正常秩序的情况下，采用的一种行之有效的方法。采用这种方法既可以追随市场领先者定价，也可以采用市场的一般价格水平定价。这要根据企业的产品特征及其产品的市场差异性而定。

（2）倾销定价法。倾销定价法是指一国企业为了进入或占领某国市场排斥竞争对手，以低于国内市场价格，甚至低于生产成本的价格向国外市场抛售商品而制定的价格。采用这种定价法制定的价格，一般使用的时间比较短，一旦达到预期目的，占领了国外市场后，企业就提高价格，以收回在倾销中的损失，并获得应得的利润或垄断利润。但是，采用这种方法制定的价格，易受反倾销法的限制和制裁，因此，风险比较大。

（3）垄断定价法。垄断定价法是指垄断企业为了控制某种产品的生产和销售，在价格上作出的一种反应。垄断定价法分为垄断高价定价法和垄断低价定价法。垄断高价定价法是指几家大的垄断企业，通过垄断协议或默契方式，使商品的价格大大高于商品的实际价值，获得高额垄断利润；垄断低价定价法是指垄断企业在向非垄断企业及其他小型企业购买原料或配件时，把产品的价格定得很低。

（4）保本定价法。保本定价法是指企业在市场不景气和特殊竞争阶段，或者在新产品

试销阶段所采用的一种保本定价方法。计算式为

$$保本成本=固定成本/预期售量+单位变动成本 \qquad (3-14)$$

（5）密封投标定价法。密封投标定价法是一种依据竞争情况来定价的方法。它主要用于建筑包工、产品设计和政府采购等方面。在投标中，报价的目的是中标，所以报价要力求低于竞争者。

【应用实例3-7】某企业参加一次建筑包工投标，企业根据对竞争者的分析、招标单位的要求及企业自身条件的分析，设计了几种不同报价及中标的可能性，结果如表3-13所示。

表3-13 投标定价法中不同的报价及中标的可能性

方案	企业报价/万元	利润/万元	中标可能性/%	期望利润 （利润可能性）/万元
方案1	90	10	80	8
方案2	100	12	60	7.2
方案3	105	18	20	3.6
方案4	110	20	10	2

方案1的期望利润最高为8万元。因此，企业可考虑报价为90万元。

（6）拍卖定价法。拍卖定价法是指卖方委托拍卖行，以公开叫卖方式引导买方报价，利用买方竞争求购的心理，从中选择高价格成交的一种定价方法。这种方法历史悠久，常见于出售古董、珍品、高级艺术品或大宗商品的交易中。

3.4.6 采购利润杠杆效应

一般情况下，企业产品的成本中采购（外购）部分占比60%~70%，这意味着，在获得物料方面所做的点滴成本节约对利润产生的影响，要大于企业其他成本。因此，原材料和外购件的采购成功与否在一定程度上直接影响着企业的竞争力。

【应用实例3-8】A公司全年的销售额为100 000万元，产品总成本为90 000万元，其中采购成本为50 000万元，其他费用为40 000万元，税前利润为10 000万元。

（1）如果利润、采购成本、其他费用所占销售额的百分比保持不变，现要将利润增加到11 000万元，那么销售额需要增加的百分比为多少？

分析：利润增加的百分比=[（11 000-10 000）÷10 000]×100%=10%；

则销售额需要增加的百分比也为10%。

（2）假设销售额和其他费用保持不变，现要将利润增加到11 000万元，那么采购成本需要降低多少百分比？

分析：利润增加量=11 000-10 000=1 000（万元）；

若销售额和其他费用保持不变，则采购成本需要降低1 000万元；

所以，采购成本需要降低的百分比=（1 000÷50 000）×100%=2%

从应用实例3-8分析数据可以看出：将利润增加到同样一个额度，若采取增加销售额的方法，则需增加10%；而若采取减少采购成本的方法，则只需下降2%。这种采购成本减少很小比例就可以带来更大比例销售利润增加的现象称为利润杠杆效应。

利润杠杆效应是衡量采购工作绩效最直接的一种手段，好的采购人员能为企业创造利润，获得潜在的市场资源。质量过关且具有价格优势的产品必然有着非常广阔的市场前景，

因此，很多企业都将采购作为重要的利润源之一。作为采购人员，也必须充分认识并利用这一点，向部门或企业负责人展示自己的能力，为自己赢取更大的发展空间。

实战训练3-2

某科技公司新出台的财务报表显示，在过去的一年中，该公司销售额为 2 000 万元，采购费为 1 200 万元，人员工资和奖金方面的费用为 250 万元，用于市场营销的费用为 200 万元，其他费用为 150 万元，税前利润为 200 万元。公司董事会给总经理下达命令，在新的一年内税前利润要达到 300 万元。总经理召开高层会议讨论对策，有人提议增加销售额，有人认为要减少人员工资和奖金，有人建议降低采购成本。

问题：

1. 如果保持利润和各项费用所占销售额的百分比不变，则要达成新的利润目标，销售额需要增加的百分比为多少？

2. 如果保持利润和各项费用所占销售额的百分比不变，通过减少人员工资和奖金达成新的利润目标，则需要降低的百分比为多少？

3. 如果通过降低采购成本达成新的利润目标，则需要降低的百分比为多少？

（计算结果保留至小数点后一位）

任务 3.5 签订采购合同

随着市场经济的不断推进，全球化采购不断扩大，交易市场各方面因素每时每刻都在改变。市场经济带来市场交易的繁荣的同时，同样也存在着不可控的因素。采购进货过程是一个环节多、因素多、风险大的作业过程，所以最好的控制方法就是用合同进行控制。采购合同，是指采供双方在进行正式交易前为保证双方的利益，对采供双方都有法律约束力的正式协议，也称采购协议。采购合同是买卖合同的一种，是在社会经济生活中经常出现的一种合同，它是明确平等主体的自然人、法人和其他组织之间设立、变更、终止在物料采购过程中的权利义务关系的协议，是确立物料采购关系的法律形式。

3.5.1 采购合同的类型

在与供应商谈判选择合同类型时，作为采购人员，必须清楚《中华人民共和国民法典》（以下简称《民法典》）中合同编规定的采购合同类型及其特点。按照不同的分类标准，可以把采购合同分为不同的类型。

1. 按照合同的有效性分类

按照合同的有效性可以把采购合同分为四种形式：有效的采购合同、效力待定的采购合同、无效的采购合同和可撤销的采购合同。

（1）有效的采购合同，是指采购方与出卖方签订的符合国家法律的要求、具有法律效力、受到国家法律保护的采购合同。有效的采购合同的成立时间与生效时间是一致的。采购合同有效的条件有三个：

1）当事人符合法律要求的资格，即签订合同的主体具有相应的民事行为能力。

2）意思表示真实，即合同表达的是当事人内心的真实想法。

3）合同的内容不能违反法律和社会公共利益，否则不会受到法律保护。

（2）效力待定的采购合同，是指合同已经成立，但因其不完全符合合同生效的条件，其效力能否发生尚未确定的合同。《民法典》合同编中规定的效力待定的采购合同主要有以下三种：

1）限制行为能力人签订的合同。限制行为能力人是指年满10周岁但未满18周岁的未成年人，身体有缺陷（心理有缺陷的人除外），以及患有间歇性精神病的人（完全精神病的人除外）。限制行为能力人订立的合同，经法定代理人追认后才有效。有效追认期限为一个月，一个月内未有表示或拒绝追认的均视为无效合同。

2）无代理权人以他人的名义签订的合同。无代理权人以他人的名义签订合同，是一种无权代理行为。这种行为包括行为人没有代理权、行为人超出代理权或代理权被终止后以被代理人名义签订合同的三种情况。《民法典》合同编规定：无代理权人以他人名义订立的合同，未经被代理人追认的，对被代理人不发生效力，一切责任由行为人承担；与无代理权人签订合同的人可以催告法定代理人在一个月内予以追认，催告的法律与限制行为能力人订立的合同相同。

3）无处分权人处分他人财产的采购合同。财产处分权，是指所有人对财产进行消费、赠与、转让、设定抵押等的权利。财产只能由享有处分权的人处分。

（3）无效的采购合同，是指当事人虽然协商签订，但因其违反法律规定，国家不承认其法律效力的合同。无效合同包括以下五种情况：

1）一方以欺诈、胁迫手段签订的，损害国家利益的合同。

2）恶意串通，损害国家、集体或者第三人利益的合同。

3）以合法形式掩盖非法目的的合同。

4）损害社会公共利益的合同。

5）违反法律、行政法规强制性规定的合同。

（4）可撤销的采购合同，是指在签订合同时，在事人的意思表示不真实，或一方当事人使对方在违背真实意思表示的情况下签订的合同。可撤销的采购合同是一种相对无效的合同，主要有以下三种情况：

1）重大误解的采购合同。

2）显然不公平的采购合同。

3）欺诈、胁迫的采购合同。

2. 几种特殊的采购合同

（1）分期付款的采购合同。分期付款的采购合同，是指在合同订立后，出卖人把标的物转移给买受人占有、试用，买受人按照合同的约定，分期向出卖人支付价款的合同。这类合同的特殊性在于，买受人不是一次性付清全部货款，而是按照约定的期限分期付款，这就增加了出卖人的风险。因此，这类合同往往约定，如果买受人不及时支付到期货款，那么出卖人享有保留标的物所有权，并要求支付全部货款等权利。

（2）凭样品采购的采购合同。样品是从一批产品中抽取出来的或者生产、加工、设计出来的，用以反映和代表整批产品品质的少量实物。凭样品采购，就是以样品表示标的物的质量，并以样品作为交货依据的采购关系。在样品采购中，采购方应当封存样品以备日后对照，必要时应在公证处封存样品。同时，当事人可以用语言、文字对样品的质量等状况加以说明，卖方交付的标的物应与样品及其说明的质量相一致，否则即构成违约。

（3）试用的采购合同。这种合同是卖方将标的物交给采购方，由采购方在一定时期内试用，并在试用期内有权选择购买或者退回的一种采购合同。试用的采购合同是一种附加停止条件的合同。卖方有权确定试用期限，在使用期限内，试用人享有购买或拒绝购买的选择权。如果买方在试用期满后，对是否购买试用物没有做明确表示，则按其同意购买而定，卖方有权请求支付货款。

（4）招标、投标的采购合同。招标是订立合同的一方当事人采取招标通知或招标广告的形式，向不特定主体发出要约，邀请其参与投标。投标是投标人按照招标人提出的要求，在规定时间内向招标人发出的、以订立合同为目的的意思表示。招标、投标的采购合同是目前我国采购市场大力提倡并广泛应用的一种合同形式，它具有公开、公平、公正的特点，能够提高采购合同的透明度。

3.5.2 采购合同的内容

采购合同的内容，也称采购合同的条款，是指合同双方当事人的具体权利和具体义务。一份完整的采购合同通常由首部、正文与尾部三部分组成，有些采购合同还会有附件部分。

1. 首部（head）

采购合同的首部主要包括以下内容：

（1）名称。如生产用原材料采购合同、品质协议书、设备采购合同、知识产权协议、加工合同等。

（2）编号。如××××年第××号。

（3）签订日期。

（4）签订地点。

（5）采供双方的名称。要求在合同中写明名称和地址，如果是自然人，则应写明姓名和住所。

（6）序言。

2. 正文（body）

采购合同的正文，是购销双方议定的主要内容，是采购合同的必备条款，是购销双方履行合同的基本依据。通常采购合同正文的内容包括以下几个方面：

（1）产品名称。产品名称是指所要采购物品的名称。

（2）品质规格。品质是指产品所具有的内在质量与外观形态的结合，包括各种性能指标和外观造型，具体有技术规范、质量标准、规格、品牌等。采购合同中必须以明确的方式控制产品的品质，一般有两种方式：一是使用实物或样品；二是使用设计图纸和说明书。在使用实物或样品控制产品品质时，供应商提供的产品品质要与供应商样品的品质完全一致；在使用设计图纸和说明书控制产品品质时，供应商提供的产品品质要符合设计图纸和说明书的要求。

（3）数量。数量是指用一定的度量制度来确定买卖商品的质量、个数、长度、面积、容积等。数量要采用国家规定的计量单位和方法。该条款的主要内容有交货数量、单位、计量方式等。必要时还应该清楚地说明误差范围，如苹果为 10 000 kg，误差范围为 2%。

（4）单价与总价。单价与总价分别是指交易物品的每单位的价格和总的金额。价格的确定，要符合国家的价格政策和法规，并在合同中写明价款结算的币种、单价、总价。价款的结算除国家规定允许使用现金外，应通过银行办理转账或票据结算。

（5）包装与运输方法。包装是否规范与物料的品质有密切关系，并影响到物料的验收作业，因此，在采购时应将包装及运输方式列为协议内容之一，并对使用包装材料的材质（如纸箱纸质等）、衬垫（如发泡胶等）、标识等加以规定。运输工具的选择（如汽车、火车、轮船或飞机）和运输路线的决定，均会影响运费的高低、交货时间的长短及按时程度等，因此，对运输方法也要加以确定。

（6）付款方法。在采购协议当中，付款方法是一个重要的内容。当公司资金较为充裕时，可现金购买，从而可在价格、交货期或其他条件上获得补偿；对于资金周转较为困难的企业，可选择分期付款。付款方法还可用来管理供应商，对于优秀供应商，转账支票的到期日短；反之，转账支票的到期日长。有些较难采购的物料，初次合作也要采取预付订金的方式。

（7）交货时间。交货时间是指履行合同标的和价金的时间界限。合同履行期限分为合同的有效期限和合同的履行期限。合同的有效期限是指合同有效时间的起、止界限，如长期合同、年度合同、季度合同等。合同的履行期限是指实现权利义务的具体时间界限。合同的有效期限可能是一年，而履行期限可能是按月或按季分期履行。合同中对于履行期限，必须规定得具体、明确，同时，在合同规定的交货期到达时，供货方发送货物后应通知收货人。

（8）交货地点。交货地点是指交付或提取标的的地方。合同中必须对交货地点作出明确规定。在物流采购合同中，由供方送货或者采用代办托运的，交货地点为产品发送地；需方自提的，交货地点为产品的提货地。需方若要求变更交货地点或收货人，应于合同约定交货日前40天通知供方。

（9）交货方式。采购合同的交易方式，通常有送货方式、自提方式、代运方式。送货方式一般由供方承担，一切风险由供方负责；自提方式由需方按照合同规定的时间、地点自行提货；代运方式是指需方委托供方代办托运，代办托运应明确规定具体的运输方式、运输工具、运输路线及到达地（或港）的准确名称、运杂费的承担等。

（10）交货单位名称或交货人姓名和收货单位名称或收货人姓名。

（11）货物验收。采购方应对购入的货物进行检验。验收主要分为数量验收和质量验收。数量验收的计量方法和计量单位必须按照国家统一规定的计量方法执行，特殊情况下，可按合同规定的计量方法执行。质量验收所采用的质量标准、检验方法，都必须在合同内明确具体地规定出来。合同中还应同时写明进行数量检验和质量检验的地点、期限及提出异议的期限。

（12）违约责任。在采购过程中，买卖双方往往会因为彼此之间的责任和权利问题引起争议，并由此引发索赔、理赔、仲裁及诉讼等。为了防止争议的产生，并在争议发生后能得到妥善的处理和解决，买卖双方通常都在签订合同时，把违约后的索赔、免责事项等内容事先作出明确的规定，这就是违约责任条款。

（13）不可抗力的处理。不可抗力是指在合同执行过程中发生的、不能预见的、人为难以控制的意外事故，如战争、洪水、台风、地震等，致使合同在执行过程中被迫中断。遭遇不可抗力的一方可因此免除合同责任。当遇上不可抗力因素造成违约时，应如何处理应在合同中予以规定。

（14）合同的附则及其他条款。合同的附则及其他条款包括合同履行过程中出现争议时，是否提交仲裁；合同签订的理由出现变更时，合同部分条款变更或解除的方法等。

课堂笔记

知识拓展：
采购合同样本

3. 尾部（end）

合同的尾部包括以下内容：

（1）合同的份数。

（2）附件与合同的关系。

（3）合同的生效日期和终止日期。

（4）双方的签字盖章。

4. 附件

附件包括与合同有关的文书、电报、图表和其他资料。

实战训练3-3

　　浙江新新食品有限公司（以下简称新新公司）计划从吉林东顺粮油贸易有限公司（以下简称吉林东顺公司）购进特级玉米和一级面粉数吨，双方经过多次协商后达成一致协议，新新公司以 6 785 元/t 的价格（含运费）购买特级玉米 20 t，以 9 520 元/t 的价格（含运费）购买一级面粉 30 t，由吉林东顺公司在合同签订之后一个月内运至新新公司。

　　问题： 试为新新公司和吉林东顺公司拟定一份采购合同。

3.5.3　采购合同签订程序

　　采购合同签订程序根据不同的采购方式而有所不同，这里主要说明采购合同订立的一般程序。实践中，当事人相互协商签订合同的过程，一般有五个步骤，如图 3-6 所示，其中要约和承诺是采购合同签订普遍运用的两个步骤。

图 3-6　采购合同签订程序

1. 要约

　　要约也称订约提议，是指订立合同的当事人一方向另一方发出的缔结合同的提议。发出提议的人为要约人，另一方为受约人或相对人。要约的对象一般有三种：指定的对象、选定的对象和任意的对象。一项有效的要约，需具备以下要件：

　　（1）要约是特定的人做出的意思表示。一项要约的发出人必须是特定的合同当事人。所谓特定，即可以被外界所客观认定的人，包括自然人、法人、本人及其代理人。

　　（2）要约是向相对人所发出的。所谓相对人，是指要约人希望与之签订合同的人。相对人可分为特定的相对人和不特定的相对人。特定的相对人，可以是具体的公司、企业，也可以是个人，但不一定只限于一人。如果要约人欲出售一批产品，则可向若干特定的人发出要约，甚至可向不特定的人发出要约。对不特定的人发出要约，一般是指向社会公众发出的要约，如商家橱窗的标价商品。

　　（3）要约必须包含缔结合同的主观目的。要约的有效成立，必须在其中体现出要约人与被要约人签订合同的真实意愿。如果不具有要约人主动提出签订合同的意愿，则不应视为要约。

（4）要约必须包含合同成立所必需的主要条件。要约中，对合同成立所必需的主要条件必须确定，否则被要约人就没有做出承诺的依据。这一要件也是要约区别于要约邀请的主要因素。

（5）要约需包含要约人表明一经承诺将受要约约束的意思。在要约中，要约人表示，如果要约得到受要约人的承诺，则合同即告成立，并且要约一经到达受要约人，在一定期限内，要约不得擅自撤回或变更其要约内容。

微课：如何
区分要约
与要约邀请

2. 承诺

承诺也称接受提议，是指受约人向要约人做出的对要约完全无异议的接受的意思表示。做出这种意思表示的人成为承诺人，要约人的要约一经受约人承诺，合同即告成立。

采购合同承诺的特征如下：

（1）承诺必须是就要约做出的同意的答复。从合同制度的传统原则来说，承诺须是无条件的无任何异议的接受要约，才能构成有效的承诺，与要约人才构成合同关系。如果受约人表示愿意与要约认定合同，则只是在承诺中对要约某些主要（或要害）条款做了增加、删改，即并非实质性改变要约，仍应视为承诺；如果受约人对要约做了扩张、限制或者根本性改变的，则不是承诺，应视为拒绝原要约而提出新要约。

（2）承诺必须是受约人向要约人做出的答复。在采购合同中受约人必须是特定人，因此，非受约人做出的或受约人向非要约人做出的意思表示都不是承诺。

（3）承诺必须是在要约的有效期限内做出。要约对于要约人是有约束力的，但这种约束力不是毫无限制的。通常把对要约人有约束力的期限，称为要约的有效期。因此，受约人只有在要约的有效期限内做出同意要约的意思表示，才是承诺。承诺一经成立就发生法律效力，合同就成立。

在法律上承诺是允许撤回的，但是承诺的撤回必须在要约人收到承诺之前撤回。撤回的通知，必须在承诺到达之前送达，最晚应与承诺同时到达。如果受约人撤回承诺的通知迟于承诺到达，则通知无效，承诺仍发生。

签订合同的谈判过程，其实质就是当事人双方进行要约和承诺的过程。在实践中，往往不可能一次协商就达成协议，可能要经过反复协商，即要约→新要约→再新要约→直至承诺。

⫸⫸⫸ 实战训练3-4 ⫸⫸⫸

甲公司7月1日通过报纸发布广告，称其有某型号的电脑出售，每台售价8 000元，随到随购，数量不限，广告有效期至7月30日。乙公司委托王某携带金额16万元的支票于7月28日到甲公司购买电脑，但甲公司称广告所述电脑已全部售完。乙公司为此受到一定的经济损失。

问题：根据《民法典》合同编中的规定，甲公司的广告是否构成要约？乙公司的行为是否构成承诺？甲公司是否应承担违约责任？

3. 填写合同文本

填写合同文本包括合同的草签与正式签订。合同主要条款协商确定后，当事人双方可以先草签合同。待其他次要条款约定后，再正式签订合同。

签订合同时，应当确认对方当事人是否有权签订合同。法定代表人是法人组织的最高代表，其有权以法人的名义对外签订采购合同而不需要特别的授权委托，但法定代表人在签订合同时也必须具备合法的手续，即法定代表人的身份证明。合法代理人也可以签订采购合同，但代理人必须持有法人的授权委托书，方能以法人的名义签订合同；代理人签订采购合同必须在授权范围内进行，若超越代理权所签的合同，则被代理人（委托人）不承担由此产生的权利与义务关系。

4. 履行签约手续

谨慎、严格履行签约手续。

5. 司法公证

有的经济合同，法律规定还应获得主管部门的批准或市场监督管理部门的鉴证。对没有法律规定必须鉴证的合同，双方可以协商决定，是否报请鉴证机关签证，或公证机关公证。

知识拓展：
采购合同的
鉴证与公证

物流素养

2020 年 10 月—2022 年 12 月，倪某利用其担任甲公司采购工程师期间，负责供应商引入、原料采购等职务便利，先后多次收受乙公司法定代表人王涛所送的人民币，共计 37.02 万元，并为乙公司在原料采购等方面牟取利益。

2019 年 12 月—2023 年 2 月，明某利用担任公司采购主管、经理的职务便利为多家供应商提供询价及成交机会，后供应商将 366 770.6 元汇入明某丈夫邢某的银行卡。

以小组为单位，针对以下主题充分讨论：

1. 怎样预防采购人员接受供应商的回扣？

2. 作为一名物流管理专业的大学生，应如何认识专业知识和能力与个人品质和职业道德两者之间的关系？

任务 3.6　采购成本与风险控制

物资采购是企业经营的一个核心环节，是企业降低成本、获取利润的重要来源。企业的物资采购包括采购计划制订、采购审批、供应商选择、价格咨询、采购招标、合同签订与执行、货物验收、核算、付款等诸多环节，由于受各种因素的影响，采购的各个环节中都存在各种不同的风险，如果对这些风险认识不足、控制不力，则企业采购过程也就最容易滋生"暗箱操作"、以权谋私、弄虚作假、舍贱求贵、以次充好、收受回扣等现象，容易出现积压浪费。企业应尽最大可能减少采购风险。

3.6.1　采购成本控制

企业采购成本由三部分组成：一是企业用于购买原材料（零部件）的实用价格总额；二是采购物流成本，即企业为完成采购活动而支付的物料运输、包装、装卸搬运、检查、验收所支付的费用；三是采购管理成本，即企业为完成采购活动而支付的人工费用、办公费用、差旅费、电话费、传真等费用。由于材料成本占生产成本的比例往往达到 50% 以上，因此，控制好采购成本并使其不断下降，是一个企业不断降低产品成本、增加利润的重要和直接手段之一。

企业控制采购成本时，常用的方法有 ABC 分类法、定量采购法、定期采购法、经济批量采购法、招标采购法和电子商务采购法。

1. ABC 分类法

ABC 分类法是企业管理的一种方法，也可以说是 80/20 原则在采购活动的延伸。ABC 分类法就是将企业生产需要的原材料按其占有的资金数量划分成 A、B、C 3 类。

（1）A 类物资。物料占用采购资金额较大，约占 80%；物料数量占采购物料总数量较少，约占 20%。具备以上两种特性的物料划分为 A 类物资。因为 A 类物资的资金额较大，如果提前购入，则会造成企业流动资金短缺，造成大量采购资金被占用，其他物资无法进行采购，企业生产运行受到缺货影响。因此，对 A 类物资可采用 JIT 采购方法来控制采购成本，采取现用现买的政策以减少采购成本。

（2）C 类物资。物料占用采购资金额较小，约占 20%；物料数量占采购物料总数量较大，约占 80%。具备以上两种特性的物料划分为 C 类物资。C 类物资一般为企业生产常用的物资，其数量庞大，品种较固定，供应商也基本为企业所认可。因此，对 C 类物资可采用经济批量法大宗采购。由于是大批量采购进货，可以和供应商进行价格谈判，获得最佳的商品价格。C 类物资采购也可以用定量、定期采购方法进行。

（3）B 类物资。B 类物资介于 A 类物资与 C 类物资之间，是企业生产中占有资金额及数量都不大的物资。B 类物资的采购视生产情况而定，绝大部分采用最小库存控制法，进行一般性采购。B 类物资达到最小库存，根据生产需求量而进行临时采购。

采用 ABC 分类法，可以使企业采购资金得以充分利用，减少企业库存资金的占用，加快企业资金周转率，同时也减少企业采购成本支出，使企业采购成本得以控制。

2. 定量采购法

定量采购法，是指当企业物料库存量降低到最低库存（订货点）时，企业按一定的数量进行采购补充货物的采购方法。

采用定量采购法时，应事先制定库存量"订货点"和物资采购数量。

企业采用定量采购法是通过"订货点"和"经济订货量"两个量来控制库存量大小的。其特点是订货点不变、订购批量不变，而订货间隔期不定。订货时间点是在生产盘点、分拣、取货中自动显现（库存量到达订货点）的，是仓储人员即时提出或管理系统自动识别生成的，因此，定量采购法方法简便、效率高、准确性强。其计算式为

$$订购点 = 平均每天耗用量（日需求率）\times 供货周期 \qquad (3-15)$$

当企业实现均衡生产时，每天物料耗用量为均匀或固定不变，并且到货间隔期可预知时，式（3-15）成立。但企业经济活动经常会出现一些不可预测性，如每天耗用货物量和到货间隔期出现变化，为了预防临时用量增大或到货间隔期延长而多储备库存量，需要考虑设置安全库存。所以，其计算式为

$$订购点 = 平均每天耗用量（日需求率）\times 供货周期 + 安全库存 \qquad (3-16)$$

$$安全库存 = （每天最大耗用量 - 平均每天正常耗用量）\times 供货周期 \qquad (3-17)$$

针对该类物资，企业经常采用经济批量采购，分批次提货。每次固定物资采购量，使企业的采购成本进一步降低，实现采购成本的控制。

3. 定期采购法

定期采购法，是指企业按生产计划，预测物料消耗，确定订货间隔时间，事先预定物料采购的时间点，来补充库存的采购方法。

企业如果没有实现均衡生产，则每个生产时间段生产消耗的物料数量不尽相同，因此，

定期采购法采购的物资数量也不相同。

用定期采购法采购，关键是需要确定订货间隔期、最高安全库存和每次订货量。其计算式为

$$最优采购间隔期=经济订货批量/年需求量 \qquad (3-18)$$
$$最高安全库存=平均每天耗用量×（供货周期+订货间隔期）+安全库存量 \qquad (3-19)$$
$$采购量=最高库存量-现有库存量-在途库存 \qquad (3-20)$$

由于定期采购法固定了物料的采购时间，采购人员必须定时进行物料巡查盘点。由于企业是供应商的长期客户，因此，可以使企业享受到最佳的物料采购价格。相对定量采购，定期采购每次需要进行物料盘点，采购订单的生成相对复杂。

4. 经济批量采购法

企业原材料（零部件）采购如果采购数量较大，则可以减少采购订货次数，减少采购管理成本，但同时因为物资采购量较大，库存管理成本却在增加。相反，如果企业采购数量较少，那么企业减少了库存管理成本支出，却使采购次数增加，增加了企业采购成本的支出。

针对以上两种情况，选择采购管理成本最小、库存管理费用最低、采购次数合理的订货数量进行物资采购，这种采购方法称为经济批量采购法。

经济批量采购法，简称 EOQ（Economic Ordering Quantity）法，是指在保证生产正常进行的前提下，以库存支出的总费用最低为目标，确定订货批量的方法。必须在已知计划期间的需求量、每批工装调整费、项目每单位在计划期间的保管费等数据的情况下，才能计算出经济订货批量。算出结果后就将其作为一定时期内的订货批量，直到各项费用和需求数量有较大变动时，才会有所变动。其计算式为

$$EOQ=\sqrt{\frac{2DK}{C}}=\sqrt{\frac{2DK}{PF}} \qquad (3-21)$$

式中：D 为年需求量；K 为每次订货的订购成本（元/次）；P 为单位物品的购入成本（元/单位）；C 为单位物品的年储存成本；F 为以单位成本系数表示的年储存成本。

【应用实例3-9】A 公司以单价 10 元/年购入某种产品 8 000 件。每次订货费用为 30 元，单位维持库存费按所库存货物价值的 15% 计算。若每次订货的提前期为 2 周，试求经济订货批量。

分析：$EOQ=(2DK/PF)^{\frac{1}{2}}=[2×8\,000×30/（10×15\%）]^{\frac{1}{2}}=566（件）$。

经济批量采购法，可以使企业采购成本降低到较为合理的范围，能够满足企业生产的需求，实现企业的目标。

经济批量采购法实施相对复杂，采用时需要考虑市场的变化、时间因素的影响、政策环境的改变。随着企业产品在市场的变化，经济批量采购核算也不断地需要调整，这就需要强化企业对市场的预测，需要企业基础数据的积累，更需要专业的人员去进行管理与维护。

5. 招标采购法

招标投标，是指在市场经济条件下进行大宗货物的买卖、工程建设项目的发包与承包，以及服务项目的采购，所采用的一种交易方式。

在这种交易方式下，通常是由项目（包括货物的购买、工程的发包和服务的采购）的采购方作为招标方，通过发布招标公告或者向一定数量的特定供应商、承包商发出招标邀请，发出招标采购的信息，提出所需采购项目的性质及其数量、质量、技术要求、交货期、

竣工期或提供服务的时间，以及其他供应商、承包商的资格要求等招标采购条件，表明将选择最能够满足采购要求的供应商、承包商并与其签订采购合同，由各有意提供采购所需货物、工程或服务的报价及其他响应招标要求的条件，参加投标竞争。

招标采购法可以使投标方主动将自己的产品质量、价格、生产条件及其信息提供给买方，企业减少了信息收集、市场调研、采购人员的差旅费等采购管理成本支出。同时企业可以从中寻找价格合理、条件优越的投标方作为合作伙伴，降低企业的采购物资单价成本。

6. 电子商务采购法

电子商务采购，是指通过网络媒体，向产品供应商或经销商定购，以低于市场的价格获得产品或服务的采购行为。

企业采用电子商务采购，可以缩短采购周期，使采购信息电子化，提高采购效率；减少未确定的订单，避免企业遭受损失；采购过程可以时时监控、反馈，强化供应链的控制能力；可以获得更多的采购物资信息，有效地降低采购价格；快速地做好采购管理，保证采购质量。

电子商务采购的应用，不但减少了采购人员的数量，降低了人员成本支出，同时，快速的采购效率、有效的质量控制，也可以使企业的流动资金周转率加快。电子商务采购从人员、办公、采购时间、质量、过程控制上都有一定的成本降低，是一种适应时代发展的先进采购模式，具有公开、透明、快捷和低成本等特点，能够有效地避免采购过程中的腐败和风险，提高采购效率。

企业采购的物资范围较广，包括原材料采购、零部件采购、辅助材料采购、工位器具采购、设备采购、办公用品采购等。不同的采购物品在企业生产运营过程中，有不同的采购申请和审批流程，企业采购人员应按照企业的要求与规定进行申请。采购人员应针对不同的物资，采用不同的采购形式和方法进行采购。

3.6.2 采购风险控制

1. 采购风险存在的原因

（1）企业采购外部原因导致的风险。

1）政策风险。政策风险是指由于国家或地方的新的经济、环保等政策的实施，给企业采购造成的风险。

2）市场风险。市场风险包括两个：一是市场发生突变给企业采购造成的风险，如价格突然上涨，使企业采购成本突然增加；二是企业采购认为价格合理采取批量采购，但该种物资可能出现跌价而引起采购风险。

3）自然意外风险。自然意外风险是指由于自然灾害等造成供应条件的变化。比如，供应商的受灾、运输道路的中断等给企业采购造成的风险。

4）质量风险。质量风险包括两个方面：一方面由于供应商提供的物资质量不符合要求，而导致加工产品未达到质量标准，或给用户经济、技术、人身安全、企业声誉等方面造成损害；另一方面因采购的原材料质量有问题，直接影响到企业产品的整体质量、制造加工与交货期，降低企业信誉和产品竞争力。

5）履约风险。履约风险包括三个方面：一是供货方根本没有履约能力，签订空头合同，使企业所需的物资无法保证；二是供应商无故中止合同、违反合同规定等可能性及造成损失；三是采用预付款形式采购的，由于供应方主观和客观原因，既不能供货，又不能还款造成的损失。

（2）企业采购内部原因导致的风险。

1）计划风险。计划风险是指采购计划管理不到位或不科学，与目标发生较大偏差，导致盲目采购造成的风险。

2）合同风险。合同风险包括三个方面：一是合同条款模糊不清，盲目签约；二是合同行为不正当，卖方采取一些不正当手段，如对采购人员行贿，套取企业采购标底；三是合同日常管理混乱。

3）验收风险。数量上缺斤少两；质量上鱼目混珠，以次充好；品种规格上货不对路，不合规定要求。

4）库存风险。库存风险包括三个方面：一是采购量不能及时供应生产需求，生产中断造成缺货损失而引发的风险；二是物资过多，造成大量资金积压，失去资金的机会利润，形成储存损耗风险；三是物资采购时对市场行情估计不准，盲目进货，造成跌价减值风险。

5）内部人员责任心风险。内部人员责任心风险是指采购过程中，由于工作人员责任心不强未能把好关，造成的各种损失风险。

2. 控制采购风险方法

（1）推行采购标准化。通过推行采购标准化流程，可以使企业采购作业规范化，每一项工作过程实现可控性，使企业采购成本进一步降低。标准化采购流程如图3-7所示。

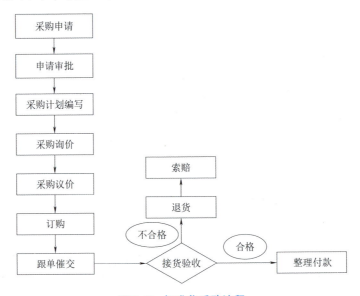

图3-7　标准化采购流程

（2）及时获得充分的信息资料。任何一个正确的决策都必须建立在充分掌握信息的基础之上，信息的充分掌握可以提高决策方案的正确度，减少决策结果的不正确性，降低决策风险。信息资料常常分布在不同的时间和空间中，作为采购人员要有敏锐的洞察能力。首先要采取一定的方法搜寻、收集各种与风险有关的信息资料，要按及时、完整、准确的原则进行。要尽可能地拓宽信息渠道，保持信息流畅顺。其次，对得来的信息进行分析处理，找出其中有用的部分，为正确采购决策提供信息，为采购风险的控制打下坚实的基础。

（3）建立与完善企业内管理制度。建立与完善内部制度与程序，加强对员工尤其是采购业务人员的培训和警示教育，不断增强法律观念，重视职业道德建设，做到依法办事，培养企业团队精神，增强企业内部的风险防范能力，从根本上杜绝人为风险。

（4）加强对采购过程的管理和监督审查。

1）加强对物料需求计划、物资采购计划的管理。例如，物资采购计划的编制依据是否科学；调查预测是否存在偏离实际的情况；采购数量、采购目标、采购时间、运输计划、使用计划、质量计划是否有保证措施。

2）做好采购合同的管理。合同签订审查时，一要审查签订经济合同当事人是否具有主体资格，是否具有民事权利能力和行为能力；二要审查经济合同主要条款是否符合国家法律和行政法规的要求；三要审查经济合同主要条款是否完备，文字表述是否准确，合同签订是否符合法定程序。通过审查，可以及时发现和纠正在合同订立过程中出现的不合理、不合法现象，提请当事人对缺少的必备条款予以补充，对有失公平的内容予以修改，从而减少和避免经济合同纠纷的发生。

合同执行审查时，一是审查合同的交货期执行情况，是否严格按合同规定付款；二是审查物资验收工作执行情况，在物资进货、入库、发放过程中，都要对物资进行验收控制；三是对不合格品控制执行情况审查，发现不合格品应及时记录，并采取措施；四是重视对合同异义的处理。合同履行过程中各种异义客观存在，必须及时按照规定程序进行处理，尽可能地降低风险。

（5）与供应商保持良好的合作关系。企业采购风险，最关键的是与供应商建立并保持良好的合作关系。与供应商联盟可以降低供应成本，建立稳定的原材料供应渠道。建立良好的合作关系，首先要对供应商进行初步考察，在选择供应商时，应对供应商的品牌、信誉、规模、销售业绩、研发等进行详细调查，可以派人到对方公司进行现场了解，以作出整体评估。必要时需成立一个由采购、质管、技术部门组成的供应商评选小组，对供应商的质量水平、交货能力、价格水平、技术能力、服务等进行评选。其次要对所需的产品质量、产量、用户情况、价格、付款期、售后服务等进行逐一测试或交流。形成联盟以后双方还可以共同抵御市场风险，最终实现双赢。

（6）建立健全风险控制系统。

1）预警系统。通过对风险值较大的要素设定警戒值，进行重点监测，及时发现征兆，准确预报风险。如对主要原燃料库存就可设定警戒库存量，当低于这个库存时，必须实施应急措施。

2）应急系统。这是一旦风险发生后企业可以启用的应急措施。应急系统一般采用备选方案的形式预先准备，当风险发生后，企业可依据实际情况选择与其对应的应急措施进行实施，以便及时补救，变被动为主动，使风险损失降为最小。

⟫⟫⟫ 实战训练3-5 ⟫⟫⟫

最近由于一些供应商表现不佳，比如，不能交货、不能按时交货，或者即使按时交货，但是交货规格不符合要求等，A公司经常和这部分供应商发生合同纠纷，因为有时这些供应商的不良表现甚至影响了A公司生产稳定性和正常的产品质量水平。

假设你在A公司采购部工作，对表现不佳的供应商，你的上司认为直接起诉是最好的解决方法，但你对此持有保留意见，认为应该探讨解决合同纠纷的其他途径。

问题：请解释采购商与供应商解决合同纠纷的各种途径，从时间效率方面考虑，合同纠纷应优先考虑哪一种途径？

物流素养

中国是世界上最大的发展中国家，美国则是世界上最大的发达国家，两国不仅是重要的贸易与投资伙伴，同时也对经济全球化和贸易自由化进程发挥着举足轻重的作用。自1979年中美正式建立外交关系及《中美贸易关系协定》签署以来，中美两国的经贸关系发展迅速，成为重要的贸易与投资伙伴。自2018年以来，随着中美经贸关系的快速发展，双边贸易摩擦日益加剧。2018年4月16日，美国商务部向中国最大的5G电信设备制造商中兴通讯发出了7年禁令，禁止中兴进口其产品所需要的美国部件和软件，造成芯片断供。如今，大规模芯片缺货已蔓延至汽车、手机、电脑等几乎所有的电子领域，给IT行业、人工智能行业、教育行业、医疗行业等带来了严重影响。

光刻机是生产芯片的重要设备，没有光刻机，世界上就做不出芯片。世界上唯一能制造高端光刻机的公司是荷兰的ASML，其EUV光刻机是制造高端芯片的关键。2020年10月，华为生产的麒麟9000芯片公布于世，它是由荷兰的ASML提供EUV光刻机，并由中国台湾TSMC的芯片加工技术生产的。目前，一台EUV光刻机将耗资1.2亿美元，即使有多余的光刻机，也会被TSMC和三星抢购一空，而且在一些国家的规则下，货物的顺利装运并不容易。

事实上，华为已开始研究光子芯片，并在这一芯片领域进行了探索，如果成功了，那么对光刻机的依赖可能就没那么大了。

以小组为单位，讨论与思考：

在中美贸易摩擦中，中国因缺"芯"（芯片）受制于人。惨痛的教训给我们带来了哪些警示？面对缺"芯"现象，企业应采取哪些采购战略？

前沿视角

早期供应商参与

早期供应商参与，是指在产品设计初期，选择建立了伙伴关系的供应商参与新产品开发小组。通过让供应商早期参与到新产品开发及持续改进中，供需双方都可以从中受益。

早期供应商参与，一方面，制造商也可以比较清楚地了解供应商的质量、技术发展蓝图、适宜的库存管理计划，从而更容易抵御供应链的不确定性；另一方面，供应商可以很好地了解制造商的需求、企业文化及决策方式，这些都能够帮助他们更有效地达到制造商的预期需求。

这一战略能够帮助企业与供应商很好地进行沟通，实现知识共享，改善决策水平，并提高双方的绩效水平。新产品设计中，早期供应商参与使得制造商可以开发多种解决方案，并从中选出最合适的部件、材料和技术并从设计评估中接受帮助。

早期供应商参与是采购与开发的桥梁，一方面它要求企业达到一定的管理水平，另一方面它要求企业具有一定的开发能力。早期供应商参与能够有效地协调和控制供应链网络中流动物流的数量和质量，增强整个供应链网络的核心竞争力。因此，凡是开展早期供应商参与的企业，大体上存在以下几种原因：一是面临激烈的竞争。面对激烈的市场竞争，许多企业被迫采用早期供应商参与策略，如汽车、消费、电子商务、办公设备等。二是技术进步的加速。时间是驱使产品开发的重要因素。随着技术进步的加速，产品开发周期日益缩短，要满足顾客要求，占领一定的市场份额，没有早期供应商参与几乎是不可能的。

三是价格的敏感性。许多企业开始早期供应商参与是出于对成本和价格的考虑。在早期供应商的贡献和参与下，企业有效地控制了成本，实现了合理利润的价格。四是技术复杂性的增加。由于技术进步，新产品运用多种工艺技术、复杂组合技术的程度日益增加，使产品开发和专业供应商之间的依赖性进一步加强。五是产品的扩散力度。随着经济全球化的发展，市场对产品的扩散力度要求进一步提高，相应地提高了对产品性能的要求，从而提供了早期供应商参与的机会。六是内部产能的限制。许多企业由于内部产能的限制，需要依靠供应商的协作，才能满足市场的需求，以至于需要供应商参与产品的设计。七是致力于核心业务。当企业需要集中主要人力、物力和财力在核心业务时，其他业务就可以采用供应商协作的方式共同完成。企业往往致力于关键的产品设计和组装，许多零部件的设计需要供应商的早期参与。八是优秀可靠的供应商。优秀可靠的供应商在市场上获得了客户的信赖，他们凭借开发能力强、顾客声誉好、诚信可靠，在客观上为自己创造了参与客户产品设计的良机。

早期供应商参与不仅有利于企业，也有利于供应商，为他们建立长期稳定的合作关系创造了条件，对于双方都具有明显的优势。

从企业的角度来看，早期供应商参与至少具有以下优点。第一，缩短产品开发周期。统计结果表明，早期供应商参与的产品开发项目，开发时间平均可以缩短30%~50%。第二，降低开发成本。一方面供应商的专业优势，可以为产品开发提供性能更好、成本更低或通用性更强的设计；另一方面由于供应商的参与，还可以简化产品的整体设计。第三，改进产品质量。供应商参与设计从根本上改变了产品质量，一是供应商的专业化水平提供了更可靠的零部件，能够改进整个产品的性能；二是由于零部件可靠性的增加，避免了随后可能产生的设计变更而导致的质量不稳定。

早期供应商参与也有利于供应商，主要表现在以下两方面：第一，竞争的优越性。早期参与开发的供应商，凭借其作业技术的优势，自然比其他同类供应商更能得到客户的认可。第二，研发的有效性。早期参与客户的产品开发，能使具有技术优势的供应商进一步提高自己的开发水平，从而保持领先或独特的地位；同时，也使自己的研发成果直接获得效益和效果。

根据供应商参与的程度和深度的不同，可以将早期供应商参与分为五个层次。第一层：提供信息。这是早期供应商参与顾客产品开发的最低层次。通常只是根据企业的要求提供共享所必需的信息资料，如设备产能等信息供企业参考。第二层：设计反馈。针对企业的产品设计和开发情况，供应商会提出有关成本、质量、规格或生产工艺方面的改进意见和建议。第三层：零部件开发。供应商根据企业提出的零部件要求，深入参与或独自承担相关零部件的设计和开发工作。第四层：部件或组件整体开发。在这一层次，供应商承担企业产品中较重要的部件或组件设计和开发的全部工作。第五层：系统开发。这是早期供应商参与顾客产品开发的最高层次。供应商必须根据企业产品的整体要求，完全承担整个系统的开发工作。早期供应商必须拥有产品开发的专业技巧或技能，允许顾客独家享有并用于产品开发，并对顾客产品设计和开发过程中所涉及的问题承担责任。

随着市场竞争的日益激烈，传统的产品开发方式不断受到挑战，企业为提高产品开发的竞争力，在设计阶段就开始发挥供应商的技术优势，并将产品设计纳入供应链管理体系。其中比较典型的是采用通用件和标准件，利用供应商的技术设计制造有关的模具及设备等。统计结果表明，在发达国家有60%左右的供应商在早期供应商参与过程中停留在第一层次或第二层次，只有40%的供应商处于第三至第五层次。较高层次的供应商，大部分都是技术水平领先、国际合作能力强的生产制造企业。

如今，许多企业不满足于此，他们在产品开发的定义阶段，甚至概念阶段就通过采购将伙伴供应商联系起来，让他们共同参与产品的设计，充分利用他们的专业知识和技术。

（资料来源：张彤，马洁.采购与供应链管理（微课版）[M].北京：高等教育出版社，2020）

知 识 检 测

项目3知识
检测答案

一、单项选择题

1. （　　）是市场经济下一种最重要、最主流的采购。
A. 家庭采购　　　　B. 企业采购　　　　C. 政府采购　　　　D. 有形采购

2. 采购的最后一项工作是（　　）。
A. 检验货物　　　　B. 接收货物　　　　C. 开票并付款　　　　D. 记录维护

3. （　　）被世界普遍认为最能体现现代民主竞争精神，能最有效地促进竞争、节约资金，被国际社会确定为优先采用的采购方式。
A. 网上采购　　　　B. 招标采购　　　　C. 跨国采购　　　　D. 远期合同采购

4. 苏星稀有气体厂每年需要向天河钢瓶厂采购千只钢瓶，该采购业务对苏星十分重要，但对于天河只是一笔无关紧要的小订单。那么天河对于苏星来说是（　　）。
A. 重点商业型供应商　　　　　　　　B. 优先型供应商
C. 商业型供应商　　　　　　　　　　D. 伙伴型供应商

5. 按供应商对采购商的重要性，以及采购商对供应商的重要性，供应商可以分为（　　）。
A. 短期目标型、长期目标型、联盟型、渗透型和纵向集成型供应商
B. 伙伴型、重点商业型、优先型、商业型供应商
C. 供应商按80/20规则分类
D. 专家级型、行业领袖型、低产小规模型、量小品种多型供应商

6. 一个完整的招标采购过程可以分为6个阶段，其中第一个阶段是（　　）。
A. 策划　　　　B. 招标　　　　C. 投标　　　　D. 评标

7. 一般情况下，企业产品的成本中采购部分占的比例为（　　）。
A.70%~80%　　　B.10%~20%　　　C.60%~70%　　　D.30%~40%

8. 某玩具公司的玩具商品预计以5 000元的价格出售，其目标利润率为20%，采购成本为生产成本的50%，那么该玩具公司对原材料的目标采购定价为（　　）。
A.4 000元　　　B.2 000元　　　C.3 000元　　　D.500元

9. （　　）是指企业按生产计划，预测物料消耗，确定订货间隔时间，事先预定物料采购的时间点，来补充库存的采购方法。
A. 定期采购法　　　　　　　　B. 定量采购法
C. 经济批量采购法　　　　　　D. 电子商务采购法

10. A公司与B公司签订了购买5辆汽车的合同，就在B公司将汽车交付A公司时，被市场监督管理部门查出该批汽车是走私物品而予以查封。根据我国《民法典》合同编中关于合同效力的规定，该买卖汽车合同属于（　　）。
A. 有效合同　　　　　　　　B. 无效合同
C. 效力待定的合同　　　　　D. 可撤销的合同

1. 下面对采购分类正确的是 (　　)。

A. 按采购范围将采购分为企业采购、政府采购和国外采购

B. 按采购时间将采购分为长期合同采购和短期合同采购

C. 按采购制度将采购分为集中采购、分散采购和混合采购

D. 按输出结果将采购分为有形采购和无形采购

2. 下列属于有形采购的是 (　　)。

A. 技术的采购　　　B. 建筑材料的采购　　C. 移动硬盘的采购　　D. 咨询服务的采购

3. 一个完整的招标采购包括 (　　)。

A. 招标　　　　　　B. 投标　　　　　　C. 开标　　　　　　D. 评标　　　　E. 决标

4. 按照采供双方的合作关系由浅到深的次序，可将供应商分为 (　　)。

A. 短期目标型供应商　　　　　　　B. 长期目标型供应商

C. 渗透型供应商　　　　　　　　　D. 联盟型供应商

E. 纵向集成型供应商

5. 按供应商的规模和经营品种分类，企业供应商可分为 (　　)。

A. 专家级供应商　　　　　　　　　B. 行业领袖供应商

C. 量小品种多供应商　　　　　　　D. 低产小规模供应商

E. 一般型供应商

6. 公开招标与邀请招标在程序上的区别为 (　　)。

A. 投标竞争激烈程度不同

B. 公开招标中，可获得有竞争性的商业报价

C. 供应商获得招标信息的方式不同

D. 对投标人资格审查的方式不同

E. 开标以及评标方式不同

7. 在接受报价与签约的阶段，下面描述正确的是 (　　)。

A. 对低价值和低风险的项目，供应商可能会口头同意接受报价，不必通过书面形式证实

B. 送达供应商的采购订单与所接受的反应需求的报价应该相适应

C. 采购订单或合同的签字应与公司财务方面的授权范围相符

D. 无论合同文件的形式怎样，必须保证供应商有合法的权利签署协议，并使用供应商依法登记的名字

E. 有些条款虽然经过协商，但不一定要反映在采购订单中

8. 采购价格是由所购物品的 (　　) 构成的。

A. 生产成本　　　　　　　　　　　B. 商品流通费用

C. 生产企业税金　　　　　　　　　D. 生产企业利润

9. 采购人员在进行采购活动中，常用的定价方法有 (　　)。

A. 采购计划法　　　　　　　　　　B. 成本导向定价法

C. 需求导向定价法　　　　　　　　D. 竞争导向定价法

10. 采取竞争性报价的采购定价方式时，对供应商的要求是 (　　)。

A. 采购量足够大，值得进行竞争性报价

B. 有能力根据买方的要求制造产品，并且能够在预定的日期前发货

C. 买方只向技术合格的供应商发出竞标，而愿意合作的供应商则进行报价

D. 作为供应商，在其他方面应该具有足够的可靠性

E. 买方没有优先考虑的供应商

任 务 实 施

1. 比较胜利油田、海尔和通用这三个企业的采购模式，简述各企业的性质和采购特点。

_____

_____

_____

2. 针对胜利油田的实际情况，请提出你对该公司采购模式的改进建议。

_____

_____

_____

3. 你认为海尔的采购模式是一个家电制造企业的最佳采购模式吗？你还能提出哪些改进措施和建议？

_____

_____

_____

4. 与海尔相比，通用的采购模式有什么不同？这种采购模式有哪些优缺点？

_____

_____

_____

5. 对胜利油田、海尔、通用三个企业的采购模式进行比较，谈谈企业采购物流未来的发展趋势。

_____

_____

_____

_____

项目4 生产物流运作

知识目标

1. 了解企业生产物流的特点、发展趋势及影响因素；

2. 掌握三种不同企业生产类型的物流特征；

3. 掌握精益生产下生产物流管理的两种模式，了解两种模式的原理和管理特色；

4. 掌握按工艺专业化形式和按对象专业化形式组织生产物流的特点、优缺点及适用范围；

5. 掌握按时间组织生产物流的顺序移动方式、平行移动方式和平行顺序移动方式的优缺点、物料加工时间计算方法及适用的物料空间组织形式；

6. 理解丰田生产方式的经营理念和浪费现象；

7. 掌握准时化生产的原理、内容及实施条件；

8. 掌握看板的机能、类型、使用方法及使用规则；

9. 掌握自动化生产的含义、优点及实施手段；

10. 理解生产物流准时化的含义、特点、原则及组成；

11. 了解实施准时化物流的保障措施。

技能目标

1. 能够辨析不同企业生产物流的浪费现象；

2. 会应用工艺专业化形式组织生产物流；

3. 会应用对象专业化形式组织生产物流；

4. 会应用时间组织生产物流，能够按不同的工艺顺序计算物料加工时间；

5. 能够识别看板类型，会应用看板管理生产现场；

6. 能够分析企业生产物流存在的问题，并提出合理化方案。

素养目标

1. 培养合理配置资源、节约资源和可持续发展的社会责任；

2. 培养终身学习的理念和积极进取、创新实干的精神；

3. 培养精益求精的工匠品质。

项目任务

广东东莞公司的 JIT 生产

广东东莞某外资企业主要从事扫描仪、打印机等设备的生产，该公司的员工人数为400余人，共有18条流水生产线。2010年前，该公司主要实施批量生产，其中在生产某种扫描仪零部件时，批量为 4 件，加工工序数为 4，单件工序时间分别为 $t_1 = 10$ min，$t_2 = 5$ min，$t_3 = 12$ min，$t_4 = 6$ min。

近年来，该公司实施组装生产，开始采用 JIT 进行生产。由于行业的市场竞争非常激烈，产品销售价格降低得非常快。为此，该公司在推行 JIT 的时候提出了要将整个生产成本降低到原来的 50% 的目标。很多人对这个目标能否实现抱怀疑的态度，但是，经过一年多的 JIT 推行，这家企业将生产成本成功地降低到原来的 52%，下降幅度惊人。该公司主要采取以下推行措施：

（1）除机芯外，其余零件做到零库存。扫描仪中最为重要的部件是机芯，需要从国外进口。为了防止机芯缺货而影响连续生产，该公司将机芯的库存维持在 2 周用量的安全水平上。其余不重要的零部件，如机壳、包装物等体积大，并且占库存面积大的部件和原料全都实现零库存，供应商都在工厂周围车程 2 h 的区域范围内，每天需要材料准时送来，一般是早上送到，晚上用完。

（2）"一个流"的生产线。该公司生产车间的生产完全是"一个流"的同步化生产。对于每一条生产线，生产是拉动式的系统，每一个产品的组装都是顺流而下的。只有接到客户的订单才组织生产，产品生产出来后立刻拿走，成品库存几乎为零。

（3）生产计划随着订单而变动。该企业的生产计划也做得非常完美，通过 MRP（物流需求计划）软件的使用，收到订单后制订出相应的生产计划，生产计划分别是本月计划和下两个月计划，前者比较精细，后者比较粗略，主要为备料所用。当订单发生变化时，生产计划随时作出相应的调整，用以变应变的方式保证市场竞争力。

（4）采购部门对供应商进行严格的打分。采购部门和供应商建立了战略伙伴关系，对每一个供应商的原料质量和配送及时性等方面进行考察并严格地评分；如果不能满意，则帮助供应商改进问题；如果屡次警告都不改正，那么企业就会考虑寻找新的供应商。这样就对供应商产生了一定的压力，迫使他们自我改善。

（5）关键工序采用"愚巧性"控制。由于在源头处加强了品质控制，保证了供应商的供货信誉和质量，因此，该公司对原材料全部实行免检政策。在整个生产线上，由每道工序检查前道工序的质量，在关键工序处都用"愚巧性"控制，这样仍然可以将 FQC 不良率控制在 300 ppm 之内，出货合格率为 100%。

阅读以上材料，完成以下任务：

1. 该公司生产某种扫描仪零部件时工艺顺序为 $t_1 \rightarrow t_2 \rightarrow t_3 \rightarrow t_4$，试计算整批零件顺序移动方式下的加工周期。

2. 什么是"一个流"生产？该公司生产某种扫描仪零部件时工艺顺序为 $t_1 \rightarrow t_2 \rightarrow t_3 \rightarrow t_4$，试计算该公司"一个流"生产方式下的加工周期。

3. 该公司采取了哪些措施以实现 JIT 生产的目的？

4. 试分析企业推行 JIT 生产采用的管理工具。

5. 目前在国内推行 JIT 生产的企业并不多，真正能够成功的企业更少。你认为国内企业推行 JIT 生产的主要障碍有哪些？请阐述你的观点。

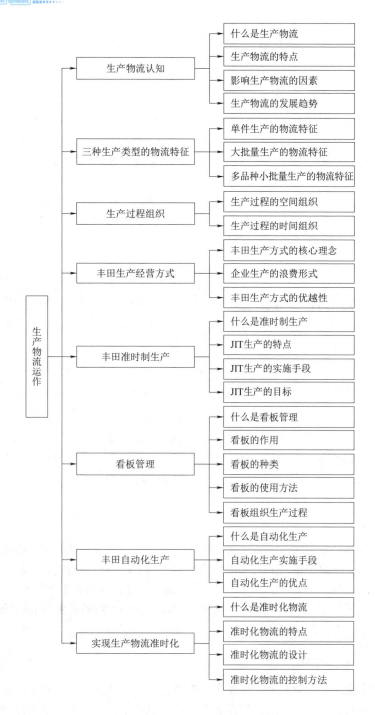

生产物流认知
- 什么是生产物流
- 生产物流的特点
- 影响生产物流的因素
- 生产物流的发展趋势

三种生产类型的物流特征
- 单件生产的物流特征
- 大批量生产的物流特征
- 多品种小批量生产的物流特征

生产过程组织
- 生产过程的空间组织
- 生产过程的时间组织

丰田生产经营方式
- 丰田生产方式的核心理念
- 企业生产的浪费形式
- 丰田生产方式的优越性

丰田准时制生产
- 什么是准时制生产
- JIT生产的特点
- JIT生产的实施手段
- JIT生产的目标

看板管理
- 什么是看板管理
- 看板的作用
- 看板的种类
- 看板的使用方法
- 看板组织生产过程

丰田自动化生产
- 什么是自动化生产
- 自动化生产实施手段
- 自动化生产的优点

实现生产物流准时化
- 什么是准时化物流
- 准时化物流的特点
- 准时化物流的设计
- 准时化物流的控制方法

生产物流运作

任务 4.1　生产物流认知

4.1.1　什么是生产物流

生产物流一般是指原材料、燃料、外购件投入生产后，经过下料、发料，运送到各加工点和储存点，以在制品的形态，从一个生产单位（仓库）流入另一个生产单位（仓库），按照规定的工艺过程进行加工、储存，借助一定的运输装置，在某个点内流转，又从某个点内流出，始终体现着物料实物形态的流转过程。

企业的生产物流活动是指在生产工艺中的物流活动。这种物流活动是与整个生产工艺过程伴生的，实际上已经构成了生产工艺过程的一部分。生产物流是企业物流的关键环节。

生产物流可以从三个方面进行分析，如图 4-1 所示。

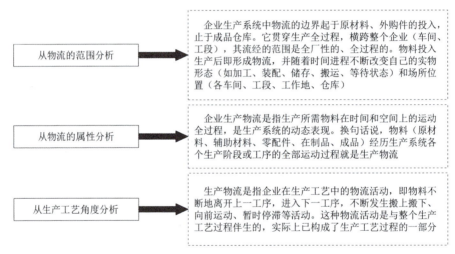

图 4-1　生产物流分析

生产物流和生产流程同步，是从原材料购进开始直到产成品发送为止的全过程的物流活动。原材料、半成品等按照工艺流程在各个加工点之间不停顿地移动、转移，形成了生产物流。它是产品的生产企业所特有的活动，如果生产中断，那么生产物流也就随之中断。

生产物流的发展历经了人工物流、机械化物流、自动化物流、集成化物流、智能化物流五个阶段。

4.1.2　生产物流的特点

企业生产物流活动主要是为了满足企业生产，实现企业利益。企业生产物流相比其他物流来说，有自己的特点，主要体现在企业生产物流的运行、主要功能、过程等方面，具体特点如下：

1. 实现价值的特点

企业生产物流和社会物流的最本质的不同点，即企业生产物流最本质的特点，不是实现时间价值和空间价值的经济活动，而是实现加工附加价值的经济活动。

企业生产物流一般是在企业的小范围内完成，空间距离变化不大。企业内部储存的目的和社会储存的目的也不相同，这种储存是对生产的保证，而不是一种追求利润的独立功能，因此，时间价值不高。

企业生产物流伴随加工活动而发生，实现加工附加价值，即实现企业的主要目的，所以，虽然空间价值、时间价值潜力不高，但加工附加价值却很高。

2. 主要功能要素的特点

企业生产物流的主要功能要素也不同于社会物流。社会物流的功能要素是运输和储存，其他是作为辅助性功能或强化性功能要素出现的。

企业生产物流的主要功能要素则是搬运活动。许多生产企业的生产过程，实际上是物料不停的搬运过程，在不停的搬运过程中，物料得到了加工，改变了形态。

3. 物流过程的特点

企业生产物流是一种工艺过程性物流，企业生产工艺、生产装备及生产流程一旦确定，企业生产物流也因此成了一种稳定性的物流，构成了工艺流程的重要组成部分。由于这种稳定性，企业生产物流的可控性、计划性便很强，一旦进入这一物流过程，选择性及可变性便很小。对物流的改进只能通过对工艺流程的优化，这方面和随机性很强的社会物流也有很大的不同。

4. 物流运行的特点

企业生产物流的运行具有极强的伴生性，往往是生产过程中的一个组成部分或一个伴生部分，这决定了企业生产物流很难与生产过程分开而形成独立的系统。

但在总体的伴生性的同时，企业生产物流中也确有与生产工艺过程可分的局部物流活动，这些局部物流活动有自身的界限和运动规律，当前企业生产物流的研究大多针对这些局部物流活动而言。这些局部物流活动主要是仓库的储存活动、接货物流活动、车间或分厂之间的运输活动等。

4.1.3 影响生产物流的因素

由于生产物流的多样性和复杂性，以及生产工艺和设备的不断更新，如何更好地组织生产物流，是物流研究者和管理者始终追求的目标。只有合理组织生产物流过程，才能使生产过程始终处于最佳状态。

影响企业生产物流的因素主要有以下几种：

（1）生产工艺。生产工艺对生产物流有不同的要求和限制。

（2）生产类型。生产类型影响生产物流的构成和比例。

（3）生产规模。生产规模影响生产物流量的大小。

（4）专业化和协作化水平。专业化和协作化水平影响生产物流的构成与管理。

4.1.4 生产物流的发展趋势

企业物流是现代物流不可分割的组成部分。只有企业物流与社会物流同步发展，人们才能真正感受到现代物流的魅力。总体而言，企业物流的发展趋势有以下四个特点：

1. 一体化

企业物流一体化就是将供应物流、生产物流、销售物流等有机地结合起来，以较低的运营成本满足顾客的货物配送和信息需求。它的核心是 LRP（logistics requirement planning），即物流需求计划，它将供应物流、生产物流、销售物流与商流、信息流和资金流进行整合，使现代物流在商品数量、质量、种类、价格、交货时间、地点、方式、包装及物流配送信息等方面都满足顾客的要求。

一体化物流与传统物流的最大区别在于，后者是以低廉的价格提供服务，而前者则是把顾客需求放在第一位，它除了提供优质物流服务，还承担促进销售、创造顾客需求的功能，分享增值服务的利润。一体化的供应链管理，强化了各节点之间的关系，使物流成为企业的核心竞争力和盈利能力。例如，海尔集团以 JIT 采购、JIT 配送和 JIT 分拨来实现物流同步流程，实现了在中心城市 6~8 h、区域内 24 h、全国 4.5 天以内的时间配送到位。

2. 社会资源整合

经济全球化把物流管理提高到一个前所未有的高度。企业可以利用各国、各地区的资源优势，分散生产和销售，这样，现代企业物流就能延伸到上游供应商和下游消费者在内的各关联主体。企业产成品中，除了涉及核心技术的零部件是自己生产的，其他大多数零件、原材料、中间产品都是由供应商提供的，企业这种少库存或零库存的实现需要一个强大的物流系统。

物流社会化使企业可利用的物流资源成级数倍增长，经过整合的虚拟物流资源减少了企业自身的基建成本，提高了物流设施的利用率，优化了资源配置，节约了物流费用。如戴尔每天要求美国联合邮包服务公司从其在奥斯汀的工厂运走 1 万台电脑，并从索尼在墨西哥的工厂运走同样数量的显示器，再由美国联合邮包服务公司将电脑和显示器连夜配套送交顾客，戴尔则通过网络对全程的物流服务实行即时的管理和监控。

3. 以信息和网络技术为支撑实现企业的快速反应

企业的资源、生产、销售分布在全球市场上，市场的瞬息万变要求企业提高快速反应能力，使物流信息化、网络化成为企业物流管理的一个必不可少的条件。物流信息系统增强了物流信息的透明度和共享性，使企业与上下游节点形成紧密的物流联盟。企业通过数字化平台及时获取并处理供应链上的各种信息，提高对顾客需求的反应速度。例如，海尔集团应用客户关系管理平台（CRM）和采购平台（BBP）加强了与全球用户、供应链资源网的沟通，实现了与用户的零距离。目前，它 100% 的采购订单由网上下载，采购周期由原来的平均 7 天缩短为现在的 1.5 h，准确率达 100%，网上支付已达到总支付的 20%。

4. 企业物流外包与部分功能的社会化

在工业化高度集中的今天，企业拥有核心技术才能在竞争中存得一席之地。而企业任何的资源都是有限的，不可能在生产、流通各个环节面面俱到，因此，企业将资源集中到主营的核心业务，将辅助性的物流功能部分或全部外包不失为一种战略性的选择。例如，亚马逊公司虽然目前已经拥有比较完善的物流设施，但由于"门到门"是一项极其烦琐、覆盖面极广的配送业务，因此，它始终都坚持外包。

任务 4.2　三种生产类型的物流特征

生产模式是一种制造哲理的体现，它支持制造业企业的发展战略，具体表现为生产过程中管理方式的集成（包括与一定的社会生产力发展水平相适应的企业体制、经营、管理、生产组织、技术系统的形态和运作方式的总和）。生产模式不同，对生产物流管理的侧重点也不同。事实上，如果从物流角度看，那么正是生产物流的类型特征决定了生产模式的变迁。

回顾制造业的发展过程，企业生产模式经历了三个阶段，即单件生产、大批量生产和多品种小批量生产，如表 4-1 所示。

课堂笔记

表 4-1　三种生产类型技术经济分析

生产类型	单件生产	大批量生产	多品种小批量生产
产品品种	多、不稳	少、稳定	较多、较稳定
产量	单件或少量	大	较多
工作地专业化程度	基本不重复	重复生产	定期轮番
机械设备	万能设备	多数专用设备	部分专用设备
工艺装备	通用	专用设备	部分专用设备
劳动分工	粗	分工细	一定分工
工人技术水平	多面手	专业操作	专业操作较多
效率	低	高	中
生产周期	长	短	中
成本	高	低	中
适应性	强	差	较差
更换品种	易	难	一般

4.2.1　单件生产的物流特征

单件生产也称作坊式手工生产模式（craft production，CP），产生于 16 世纪的欧洲，随着技术的发展大致可分为三个阶段。

第一阶段是按每个用户的要求进行单件生产，即按照每个用户的要求，每件产品单独制作，产品的零部件完全没有互换性，制作产品依靠的是操作者高度娴熟的技艺。

第二阶段是第二次社会大分工，即手工业与农业相分离，形成了专职工匠，手工业者完全依靠制造谋生，制造工具不是为了自己使用，而是为了同他人交换。

第三阶段是以瓦特蒸汽机的发明为标志，形成近代制造体系，但使用的是手动操作的机床。从业者在产品设计、机械加工和装配方面都有较高的技艺，大多数从学徒开始，最后成为制作整台机器的技师或作坊业主。

单件生产模式下的生产物流管理一般是凭借个人的劳动经验和师傅定的行规进行管理，因此，个人的经验智慧和技术水平起了决定性的作用。

4.2.2　大批量生产的物流特征

大批量生产模式也称福特流水线式生产（mass production，MP），产生于 19 世纪末至 20 世纪 60 年代。第一次世界大战结束后，市场对产品数量的需求剧增，以美国企业为代表的大批量生产模式逐步取代了以欧洲企业为代表的手工单件生产模式。费雷德里克·泰勒、亨利·甘特、亨利·福特等人在手工单件生产模式向大批量生产模式转化中起了重要作用。

1903 年，费雷德里克·泰勒首先研究了刀具寿命和切削速度的关系，在工厂进行时间研究，制定工序标准，于 1911 年提出了以劳动分工和计件工资制为基础的科学管理方法——科学管理原理，从而成为制造工程学科的奠基人。亨利·甘特用一张事先准备好的图表（甘特图）对生产过程进行计划和控制，使得管理部门可以看到计划执行的进展情况，并可以采取一切必要行动使计划能按时或在预期的许可范围内完成。亨利·福特认为大量的专用设备、专业化的大批量生产是降低成本、提高竞争力的主要方式。1913年，他在费雷德里克·泰勒的单工序动作研究基础上，提出作业单纯化原理和产品标准化原理（产品系列化，零件规格化，工厂专业化，机器、工具专业化，作业专门化等），并进一步对如何提高整个生产过程的效率进行了研究，规定了各个工序的标准时间定额，使整个生产过程在时间上协调起来（移动装配法），最终创造性地建立起大量生产廉价T型汽车的第一条专用流水线——福特汽车流水生产线，标志着大批量生产模式的诞生。与此同时，全面质量管理在美国等先进的工业化国家开始尝试推广，并开始在实践中体现一定的效益。

由于这种生产模式以流水线形式生产大批量、少品种的产品，以规模效应带动劳动生产率的提高和成本的降低，并由此带来价格上的竞争力。因此，在当时它代表了先进的管理思想与方法，并成为各国企业效仿的典范。这一过程的完成，标志着人类实现了制造业生产模式的第一次大转换，即由单件生产模式转换成以标准化、通用化和集中化为主要特征的大批量生产模式。这种模式推动了工业化的进程和世界经济的高速发展，为社会提供了大量的物质产品，促进了市场经济的形成。

大批量生产模式下的生产物流管理特色体现为以下三个方面：

（1）大批量生产模式下的生产物流管理是建立在科学管理的基础上的，即事先必须制定科学标准——物料消耗定额，然后编制各级生产进度计划对生产物流进行控制，并利用库存制度或库存管理模型对物料的采购及分配过程进行相应的调节。

（2）生产中对库存控制的管理与优化是基于外界风险因素而建立的，所以强调一种风险管理，即面对设备与供应等生产中不确定的因素，应保持适当的库存，用以缓冲各个生产环节之间的矛盾，避免库存风险，从而保证生产连续进行。

（3）物流管理的目标在于追求供应物流、生产物流和销售物流等物流子系统的最优化。

4.2.3 · 多品种小批量生产的物流特征

多品种小批量生产也称精益生产（lean production，LP），产生于20世纪70年代。第二次世界大战结束后，虽然以大批量生产模式获利颇丰的美国汽车工业已处于发展的顶点，但是以丰田公司为代表的日本汽车工业却开始酝酿一场制造史上的革命。

精，即少而精，不投入多余的生产要素，只是在适当的时间，生产必要数量的市场急需产品（或下道工序急需的产品）。益，即所有经营活动都要有效益，具有经济性。精益生产综合了大批量生产与单件生产模式的优点，力求在大量生产中实现多品种和高质量产品的低成本生产，是当前制造业最为推崇、极佳的一种生产组织体系和方式。

精益生产下的生产物流管理有两种模式：推进式模式和拉动式模式。

1. 推进式模式

推进式模式是基于美国计算机信息技术的发展和美国制造业大批量生产模式提出的，以MRPⅡ技术为核心的企业生产物流管理模式。该模式的基本思想是：生产的目标应该围绕着物料转化组织制造资源，即在计算机、通信技术控制下制定和调节产品需求预测、主生产计划、物料需求计划、能力需求计划、物料采购计划、生产成本核算等环节。信息流往返于每道工序、车间，而生产物流要严格按照反工艺顺序确定的物料需求数量、需求时间（物料清单所表示的提前期），从前道工序推进到后道工序或下游车间，而不管后道工序或下游车间当时是否需要。信息流控制的目的是要保证按生产作业计划要求按时完成物料加工任务，信息流与生产物流完全分离。

推进式模式下企业生产物流管理的特点体现为以下五个方面：

（1）在管理标准化和制度方面，重点处理突发事件。

（2）在管理手段上，大量运用计算机管理。

（3）在生产物流方式上，以零件为中心，强调严格执行计划，维持一定量的在制品库存。

（4）在生产物流计划编制和控制上，以零件需求为依据，计算机编制主生产计划、物料需求计划、生产作业计划。执行中以计划为中心，灵活机动性差，一旦某个环节出现纰漏，则整个计划就要随之变动。

（5）在对待在制品库存的态度上，企业认为"风险"是外界的必然。为了防止计划与实际的差异所带来的库存短缺现象，编制物料需求计划时，往往采用较大的安全库存和留有余地的固定提前期，而实际生产时间又往往低于提前期，于是不可避免地产生在制品库存，因此，合理的库存是必要的。

2. 拉动式模式

拉动式模式是以日本制造业提出的 JIT 技术为核心的生产物流管理模式，也称"一个流"生产方式，表现为物流不停滞、不堆积、不超越、按节拍地贯穿从原材料、毛坯的投入到成品的全过程。该模式的基本思想：强调物流同步管理。

第一，在必要的时间将必要数量的物料送到必要的地点，整个企业按同一节拍，根据后道工序的需要进行投入和产出，不制造过量的在制品（零件、部件、组件和产品），工序间在制品向"零"挑战。

第二，必要的生产工具、工位器具要按位置摆放，挂牌明示，保持现场无杂物。

第三，从最终市场需求出发，每道工序、每个车间都按照当时的需要，根据看板向前道工序、上游车间下达生产指令，前道工序、上游车间只能生产后道工序、下游车间所需要数量的物品。

在拉动式模式下，信息流控制的目的是要保证按后道工序要求准时完成物料加工任务。信息流和生产物流是完全结合在一起的，但信息流与生产物流方向相反。

采用拉动式模式进行企业生产物流的管理，可以真正做到按需生产。在拉动式模式下，生产物流管理的特点体现为以下五个方面：

（1）在管理标准和制度方面，重点采用标准化作业。

（2）在管理手段上，把计算机管理和看板管理相结合。

（3）在生产物流方式上，从生产线末端的需求计划，一级一级往前拉动各个生产供应环节，做出切合实际的生产和采购计划，强调物流平衡，追求零库存，从而保证物流与市场需求保持同步。

（4）在生产物流计划编制和控制上，以零件需求为依据，计算机编制物料需求计划，运用看板系统执行和控制，以实施为中心，工作的重点在制造现场。

（5）在对待库存的态度上（与大批量生产模式相比较），企业认为基于整个生产系统而言，风险不仅来自外界的必然，更重要的是来自内部的在制品库存，强调"库存是万恶之源"，库存掩盖了生产系统中的各种缺陷与问题。它一方面强调供应对生产的保证，另一方面强调对零库存的要求，从而不断暴露生产中基本环节的矛盾并加以改进，不断降低库存，以消灭库存产生的浪费为终极目标。

实战训练4-1

进入山东得益乳业股份有限公司（以下简称得益公司）网站（http：//www.deyi.com.cn），查阅相关信息，选取一款你喜欢的牛奶产品，制作短视频。

问题： 按照推进式模式和拉动式模式，分别模拟得益公司生产加工的过程，讨论生产工序与工序分配，并检测相关数据。

制造业的发展历程告诉我们，企业目前适应市场竞争的管理方法已进入了"多品种，少批量，柔性生产时代"。精益生产方式已逐步被世界很多企业所接纳，各行各业都相应地在丰田生产方式中寻找适合本企业的应用方法。

任务 4.3　生产过程组织

生产过程组织，是指对生产过程中劳动者、劳动手段、劳动对象及生产过程的各个阶段、环节和工序的合理组织与安排。它包括生产过程的空间组织和生产过程的时间组织。其目的是在空间、时间衔接平衡、紧密配合，形成一个有机协调的产品生产系统，保证产品在制造时行程最短、时间最省、耗费最小，并按计划规定的产品品种、质量、数量和交货期生产产品，满足市场需要，获得最大的经济效益。

4.3.1　生产过程的空间组织

生产过程的空间组织，是指企业内部各个生产单位的组成、相互联系及其在空间上的分布情况。任何产品的生产过程，都需要在一定空间内，通过许多相互联系的生产单位来实现，所以企业必须根据生产需要设置一定的空间场所，建立相应的生产单位（车间、工段、班组）和其他设施进行生产活动。企业生产单位的设置主要有两种形式：工艺专业化形式和对象专业化形式。

1. 工艺专业化形式

工艺专业化形式是按照生产过程各个工艺阶段的工艺特点来建立生产单位的。在工艺专业化的生产单位内，集中着同种类型的生产设备和同工种的工人，每一个生产单位只完成同种工艺方法的加工，即加工对象是多样的，但工艺方法是同类的。每一个生产单位只完成产品生产过程中的部分工艺阶段和部分工序的加工任务，产品的制造完成需要多个生产单位的协同努力，如图4-2所示。如机械制造业中的铸造车间、机加工车间、热处理车间及车间中的车工段、铣工段等，都是工艺专业化生产单位。

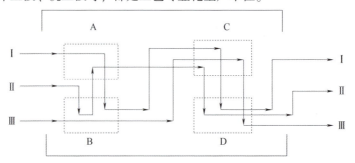

产品工艺路线：Ⅰ产品为 A→B→C→D，Ⅱ产品为 B→A→C→D，Ⅲ产品为 B→C→D。

图4-2　工艺专业化形式示意图

工艺专业化形式的优点是：可以充分利用设备；适应产品品种的要求，适应分工的要求；便于工艺管理和提高技术水平；利于加强专业管理和进行专业技术指导；个别设备出现故障或进行维修，对整个产品的生产制造影响小。工艺专业化形式的缺点是：加工路线长；经过许多车间，增加交接等待时间；车间之间的相互联系比较复杂，使计划管理和在制品管理工作更加复杂。

工艺专业化形式适用于企业生产品种多、变化大、产品制造工艺不确定的单件小批量生产类型，一般表现为按订货要求组织生产，特别适用于新产品的开发试制。

2. 对象专业化形式

对象专业化形式，是指各基本车间独立完成产品、零件、部件的全部或部分的加工，工艺过程是封闭的。在对象专业化生产单位（如汽车制造厂中的发动机车间、底盘车间、机床厂中的齿轮车间等）里，集中了不同类型的机器设备、不同工种的工人，对同类产品进行不同的工艺加工，能完成一种或几种产品（零件、部件）的全部或部分的工艺过程，而不用跨越其他生产单位，如图4-3所示。

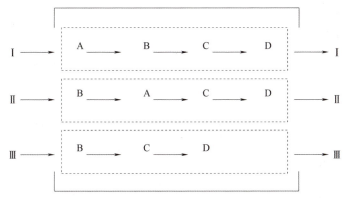

产品工艺路线：Ⅰ产品为A→B→C→D，Ⅱ产品为B→A→C→D，Ⅲ产品为B→C→D。

图4-3 对象专业化形式示意图

对象专业化形式主要有两种：以成品或部件为对象的专业化形式和以同类零件为对象的专业化形式。对象专业化形式的优点是：加工路线短；为采用先进的生产过程组织形式（流水线、自动化）创造条件；大大减少车间之间的联系，有利于在制品管理。对象专业化形式的缺点是：对产品变动的应变能力差；设备利用率低；工人之间的技术交流比较困难，因此，工人技术水平的提高受到一定限制。

对象专业化形式适用于专业方向已定、产品品种稳定、工艺稳定的企业的大批量生产，如家电、汽车、石油化工产品的生产等。

> 在实际生产中，上述两种专业化形式往往是结合起来应用的。根据它们所占比重的不同，专业化形式又可分为：在对象专业化形式的基础上，局部采用工艺专业化形式；在工艺专业化形式的基础上，局部采用对象专业化形式。

4.3.2 生产过程的时间组织

生产过程的时间组织，是指产品在加工过程中，对加工对象在时间方面进行合理安排和衔接，使生产过程保持连续性和节奏性，以达到缩短产品的生产周期，提高设备利用率和劳动生产率的目的。

企业生产过程的时间组织包括的内容很多，涉及的范围比较广，它同生产进度的安排、生产作业计划、生产调度等都有密切联系。生产过程在时间上的衔接程度，主要表现在劳动对象在生产过程中的移动方式。劳动对象的移动方式，与一次投入生产的劳动对象数量有关。以加工零件为例，当一次生产的零件只有一个时，零件只能顺序地经过各道工序。如果当一次投产的零件有两个或两个以上时，则工序间就有不同的三种移动方式，即顺序移动方式、平行移动方式、平行顺序移动方式，不同移动方式下的零件加工周期也不同。

1. 顺序移动方式

顺序移动方式，是指每批在制品在前道工序加工完毕后，整批地移送到后道工序进行加工的移动方式，如图4-4所示。

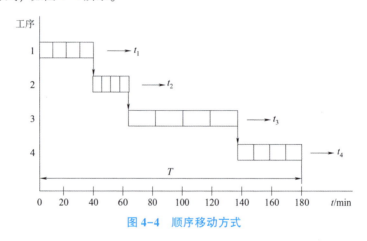

图4-4 顺序移动方式

顺序移动方式下的加工周期为

$$T = n \sum_{i=1}^{m} t_i \qquad (4-1)$$

式中：T 为一批零件顺序移动的加工周期；n 为零件批量；m 为零件加工工序数目；t_i 为第 i 道工序的加工时间。

【应用实例4-1】一批制品，批量为4件，须经四道工序加工，各工序时间分别为 $t_1 = 10$ min，$t_2 = 5$ min，$t_3 = 20$ min，$t_4 = 10$ min，则顺序移动的加工周期 $T = 4 \times (10+5+20+10) = 180(\text{min})$。

采用顺序移动方式的优点是：组织与计划工作简单；零件集中加工、集中运输，减少了设备调整时间和运输工作量；设备连续加工不停顿，提高了工效。采用顺序移动方式的缺点是：大多数产品有等待加工和等待运输的现象，生产周期长；资金周转慢，经济效益较差。

顺序移动方式适用于批量小、单件加工时间较短、生产单位按工艺专业化组成、距离较远的情况。

2. 平行移动方式

平行移动方式，是指一批零件中的每个零件在前一道工序完工后，立即传送到下一道工序继续加工的移动方式，如图 4-5 所示。

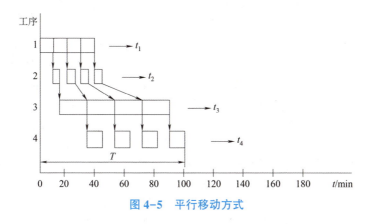

图 4-5 平行移动方式

平行移动方式的加工周期为

$$T = \sum_{i=1}^{m} t_i + (n-1)t_{max} \tag{4-2}$$

式中：T 为一批零件平行移动的加工周期；n 为零件批量（件）；m 为工序总数；t_{max} 为各道工序中最长工序的单件时间。

【应用实例 4-2】一批制品，批量为 4 件，须经四道工序加工，各工序时间分别为 $t_1 = 10\ min$，$t_2 = 5\ min$，$t_3 = 20\ min$，$t_4 = 10\ min$，则采用平行移动方式计算，其加工周期 $T = (10 + 5 + 20 + 10) + (4-1) \times 20 = 105(min)$。

采用平行移动方式的优点是：加工周期短，在制品占用量少。采用平行移动方式的缺点是：运输次数多，当前后工序时间不相等时，存在设备中断和在制品等待的情况。

3. 平行顺序移动方式

平行顺序移动方式，是顺序移动方式和平行移动方式两种方式的结合使用，是指一批零件在一道工序上尚未全部加工完毕，就将已加工好的一部分零件转入下一道工序加工，以恰好能使下一道工序连续地全部加工完该批零件为条件的移动方式，如图 4-6 所示。

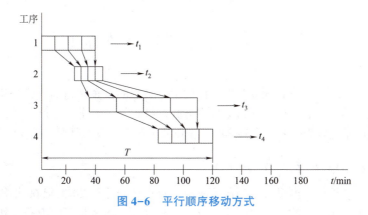

图 4-6 平行顺序移动方式

平行顺序移动方式的加工周期为

$$T = \sum_{i=1}^{m} t_i + (n-1)\left(\sum_{i=1}^{m} t_{较大} - \sum_{i=1}^{m} t_{较小} \right) \tag{4-3}$$

式中：T 为平行顺序移动方式加工周期；n 为零件批量（件）；m 为工序总数；t_i 为第 i 道工序的加工时间，较大为比相邻工序单件工时均大的工序的单件工时，较小为比相邻工序单件工时均小的工序的单件工时。在比较时，可以默认在第一道工序前、最后一道工序后加入两个时间为 0 的虚拟工序。

【应用实例 4-3】 一批制品，批量为 4 件，须经四道工序加工，各工序时间分别为 $t_1 = 10$ min，$t_2 = 5$ min，$t_3 = 20$ min，$t_4 = 10$ min，采用平行顺序移动方式计算，其加工周期 $T = (10+5+20+10)+(4-1)\times(10+20-5) = 120(\text{min})$。

采用平行顺序移动方式的优点是：劳动过程中中断时间比顺序移动方式的少，零件生产周期较短；在一定程度上消除了工人与设备的停歇时间，使工人和设备的停歇时间集中起来，便于用来做其他工作。采用平行顺序移动方式的缺点是：组织管理比较复杂。

平行顺序移动方式适用于以下两种情况：

一是当前道工序的单件作业时间小于或等于后道工序的单件作业时间时，则前道工序上完工的每一个零件应立即转移到后道工序去加工，即按平行移动方式单件运输。

二是当前道工序的单件作业时间大于后道工序的单件作业时间时，则前道工序上完工的零件，并不立即转移到后道工序去加工，而是等待到足以保证后道工序能连续加工的那一刻，才将完工的零件全部转移到后道工序去，这样可以避免后道工序出现间断性的设备停歇时间，并把分散的停歇时间集中起来加以利用。

顺序移动方式、平行移动方式、平行顺序移动方式的加工周期及比较如表 4-2 和表 4-3 所示。

实战训练 4-2

上海某汽车公司生产时，某零件生产批量 $n = 3$ 件，其工艺流程经过四道工序的加工，各道工序的单件作业时间依次为 $t_1 = 10$ min，$t_2 = 5$ min，$t_3 = 15$ min，$t_4 = 10$ min。

问题：试计算在顺序移动方式、平行移动方式、平行顺序移动方式下，这批零件的加工周期。

任务 4.4 丰田生产经营方式

"有路就有丰田车"，这是大家耳熟能详的世界最大的汽车制造商丰田公司的口号。丰田生产方式是世界公认的、科学的精益生产方式。吸收、借鉴丰田生产方式，结合实际形成科学、高效的精益管理体系，大幅度降低企业的生产运营成本是至关重要的。

4.4.1 丰田生产方式的核心理念

丰田生产方式是日本丰田汽车公司已故的大野耐一先生于 20 世纪 60 年代开发，后在长期实践中完善，体系化的一套生产管理方式。其核心理念就是消除浪费，其他理念都是围绕它展开的。

动画：精细化
管理

表4-2　顺序移动方式、平行移动方式、平行顺序移动的加工周期计算表

时间/min

移动方式	工序号	工序时间	10	20	30	40	50	60	70	80	90	100	110	120	130	140	150	160	170	180	190	200
顺序移动方式	1	10	①	②	③	④																
	2	5					①②	③④														
	3	20								①		②		③		④						
	4	10															①	②	③	④		
	生产周期									180									$T=t_1+t_2+t_3+t_4$		
平行移动方式	1	10	①	②	③	④																
	2	5		①	②	③	④															
	3	20					①					②	③④									
	4	10						①			③④	②										
	生产周期								105						$T=t_1+t_2+t_3+t_4+(n-1)t_3$							
平行顺序移动方式	1	10	①	②	③	④																
	2	5			①②	③④																
	3	20					①		②		③		④									
	4	10									①	②	③	④								
	生产周期								120					$T=(t_1+t_2+t_3+t_4)+(t_1+t_3-t_2)$								

注：表中①②③④是工件号，n是批量，t_1是第一道工序单件加工时间，t_2是第二道工序单件加工时间，以此类推

表4-3　顺序移动方式、平行移动方式、平行顺序移动方式比较表

移动方式	产品运送方式	产品运送次数	在制品资金占用	产品生产周期	生产连续性	管理工作难易	适用条件	优点	缺点
顺序移动方式	成批运输	最少	量大期长	最长	好	易	批量小，单件工时短	(1) 组织生产较简单。 (2) 设备在加工零件时不出现停顿。 (3) 工序间搬运次数少	生产周期长
平行移动方式	单件运输	最多	量小期短	最短	差	难	批量小，单件工时短	充分利用平行作业的可能，使生产周期达到最短	(1) 一些工序在加工时，出现干时停的现象，对设备运转不利。 (2) 运输次数多。 (3) 组织生产比较麻烦。
平行顺序移动方式	成批运输、单件运输	一般	一般	较短	好	较难	批量大，单件工时长	(1) 生产周期较短。 (2) 每道工序在加工一批零件时不发生停顿现象，使设备能连续、正常运转	(1) 运输次数较多。 (2) 组织生产比较复杂。

注：在实际生产与业务工作中，要结合实际，因地制宜地选择。应用时要根据具体条件考虑下列因素：（1）企业的生产类型。单件小批量生产企业多采用顺序移动方式；大批量生产，特别是组织流水线生产时，宜采用平行移动方式或平行顺序移动方式，以争取时间满足交货期需要。（2）生产任务的缓急。生产任务急，应采用平行移动方式或平行顺序移动方式，以争取时间满足交货期需要。（3）劳动量的大小和零件的质量。工序劳动量不大、质量较轻的零件，宜采用平行移动方式或平行顺序移动方式。对象专业化的生产单位宜采用平行移动方式或顺序移动方式；而工艺专业化的生产单位，宜采用顺序移动方式。（4）企业内部生产单位专业化形式。对象专业化的生产单位宜采用平行移动方式或顺序移动方式；而工艺专业化的生产单位，宜采用顺序移动方式。（5）改变加工对象时，调整设备所需的劳动量。如果改变加工对象，不需改变设备或调整设备所需时间较少，则宜采用平行移动方式。

当今社会是一个市场激烈竞争、产品流通极其便利的社会。全球化贸易使大多数产品在市场销售中处于买方市场，生产企业只有降低生产制造成本，才能获得利润。

丰田公司认为产品的售价是由市场决定的，企业获得的利润就是产品的售价减去成本。所以丰田生产方式的核心理念就是要消除企业中的浪费，减少一切成本支出，降低企业运营成本，以求得企业获得更大的利润。

4.4.2　企业生产的浪费形式

企业生产制造过程中，要降低企业运营成本获得更大利润，首先要识别企业中的浪费现象。丰田生产方式给浪费的定义有两个方面：一是不为顾客创造附加价值的活动，就是浪费；二是尽管是创造附加价值的活动，但所消耗的资源如果超过了"绝对最少"的界限，也是浪费。浪费现象约占操作者活动总时间的80%，可见，企业生产经营的过程中降低成本的空间巨大。

丰田公司认为，企业主要有以下七种浪费形式：

1. 生产过剩浪费

生产过剩是指将当前并不需要的产品提前生产出来。在丰田公司看来，这是一种严重的浪费，是所有浪费产生的根源。丰田生产方式强调生产计划性，强调准时化生产，任何生产部门不能擅自更改生产时间、数量、品种（包括提前或滞后生产）。

生产过剩造成了企业较早消耗了生产原材料、提前支付了生产成本费用，产品积压、企业流动资金被占、库房面积增加，搬运次数增加，企业运营成本和管理成本增大，生产现场混乱、不安全因素增多等一系列后果。另外，生产过剩还会给企业造成错觉，弄不清当前真正需要生产什么产品。

2. 等待浪费

等待浪费是指在生产过程中，企业员工由于种种原因造成工作流程不连续，出现等待的现象，如人等待人、等待原材料、等待设备维修、等待指令等。企业出现等待现象的原因有：物料没有及时到工位，停工待料；工件正在加工，操作者等待机床加工完毕更换工件；设备出现故障，等待维修；产品质量出现问题，等待处理；生产计划不准确，不均衡生产，等待协调；生产设备出现瓶颈现象，工序间在制品断档。

等待浪费是一种隐性浪费，往往造成企业生产效率降低，生产不协调（员工停止工作或加班加点），企业生产成本和管理成本增加，企业有限的资源不能得到充分利用。

3. 搬运浪费

搬运活动并不能为企业生产创造价值，而更多的是在消耗企业成本（运输费用上升，时间浪费），因此，搬运已被视为企业生产过程中的浪费，这种浪费意识越来越被企业员工所接纳。针对企业的搬运活动，每个员工要正确对待和分析，不能一概而论。通常，企业搬运形式有以下两种：

（1）生产必须存在的搬运。例如，企业生产过程中，工序与工序之间、工段与工段之间、车间与车间之间，大多存在空间距离，势必存在生产原材料（零部件）的相互传递与搬运。针对这种生产必需的传递和搬运，企业应科学论证、分析，尽量将这种搬运活动距离缩短到最小的范围，使搬运活动的时间最小化。

（2）浪费的搬运。例如，企业由于没有按准时化生产，造成工序间的在制品没有从生产现场领取，而是必须从库房中领取，生产出的在制品不能及时流向下一道工序，而是进入库房，这样的领取、入库的搬运工作为浪费。针对这种搬运浪费现象，企业改善的不是减少这种搬运，而是应积极改造，杜绝这种搬运工作的产生。

4. 加工浪费

企业生产过程中，出现的加工浪费形式通常有三种：一是企业生产过程中，产品质量标准制定得过高，势必会造成企业的生产投入增大，如设备投入、人工成本投入、检查成本投入等。二是企业设备加工精度不够，造成企业生产出的产品质量难以保障，只有采用增加工序的办法来保障产品质量，从而导致加工浪费。三是企业对员工的技能培训不重视，没有及时针对设备的使用及生产产品工艺、加工方法进行有效的培训，导致生产制造产品废品率增大，增加加工工艺路线，从而导致加工浪费。加工浪费致使产品生产周期延长、生产成本增高。

5. 库存浪费

传统的企业管理认为企业的库存仅仅是在制品或产成品的积压，随着时间的推移，企业和市场就可以消耗掉库存量。

丰田生产方式提倡准时化生产，强调的就是"在必要的时间，按必要的数量，生产必要的产品"。提前生产出来的产品，不仅仅是费用及原材料的提前支出，对于企业来讲，是减少了企业流动资金的数量。如果企业没有足够的流动资金，则要向银行贷款，也就是说，库存量的增加与库存保管没有给企业带来利润，而是随着时间的推移给企业带来的是贷款利息的增加、利润的负增长和生产成本增加。因此，丰田生产方式将生产中的一切库存视为浪费，提倡"零库存"。基于此，丰田生产方式提出了"消灭一切浪费"的口号，追求零浪费的目标。

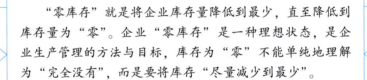

"零库存"就是将企业库存量降低到最少，直至降低到库存量为"零"。企业"零库存"是一种理想状态，是企业生产管理的方法与目标，库存为"零"不能单纯地理解为"完全没有"，而是要将库存"尽量减少到最少"。

6. 不良品浪费

不良品是指企业生产过程中出现的废品和返修品。丰田生产方式推行全面质量管理，强调质量是生产出来的，而非检验出来的。丰田生产方式在生产过程的每道工序中都对质量进行检验与控制，重在培养每位员工的质量意识，保证及时发现质量问题、解决质量问题。如果在生产过程中发现质量问题，则应立即停止生产，直至解决问题，从而保证产品的质量。

企业在生产制造过程中，任何不良品的产生与修复，不仅造成人工、原材料、机器、管理、辅助等一系列浪费，还会使企业生产成本加大。

7. 动作浪费

企业生产活动，是由人与机器相互配合，针对原材料进行加工和制作。而所有的加工与制作都是由一系列的生产动作所组成的，这些生产动作往往是以员工个人的判断为主，仅仅是员工的习惯，不一定是正确的、科学的、合理的。企业生产中常见的动作浪费形式有：生产行走距离过长；单手、双手空闲；重复动作；左右手交替、交换；动作幅度过大；转身、弯腰、伸背拿取工件；动作不连贯，动作方向改变。

针对员工日常动作存在的问题，企业要正确理解、分析和改善，实现标准化作业，以减少企业生产中动作浪费带来的低效率高成本。企业改善动作浪费流程如图4-7所示。

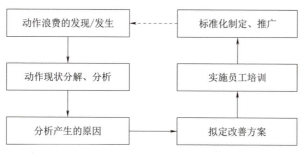

图4-7　企业改善动作浪费流程

【应用实例4-4】为人工与机器的最佳结合消除等待浪费，分析过程如表4-4～表4-6所示。

表4-4　人机操作分析（现行方法）

人员		时间/min	机器	
准备下一个工件		1		空闲
		2		
装夹上工件		3		被装夹上工件
空闲		4		自动加工
		5		
		6		
		7		
卸下工件		8		被卸下工件
将成品箱放入箱内		9		空闲
		10		
人员利用率=6/10=0.6			机器利用率=6/10=0.6	

表 4-5　人机操作分析（改进方法 1）

人员		时间/min	机器	
装夹上工件		1		被装夹上工件
准备下一个工件		2	自动加工	
		3		
空闲		4		
		5		
卸下工件		6		被卸下工件
将成品箱放入箱内		7		空闲
		8		
人员利用率 = 6/8 = 0.75			机器利用率 = 6/8 = 0.75	

表 4-6　人机操作分析（改进方法 2）

人员		时间/min	机器	
装夹上工件		1		被装夹上工件
准备下一个工件		2	自动加工	
		3		
将成品箱放入箱内		4		
		5		
卸下工件		6		被卸下工件
人员利用率 = 6/6 = 1			机器利用率 = 6/6 = 1	

4.4.3　丰田生产方式的优越性

丰田生产方式就是关于生产系统设计和运作的综合体系，它包含"制造产品""生产管理"和"物流"的思路。它既是思想方面的指引，更是工作实务方面的指引。也就是说，丰田生产方式包括从企业的经营理念、管理原则到生产组织、生产计划、控制、作业管理、物流，以及对人的管理等在内的一整套完整的理论和方法体系。

微课：福特
生产方式

相比福特"总动员生产方式"，丰田生产方式的优越性主要表现在以下五个方面：

（1）最少的人员：开发、生产、管理、辅助等部门与其他企业相比，人员减少 1/3～1/2。

（2）最短的时间：新产品开发周期短，可减少 1/2～2/3 的开发时间。

（3）最小库存：推行"零库存"概念，库存量为 1/4～1/2。

（4）最小的使用面积：是其他企业生产面积的 1/2。

（5）最好的产品质量：质量目标是以产品合格或符合标准为出发点，客户得到一般标准以上的满足。

长期以来，丰田生产方式已成为丰田公司的核心竞争力，现在已经被世界各企业经营管理者纷纷效仿。

任务 4.5　丰田准时制生产

丰田生产方式是目前世界上公认的生产产品的合理方法。为了使企业产生效益，丰田生产方式将降低成本作为基本目标，企业的管理行为多是围绕着该目标而运作的。为了达到这个基本目标，丰田公司通过各种方法进行控制，准时制生产就是企业生产控制方法之一，也是丰田生产方式的两大支柱之一。

4.5.1　什么是准时制生产

准时制生产是指丰田公司在长期实践中完善、体系化的一套生产管理方式，即"在必要的时间，按必要的数量，生产必要的产品"。

（1）必要的时间，是指市场（用户）或下道工序需要的时间段。

（2）必要的数量，是指市场（用户）或下道工序需要的产品（在制品、原材料）数量。

（3）必要的产品，是指市场（用户）需要的产品品种。

这是为适应日本 20 世纪 60 年代消费需求的多样化、个性化而建立的生产体系及为此生产体系服务的物流体系。这种生产方式的核心是追求无库存的生产系统，或使库存达到最小。后来随着这种生产方式被人们广泛地认识、研究和应用，特别是引起西方国家的广泛注意后，人们开始把它称为准时制（just in time）生产，简称 JIT 生产。

4.5.2　JIT 生产的特点

JIT 生产作为一种彻底追求生产合理性、高效性，能够灵活多样地生产适应各种需求的、高质量产品的生产方式，与传统生产方式是截然不同的（如表 4-7 所示），其基本原理和诸多方法对其他制造行业的企业也都具有重要的借鉴意义。

表 4-7　JIT 生产方式与传统生产方式的区别

项目	传统的生产方式	JIT 生产方式
生产原理	每一个操作者（班组、工段、车间、分厂）接到生产计划以后，自行组织生产	根据顾客（用户）需求，后道工序（班组、工段、车间、分厂）在需要产品的时候，才向前道工序下达生产指令，进行生产加工

项目	传统的生产方式	JIT 生产方式
不同点	企业生产由于某种原因（缺员、设备维修、产品质量、原材料等）造成后道工序停产，而前道工序还在正常的生产，这样生产组织造成了很多问题： （1）前道工序提前使用原材料。 （2）库存增加，搬运次数增加，产生浪费。 （3）库存增加使流动资金减少，管理费用增大。 （4）质量出现问题时不能及时发现，失去了改善的机会。 （5）生产现场混乱	如果生产出现延迟，则会造成企业生产停滞，各工序均应担负延误生产的责任。准时化生产的优越性体现在： （1）可以减少库存。 （2）可以使生产现场更加整齐化，使企业生产现场只存放有用的物品。 （3）是解决"多品种少批量"产品的最佳生产方式，迎合市场的个性化消费。 （4）可以解决生产当中的同步生产及在制品积压的问题。 （5）可以减少企业运营成本增大的问题

JIT 生产主要有以下六个特点：

1. 按需生产

JIT 生产的目标是使企业实现仅在需要的时间，按照需要的数量，生产合格的产品。

2. 全员参与

企业生产过程中，最清楚问题所在及其产生原因的莫过于企业一线员工，因此，JIT 生产主张全员参与，由企业一线员工提出解决问题的办法，管理者提出目标及处理问题的原则，并提供信息和培训，并且对员工授予必要的权限，员工能在各自的权限内处理工作中存在的问题，不断改进工作方法，从而促进企业整体效率的提高。

3. 消除浪费

JIT 生产主张企业所有的工作均要以"消除一切无效作业和浪费"为准则。在企业生产和物流管理中，凡是"对产品不起增值作用的作业或增加产品附加值但又增加产品成本"的作业都属于浪费的作业，"为增加产品附加值需要消耗必要的资源且超出其基本消耗量"的一切操作也是浪费。

4. 无库存生产

JIT 生产认为传统的库存管理方法掩盖了企业管理中存在的各种问题，把库存量看作是掩盖企业管理存在的各种问题的"万恶之源"，主张通过降低库存来暴露问题，走的是一条"降低库存→暴露问题→解决问题→再降低库存→再解决问题……"的道路，是一个无限循环的过程，从而使企业管理水平得到进一步提高。因此，无库存生产方式的实质体现了综合管理的思想。

5. 持续改善

实施 JIT 生产是一个不断改进的动态过程，是一种持续改善、由量变到质变的过程。

6. 追求尽善尽美

在对待产品的质量上，JIT 生产追求尽善尽美，不懈努力。JIT 生产认为企业生产的产品合格或符合标准只是最基本的要求，企业质量工作目标应是以产品合格或符合标准为出发点，客户得到超出一般标准的满足，以及企业尽早占领市场。

4.5.3 JIT 生产的实施手段

为了使企业产生效益，JIT 生产将降低成本作为基本目标，企业的管理行为多围绕着该目标而运作。为了达到这个基本目标，丰田公司通过各种相应的手段进行控制。

1. 生产均衡化

生产的均衡化，是指总装配线在向前道工序领取零部件时应均衡地使用各种零部件，生产各种产品，包括企业生产产品总量的均衡和生产过程中产品品种与数量的均衡。企业推行 JIT 生产，首先应均衡生产，只有均衡生产才能实现用"最少的人，最少的设备，最少的投入，获得最大的利润"。

（1）总量均衡。总量均衡，是指将连续两个时间段（日、周、月）的总产量的波动控制在最小范围。如果每道工序和设备的生产负荷状况参差不齐，则会造成生产的不平均，引起浪费。图 4-8 为消除总量不平均现象的均衡化。

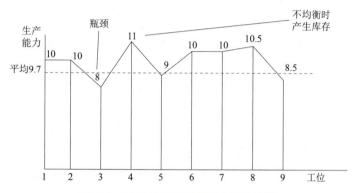

图 4-8　消除总量不平均现象的均衡化

如图 4-8 所示，工位 3 生产能力最低，易造成生产瓶颈；工位 4 生产能力最大，易产生库存，这种能力不均衡会引起浪费。

【应用实例 4-5】某公司根据销售计划、订单的要求月生产产品的数量为 400 台（套），企业月生产日为 20 天，每日的平均生产量为 20 台（套）。

企业生产没有推行 JIT 生产及均衡生产时的日生产记录，如表 4-8 所示。

表 4-8　企业生产没有推行 JIT 生产及均衡生产时的日生产记录

日期	1	2	3	4	5	6	7	8	9	10	11	12	13	14
生产量	30	29	22	20	22	休息		20	16	15	16	13	休息	
日期	15	16	17	18	19	20	21	22	23	24	25	26	27	28
生产量	14	15	25	28	23	休息		15	13	16	25	25	休息	

企业为保证生产需求，生产要素按生产量最大的一天进行了机器与人员的配置，也就是 30 台（套）机器，30 名操作者。如此配置，当产量达到 30 台（套）时，生产要素满足了企业生产的需求。而当企业生产为最低量 13 台（套）时，企业人员与设备就出现了等待、富余的情况，从而导致浪费现象发生。

如果企业推行 JIT 生产（均衡生产作业），则生产计划应相对进行调整。这时生产要素的使用与安排将以均衡生产为主题，以生产人员、设备的数量最少为目标，达到企业生产控制、企业生产成本最佳点。

生产计划调整安排如表 4-9 所示。

表 4-9　生产计划调整安排

日期	1	2	3	4	5	6	7	8	9	10	11	12	13	14
生产量	24	24	22	20	20	休息		19	19	18	17	17	休息	
日期	15	16	17	18	19	20	21	22	23	24	25	26	27	28
生产量	20	20	22	22	22	休息		17	17	16	22	22	休息	

企业经过推行 JIT 生产、均衡化生产，对生产计划调整以后，每天生产产品的数量同样是平均 20 台（套），而使用的人员为 20 名、设备为 20 台，减少了企业生产成本的投入，增大了企业在市场中的竞争能力。

（2）产品品种与数量均衡。在企业生产过程中，多个品种的产品在同一条生产线上进行混流生产时，不同品种的产品应该交替生产。这样可以使企业生产各部门实现精益生产，使其在实现均衡化生产时，一条生产线上生产不同的产品。图 4-9 为消除批量生产的均衡化。

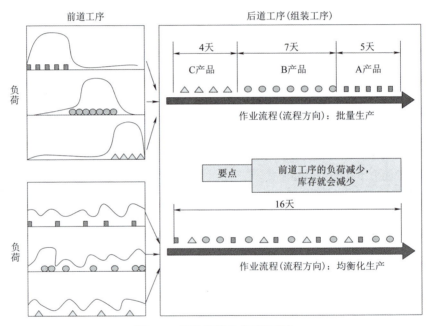

图 4-9　消除批量生产的均衡化

如图 4-9 所示：如果后道工序（组装工序）的生产不均衡，那么后道工序在组装产品 A 时，生产 A 零件的前道工序就比较繁忙。但在后道工序转移到组装 B 产品时，则生产 A 零件的前道工序又变得空闲了，可见生产 A 零件的前道工序忙闲不均。在繁忙的时候，前道工序为了满足后道工序负荷的要求，要多准备一些设备、人力和库存来应对，这样很容易造成资源上的浪费。为了避免这种浪费，后道工序不应采用集中连续的顺序装配同一产品，而应采用在某一单位时间内各品种出现的比率均等的顺序进行装配（采用混流生产），即均衡化生产。这样前道工序的负荷就会减少，每日平均生产成为可能。

【应用实例 4-6】某企业生产产品品种为 A、B、C 三种，三种产品在一条生产线上进行混流生产。A 品种生产节拍为 4.2 min/台，B 品种生产节拍为 3.8 min/台，C 品种生产节拍为 4 min/台。

没有实现均衡生产时，根据销售（产量）需求，产品组装线的生产节拍定为 4 min，如果采用连续生产的方式，则 A 类产品在装配时经常出现由于加工时间不足而造成工序生产越位的现象，也就是在生产节拍内不能完成装配任务，操作者必须进入下一道工序生产位置进行装配。而生产线在生产 B 类产品装配时，操作者有富余的加工时间，造成生产现场出现等待浪费现象。改善前生产计划如图 4-10 所示。

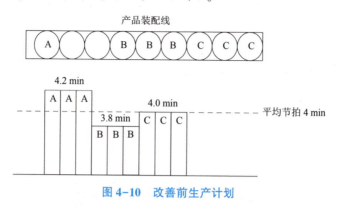

图 4-10　改善前生产计划

推行 JIT 生产，进行均衡生产时，生产节拍同样为 4 min，各品种生产过程中就会减少浪费，满足生产的需求。改善后生产计划如图 4-11 所示。

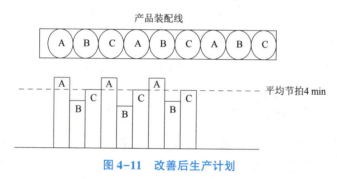

图 4-11　改善后生产计划

2. 生产流程化

生产流程化，是根据生产产品所需的工序，从最后一道工序开始，确定前面一道工序的类别，并依次恰当地安排生产流程，根据流程与每个环节所需库存数量和时间先后来安排库存和组织物流，尽量减少物资在生产现场的停滞与搬运时间，使物资在生产流程上毫无阻碍地流动。

精益生产方式的核心思想之一就是要尽量使工序间在制品数量接近甚至等于零。也就是说，前道工序加工一结束就立即转到下道工序进行加工，建立无间断的流程。流程化生产是实现精益生产的一个基本原理。

流程化生产的理想状态是加工一件、移动一件，即"一个流"生产，如图 4-12 所示。

【应用实例 4-7】某企业产品共有 A、B、C、D 四道工序，每道工序的加工时间都为 1 min/件，批量生产为 5 件与 1 件的生产周期如图 4-13 所示。

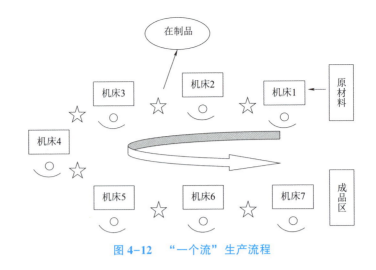

图 4-12 "一个流"生产流程

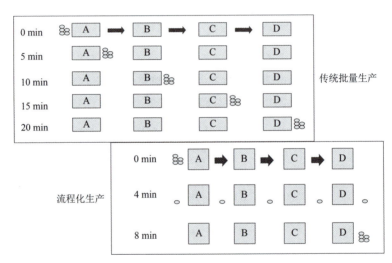

图 4-13 批量生产与流程化生产周期对比

3. 标准作业

标准作业，是指将作业节拍内一个作业人员所应担当的一系列作业内容标准化。生产中将一日或一周的生产量按分秒进行平均，所有生产流程都按此来组织生产，这样流水线上每个作业环节中单位时间必须完成的作业就有了标准定额，所有环节都按标准定额组织生产。因此，要按此生产定额均衡地组织物资的供应、安排物品的流动，如表 4-10 所示。

表 4-10 物流标准作业时间测定表

姓名：　　　　　　　　　　　　　　　　　　　　　　班组：

作业内容	时间					累计时间
走动						
送件						
集货						
回收空箱						

续表

作业内容	时间				累计时间
取信息					
前期准备					
调整周期					
等待					
工程					
时间总计					

4. 全面质量管理

由于企业推行 JIT 生产，企业针对产品质量的要求需更加严格。企业在制品、零部件质量的好坏决定了 JIT 生产能否顺利推行。

（1）推行 JIT 生产时，企业的库存在制品数量、供应商提供的零部件数量有限，甚至为"零"，没有更多的零部件备品供生产所用，一旦生产出现产品质量问题，就有可能造成企业生产总装线因零部件供应不及时或零部件质量不合格不能装配而停产，给企业造成生产损失。

（2）产品的质量关系到生产产品的节拍控制。生产节拍的控制及准时化物流供应，使操作人员没有时间进行不合格零部件的更换，因此，不合格的原材料、零部件坚决不能流向下一道工序。

5. 资源配置合理

资源配置的合理化，是实现低成本目标的最终途径，具体指在生产线内外，所有的设备、人员和零部件都得到最合理的调配和分派，在最需要的时候以最及时的方式到位。

从设备而言，设备包括相关模具实现快速装换调整。丰田公司发明并采用的设备快速装换调整的方法是 SMED 法。丰田公司所有大中型设备的装换调整操作均能够在 10 min 之内完成，这为"多品种小批量"的均衡化生产奠定了基础。但是，这种频繁领取在制品的方式必然增加运输作业量和运输成本，特别是如果运输不便，将会影响 JIT 生产的顺利进行。丰田公司通过合理布置设备，特别是 U 型单元连接而成的"组合 U 型生产线"，可以大幅度简化运输作业，使得单位时间内零件、在制品运输次数增加，但运输费用并不会增加或增加很少，为小批量频繁运输和单件生产、单件传送提供了基础。

知识拓展：
SMED 法

4.5.4　JIT 生产的目标

JIT 生产是丰田生产方式的一大重要支柱，要求每个企业员工都要积极主动地为企业生产进行改善。企业推行 JIT 生产要实现以下五个目标：一是企业在制品与产成品的库存量降低到最少；二是企业制造的产品废品率最低；三是生产前准备时间最短；四是减少无谓的搬运活动浪费；五是降低设备停机时间。

任务 4.6　看板管理

JIT 生产方式是以降低成本为基本目的，在生产系统的各个环节全面展开的、使生产有效进行的新型生产方式。JIT 生产采用看板管理工具，看板犹如巧妙连接各道工序的神经而发挥着重要作用。

4.6.1　什么是看板管理

看板又称传票卡，是传递企业生产管理信息的载体，是实现准时化生产管理的手段和工具。它既可以是一种卡片，也可以是一种信号、一种告示牌。看板作为一种实现 JIT 生产的管理工具，是丰田公司于 1962 年创建的，现在已经成为实现无库存生产方式最有效的一种途径。

丰田生产方式是采用拉动式生产管理方式，"从相反的方向观察生产流程"的逆向思维方式，即根据市场订货信息，根据订单的需求安排生产、编制生产计划，且生产计划只下达到企业最终装配线，最终装配线上的作业人员按照生产所需要的数量，在需要的时间到前道工序去领取所需要的零部件。由于装配作业人员领取了一部分零部件，前道工序为了补充被领取的零部件，只生产被领取的那部分零件。作业人员领取零部件的凭证，即传递、领取、生产信息的载体，就是看板。

看板管理在企业生产尤其是推行 JIT 生产的企业中极为重要。看板的使用及收集方法应在每个员工的头脑中形成必要的规则和行为规范，避免看板使用时出现差错。看板在使用过程中要坚持以下六条原则：

（1）没有看板不能生产，也不能搬运。

（2）看板只能来自后道工序。

（3）前道工序只能生产领取部分零件。

（4）前道工序按照收到看板的顺序进行生产。

（5）看板必须与实物在一起。

（6）不能把不良品交给下一道工序。

4.6.2　看板的作用

看板作为一种生产、运送指令的传递工具，经过 70 年的发展和完善，目前已经在很多方面发挥了重要作用。

1. 生产和运送的工作指令

记载生产和运送的工作指令是看板最基本的功能。看板中记载着生产和运送的数量、时间、目的地、放置场所、搬运工具等信息，从装配工序依次向前道工序追溯。在装配线上，将本道工序所使用的零部件上所带的看板取下，再去前道工序领取该零部件，前道工序只生产这些看板领走的量。"后道工序领取"及"适时适量生产"就是通过这些看板来实现的。

2. 防止过量生产和过量运送

"没有看板不能生产，也不能运送。"根据这一规则，各工序如果没有看板，则既不能生产，也不能运送；若看板数量减少，则生产量也相应减少。由于看板所标示的只是必要的生产量，因此，运用看板能够防止过量生产和过量运送。

3. 进行"目视管理"的工具

"看板必须附在实物上存放""前道工序按照收到看板的顺序进行生产"。根据这一原则，作业现场的管理人员对生产的优先顺序一目了然，很容易管理。只要通过看板所标示的信息，就可知道后道工序的作业进展情况、本道工序的生产能力利用情况、库存情况及人员的配置情况等。

4. 改善的工具

看板的改善功能主要通过减少看板的数量来实现。看板数量的减少意味着工序间在制品库存量的减少。如果在制品存量较高，则即使设备出现故障、不良产品数目增加，也不会影响后道工序的生产，因此，容易掩盖问题。在 JIT 生产方式中，通过不断减少看板数量来减少在制品库存，使得上述问题不会被无视。这样通过改善功能不仅解决了问题，还使生产线的"体质"得到了加强，使生产效率得到了提高。

4.6.3 看板的种类

看板的本质是在需要的时间，按需要的量对所需零部件发出生产指令的一种信息媒介物，而实现这一功能的形式可以是多种多样的。从用途上看，企业看板的分类如图 4-14 所示。

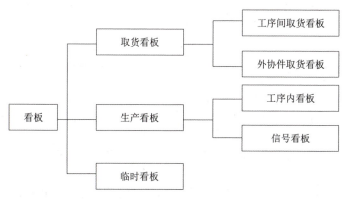

图 4-14 企业看板的分类

1. 工序间取货看板

工序间取货看板，是指工厂内部后道工序到前道工序领取所需的零部件时使用的看板。看板上标明的信息包括生产工序编号、工件存放位置编号、供货厂家编号、供货厂家名称、条形码、零部件号、产品数量、零部件名称、看板编号等。表 4-11 为典型的工序间看板，前道工序为部件 1#线，本道工序总装 2#线所需要的是零部件号为 A232-60857 的零部件，根据看板就可到前道工序取货。

表 4-11 典型的工序间看板

前道工序 部件 1#线	零部件号：A232-60857（上盖板） 箱型：3 型（绿色）	本道工序 总装 2#线
出口位置号 （POST NO. 12）	标准箱内数：12 个/箱 看板编号：2#/5 张	入口位置号 （POST NO. 4）

看板信息视企业生产需求而定，企业生产工序简单，生产线简单，则看板内的信息量也相对较少；反之，看板内的信息量较多。

2. 外协件取货看板

外协件取货看板，是指针对外部协作的厂家使用的看板。外协件取货看板与工序间取货看板类似，只是"前道工序"不是内部的工序而是供应商，如表 4-12 所示。通过外协件取货看板的方式，从最后一道工序慢慢往前拉动，直至供应商。因此，有时候企业会要求供应商也推行 JIT 生产方式。

表4-12　典型的外协件取货看板

前道工序 部件1#厂	零部件号：A232-6085C（上盖板） 标准箱内数：12个/箱 进货批量：300pcs	使用工序 工装1#线
出口位置号 （POST NO.1）	进货时间：××××/×/×× 厂商名称：××××× 看板编号：2#/5张	入口位置号 （POST NO.4）

3. 工序内看板

工序内看板，是指某道工序进行加工时所用的看板。这种看板用于装配线，以及即使生产多种产品也不需要实质性作业更换时间（作业更换时间接近于零）的工序。典型的工序内看板如表4-13所示。

表4-13　典型的工序内看板

零部件示意图		工序	前道工序→本道工序	
			热处理	机加1#
		名称	A233-3670B（连接辅助夹）	
管理号	M-3	箱内数	20	发行张数	2/5

4. 信号看板

信号看板，是指在进行成批生产的工序之间所使用的看板。信号看板挂在成批制作出的产品上。当该批产量减少到基准数时，摘下看板，送回到生产工序，然后生产工序按该看板的指示开始生产，如表4-14所示。另外，从零部件出库到生产工序，也可利用信号看板来进行指示配送。

表4-14　典型的信号看板

零部件示意图		工序	前道工序→本道工序	
			热处理	机加1#
		名称	A233-3670B（连接辅助夹）	
		基准	50	完工时间	××××/×/××
管理号	M-3	批量	100	发行张数	2/5

5. 临时看板

临时看板也称紧急看板，是指为了应对不合格品、设备故障、临时任务、额外增产、加班生产等需要库存的情况所发出的看板。与其他种类的看板不同的是，临时看板主要是为了完成非计划内的生产或设备维护等任务而暂时发出的，因此，灵活性比较大。临时看板仍采用领取看板或生产指示看板的形式。

4.6.4　看板的使用方法

由于看板的种类不同，使用方法也不相同。如果看板的使用方法制定不够周密，则生产就难以正常进行。在使用看板时，每个传送看板只对应一种零部件，每种零部件的看板按规定存放在对应的容器内。

1. 工序间取货看板的使用方法

工序间取货看板挂在从前道工序领来的零部件的箱子上，当该零部件被使用后，取下看板，放到设置在作业场地的看板回收箱内。看板回收箱中的工序间取货看板所表示的意思是"该零件已被使用，请补充"。现场管理人员定时来回收看板，集中起来后再分送到各个相应的前道工序，以便领取需要补充的零部件（如图4-15所示）。

2. 工序内看板的使用方法

工序内看板的使用方法中最重要的一点是看板必须随实物，即与产品一起移动。后道工序来领取中间品时，摘下挂在产品上的工序内看板，然后挂上领取用的工序间取货看板。该工序按照看板被摘下的顺序及看板所表示的数量进行生产，如果摘下的工序内看板数量变为零，则停止生产，这样既不会延误生产，也不会产生过量的库存（如图4-15所示）。

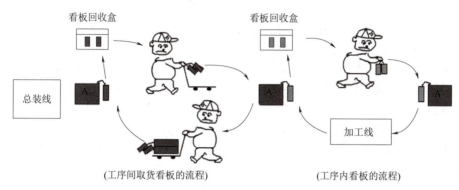

图4-15 工序间取货看板和工序内看板的使用

3. 外协件取货看板的使用方法

外协件取货看板的摘下和回收与工序间取货看板基本相同。回收以后按各协作厂家分开，等各协作厂家来送货时由他们带回去，成为该厂下次生产的指示。在这种情况下，该批产品的进货至少将会延迟一次以上。因此，需要按照延迟的次数发行相应的看板数量，这样就能够做到按照JIT生产进行循环。

4. 信号看板的使用方法

信号看板挂在成批制作出的产品上面。如果该批产品的数量减少到基准数，则摘下看板，送回到生产工序，然后生产工序按照该看板的指示开始生产；若没有摘牌，则说明数量足够，不需要生产。

5. 临时看板的使用方法

临时看板只有在设备保全、设备修理、出现临时任务或需要加班生产时发出。临时看板由高级主管授权，其数量有限，每个看板只使用一次，使用后立即收回。

4.6.5 看板组织生产过程

JIT生产是拉动式生产，通过看板来传递信息，从最后一道工序一步一步往前道工序拉动。使用工序间取货看板进行工序间的拉动式生产，使用工序内看板进行工序内的生产。工序间取货看板在前后两道工序间随着产品一起移动。JIT生产中，看板使用流程如图4-16所示。

用看板组织生产的过程的具体步骤如下：

（1）当工序内看板专用箱内的看板数量为"0"时，停止生产（休息）。

（2）后道工序生产员工开始使用零件箱的第一个零件时，工序间取货看板被取下，放置于专用工序间取货看板收集箱（存放处）中。

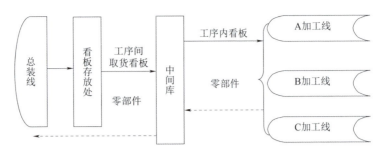

图 4-16　看板使用流程

（3）当看板收集箱中的看板达到一定数量时，搬运人员拿着取货看板，去前道工序（中间库）的出口存放处领取所需要的零部件。

（4）搬运人员在前道工序（中间库）的出口存放处，将工序间取货看板取下，放入前道工序（中间库）的专用工序间取货看板回收箱中，取走所需要的零部件，送到后道工序的入口存放处。

（5）前道工序作业人员从工序入口存放处看到工序间取货看板后，将其取下，并转化成工序内看板，同时将取下的工序间取货看板放入专用工序间取货看板收集箱（存放处）中。

（6）前道工序作业人员按照工序内看板内容组织生产。

（7）前道工序作业人员加工完成所需的数量后，将工序内看板附在盛有零部件的容器上，放置于作业的出口存放处。

表 4-15 为生产过程中看板的使用说明。

表 4-15　生产过程中看板的使用说明

序列	总装线	后道工序			前道工序		结果
	装配	收集箱	搬运活动		收集箱	生产线是否开动	
1	无	无	无		无	无	全体休息
2	有	有	有		无	无	装配线开动
3	无	无	搬运人员从看板收集箱内取出工序间取货看板，并拿着空零件箱到零件生产线领取零件		无	无	搬运人员开始搬运
4	无	无	无		有	搬运人员将工序内看板放入收集箱内，将空零件箱放下，将装有零件的箱子取走	
5	无	无	有		有	无	
6	无	无	无		无	生产作业人员从看板收集箱中取出工序内看板，按规定数量生产零件	零件生产线开动

【应用实例4-8】生产过程共有三道工序，如图4-17所示。从第三道工序的入口存放处，向第二道工序的出口存放处传递信息；第二道工序从其入口存放处，向第一道工序的出口存放处传递信息；第一道工序从其入口存放处，向原料库领取原料。这样，通过看板就可以将整个生产过程有机组织起来。

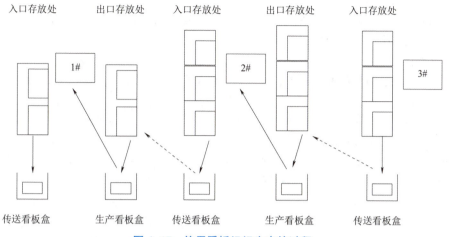

图4-17　使用看板组织生产的过程

目前，有些企业在看板管理中结合了MES（生产执行系统）和IOT（物联网）技术，有机地形成了电子化看板管理，更加提升过程效率。

任务4.7　丰田自动化生产

自动化是丰田生产方式的第二大支柱，是丰田生产方式管理的精华之一。丰田生产方式的自动化来源于丰田创始人丰田佐吉的管理理念，是丰田JIT生产体系质量保证的重要手段。

4.7.1　什么是自动化生产

丰田生产方式的自动化包含两部分内容：一是产品制造自动化，二是产品质量控制自动化。产品制造自动化，是指生产制造过程中从手工作业到生产机械化的自动化。只要操作人员打开设备开关，设备将自动开始生产工作。该自动化实现了生产效率的提高及大批量生产时操作者劳动强度的降低，但是设备无法识别出批量的不合格产品，产品质量改善问题滞后。因此，丰田生产方式中提到的自动化是第二部分内容，也就是"赋予机器以人类智慧的自动化"或"具有人类判断能力的自动化"。该自动化体现的是"自动控制不正常的情况"，是机器能够识别与判断产品制造过程中，产品质量是否出现问题，以及出现问题后机器应如何应对的自动化。

4.7.2　自动化生产实施手段

为了完善地实现准时化生产，生产过程中依次流往后道工序的零部件必须是100%合格的在制品，因此，零部件在制品的质量检测和控制是极为重要的。丰田公司认为，统计抽样是不合适的，应该摒弃任何可以接受质量缺陷水平的观念，实行"自我全数检验"。丰田公司的"自我全数检验"是建立在生产过程中的自动化，即是建立在自动化缺陷控制基础上的。

丰田公司的"自动化缺陷控制"，主要是通过三个技术手段来实现的。

1. 异常情况的自动化检测

异常情况的自动化检测是丰田公司自动化的首要环节。因为检测装置（或仪器，如限位开关和电眼等）如同人的眼睛，它可以感知和发现被加工的零部件在制品或制造过程是否有异常情况发生，并把所发现的异常情况的信息传递给接收装置，由后者发出各种动作指令。这些自动化检测技术与手段比那些凭人的感觉判断的方法要优越得多，因为它不仅能保证产品质量，而且还解除了作业人员精心留意每个作业细节的烦恼，从而更有助于提高人的生产效率。

例如，丰田公司在生产过程中广泛使用了限位开关和电眼等接触式检测装置和手段，它们被用来测试零部件或产品在形状和尺寸上与正常情况的差异，自动检查是否存在某种质量缺陷。为了有效地使用这两种接触式检验装置，丰田公司有时会特意将基本相同的零部件设计成不同尺寸和形状，以便于检测装置自动识别和区分。

2. 异常情况下的自动化停机

当上述检测装置发现异常情况时，它会立刻自动地发出指令，停止生产线或机器的运转。当然，生产线或机器自动停止运行后，现场的管理人员和维修技术人员就会马上到达事故地点，和作业人员一起迅速查清故障原因，并采取改善措施。

应该指出的是，丰田公司的管理者特别强调两点内容：一是发现质量缺陷和异常情况必须立刻停止生产；二是必须立刻查清产生质量缺陷和异常情况的原因，并彻底纠正，使其不再发生。这样，只要有不合格在制品或异常现象产生，它们就会立刻显露出来。而当问题显露出来时，生产线必须停止运行，从而使人们的注意力集中到问题上，改善活动就会自动地开展起来。

3. 异常情况下的自动化报警

丰田公司的自动化不仅要求自动发现异常和自动停止生产，而且要求把发生的异常以报警的方式显示出来。

丰田公司生产现场中最常用的报警方法就是灯光显示。通常，丰田公司把这类显示牌悬吊在生产现场最醒目的位置上，以便于现场管理人员和技术人员看到它们。此外，许多情况下，丰田公司在灯光显示牌上使用不同颜色的灯光，以表示不同的情况。这种方法既简便实用，又便于"目视管理"，即便于现场管理人员用眼睛了解和掌握现场的生产状况。

例如，丰田公司在生产现场的每条装配线上和每条机加工生产线上都安装了包括呼叫灯和指示灯在内的灯光显示牌。呼叫灯是在异常情况发生时，作业人员呼叫现场管理人员和维修技术人员使用的。通常，呼叫灯配有不同的颜色，不同的颜色表示不同的情况。指示灯是用来指示出现异常和发生呼叫的工位。丰田公司生产现场的每个工位都设置了"生产线停止开关"。当出现异常情况时，作业人员就可以按动开关，使生产线停止运行。与此同时，灯光显示牌上的红色指示灯就被点亮，明确地指示出使生产线停止运行的工位。指示灯的另一个作用是，当呼叫灯点亮时，指示灯也被点亮，明确地显示出求助呼叫的工位，每当生产线停止运行，或有求助呼叫时，现场的管理人员和维修人员就会在信号的引导下，奔往事故地点。

"安东"呼叫系统使用流程如图4-18所示。

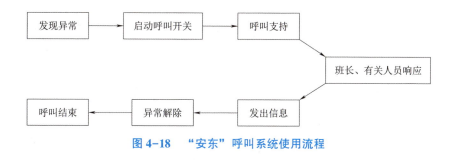

图 4-18　"安东"呼叫系统使用流程

4.7.3　自动化生产的优点

通过自动化生产，机器起到了保证产品质量的作用，生产设备不生产不良品。如果发现不良品出现，则机器将自动停机，这样可以使产品质量得以提高。

1. 人机分离，实现"省人化"

通常在加工零部件时，操作步骤多为操作者将原材料装卡在机床卡具上，启动机床开关，机床自动加工。这时操作者处于等待机床加工状态，待机床自动加工完毕，操作者将零部件取出，重新填入新的原材料进行下一零部件的机械加工，如此循环生产制造，如图 4-19 所示。这时的生产制造是每人一台机器，操作者在加工过程出现了等待浪费现象。

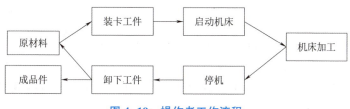

图 4-19　操作者工作流程

操作过程中，操作者在机床加工时期对机床进行监控，操作者处于双手空闲等待机床加工零部件的状态。操作者之所以双手空闲等待，是因为机器无法自动停止、企业没有进行加工流程的改善和机床的合理布局。

丰田生产方式的自动化针对此问题进行了有效的改善，提出了人机分离的概念，其方法如下：

（1）改善机床。将机床进行一系列的改善，加装一些必要的控制装置，如光敏开关、机械行程开关、挡块、加工程序等，使机床在加工完毕时能自动停止，等待操作者恢复控制装置，进行下一步操作指令。

（2）机床合理布局。对企业机床进行有效的合理布局，尽可能形成 U 形路线，实施单元式生产（如图 4-20 所示）。U 形路线、单元生产方式可以使操作者在 A 机床加工零部件时，进行 B 机床的工件装卸操作；当 B 机床进行工件加工时，操作者可以对 C 机床进行装卸操作，当 C 机床加工零部件时，操作者回到 A 机床进行装卸。以此类推，实现了机器与操作者的高效率生产，减少了企业的浪费现象。

2. 推行多技能操作

以往企业的操作者，大多只具备单一工种的操作技能，劳动效率低下，工作范围狭窄，操作者的工作内容长期不变，使员工对工作产生了疲劳感。同时由于操作内容单一，企业员工不能相互替代，造成员工人数不断增加，生产成本增大。

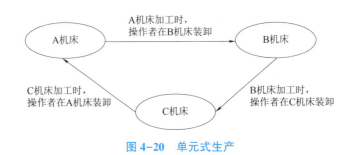

图 4-20　单元式生产

丰田生产方式的自动化，要求企业员工必须具备多技能操作，如面对 A、B、C 三类不同机床的操作，可以适应企业生产产品品种的变化。企业员工不但掌握一种机床及产品的加工操作，同时还会使用其他机床加工不同种类的产品。企业员工在多技能操作的过程中得到了技能的扩展、新知识的培训，使员工的个人素质得以提高。

丰田生产方式的"自动化"是要生产设备具有"发现问题，及时自动停机，并等待操作者恢复正常状态"的功能。自动化是丰田生产方式生产体系中，产品质量保证的重要手段。准时化要求企业必须让 100% 合格的产品流向生产下道工序，而且要有节奏，没有拖延，否则生产组装线将出现停止生产的状况。

物　流　素　养

企业不能盲目学习和引进 JIT 生产。JIT 生产最值得学习的是一种精神，而不是具体做法。这种精神就是工匠精神。所谓工匠精神，第一是热爱你所做的事，胜过爱这些事给你带来的钱；第二就是精益求精，精雕细琢。精益管理就是"精""益"两个字。在日本企业的观念里，将产品合格率从 60% 提高到 99%，与从 99% 提高到 99.99% 是一个概念。他们不跟别人较劲，只跟自己较劲。

以小组为单位，讨论与思考：

1. 什么是工匠精神？其基本内涵有哪些？
2. 工匠精神在当今企业生产管理中有何重要的学习价值？

任务 4.8　实现生产物流准时化

准时化生产是以市场需求为中心的拉动式生产管理方式。企业生产严格地按客户需求组织采购、运输、加工、配送等活动，最大限度地减少库存，降低企业生产成本。准时化管理的核心内容是消除浪费，过量库存、重复采购、迂回运输等现象都是企业生产物流过程中的浪费，准时化管理可以通过消除浪费从而控制和降低物流成本。

4.8.1　什么是准时化物流

JIT 生产思想诞生后，物流管理专家从物流管理的角度对此进行了大量的研究工作，将 JIT 生产理论与准时化思想运用到物流管理中，起到了很好的效果。准时化物流的概念是从准时化生产演变而来的，是准时化生产制造的延伸，其实质就是要求企业生产组织在各个环节做到在准确的时间、准确的地点、提供准确的产品，达到消除浪费、节约时间、节约成本和提高物流服务质量的目的。

准时化物流，是指按用户要求，以最少的费用总数，将物质资料（包括原材料、在制品、产成品等）从供给地向需要地转移的过程，主要包括运输、储存、包装、装卸、配送、流通加工、信息处理等活动。它强调只在必要的时间，供应必要数量的产品。具体是指，上游产品在规定的时间内，准确及时地满足下游产品生产的需求，除了数量和质量，强调时间既不能超前或提前，也不能滞后或落后。无论是在上游生产之后，还是在下游生产之前都不应存在超出规定的或者不合理的库存。

准时化物流是企业物流的较高水平，它通过准时供应，减少生产环节以外的库存，从而达到降低成本的目的。物流是准时化的一个手段，可以说，准时化生产的基础是卓越的物流管理。

4.8.2 准时化物流的特点

1. 以客户需求为中心

在准时化物流体系中，顾客需求是驱动生产的源动力，是价值流的出发点。价值流流动要靠下游顾客需求拉动，当顾客没有发出需求指令时，上游任何环节不提供服务，而当顾客需求指令发出后，则快速提供服务。

2. 准时性

在准时化物流体系中，时间更多地带有"时点"的含义，在获取顾客的需求信息到消费者拿到产品的整个物流过程中，始终强调的是准确的时间点，而不是一个时间段。从这种意义上讲，时间就是企业的核心竞争力，把握好准时化中时间的价值，就把握了企业成本的关键，也就把握了企业立足于市场的关键。

3. 准确

准确包括准确的信息传递、准确的库存、准确的客户需求预测、准确的送货数量等。准确是保证物流准时化的重要条件之一。

4. 快速

准时化物流体系中的快速包括两方面含义：一是物流系统对客户需求的反应速度；二是产品在流通过程中的速度。准时化物流系统对客户个性需求的反应速度取决于系统的功能和流程。当客户提出需求时，系统应能对客户的需求进行快速识别和分类，制定出与客户要求相适应的物流方案。产品在物流中的快速性包括产品停留的节点最少、流通所经路径最短和仓储时间最合理，从而实现物流整体的快速性。

5. 零库存

准时化物流则认为任何形式的库存都是浪费的，必须予以消除，它把"零库存"作为最终目的。在宏观条件不成熟时，它通过把库存推到上游企业来实现自己的"零库存"。它对库存的要求不同于传统的方式，在准时化物流中，原材料库存不利于降低成本，应尽量减少；在制品库存则属于浪费，应当消灭；产品库存是直接面对客户的，追求的是"零库存"。

6. 信息畅通

准时化物流要求的是一种拉动式系统，信息不畅就会导致瓶颈的产生，这就需要对供需信息加强管理，使信息能及时得到收集整理、分析和发出，从而减少浪费、节约成本，以保证整个物流的畅通。

7. 团队合作

企业推行准时化生产，推行准时化物流供应，必须有一个良好的团队意识，企业各部门及企业的供应商必须相互协调一致，才能实现准时化管理。准时化物流体系中的团队协调包含了两层含义：一是企业内部的协调，它强调的是企业内部能步调一致；二是外部协调，它强调企业与供应商之间要最大限度地准时化供应。

4.8.3　准时化物流的设计

准时化物流包括厂外物流和厂内物流。厂外物流是指供货商或工厂与工厂之间的物流，可分为采购物流和工厂间物流；而厂内物流则包括车间之间物流、生产线之间物流和受入物流，受入物流包括生产线物流、配货场物流和集货场物流。

1. 工厂间物流

工厂间物流经常采用混载、中继物流、物流时刻表三种形式。

（1）混载。混载是指一次配送中实现向多个供应商或者多个工厂接收和配送不同货物的运载方式。混载有目的地混载和出发点混载两种方式。

1）目的地混载，主要是指企业物流运输车辆从一家供应商向多家企业供应物料的运输方式。其特点是一次性将多种物料收集，并按时配送到生产现场。

2）出发地混载，主要是指车辆出发时将物料进行混载，多家供应商向一家企业供货。其特点是可以提高车辆的使用率，降低供应商的成本。

（2）中继物流。当供应商距离厂家比较远，而供应商之间较近时，可采用中继物流的运送方式，其中中转站在供应商与厂家之间，且距离供应商较近的地方建立，供应商与中转站之间的运输属于支线运输，中转站与厂家之间的运输属于干线运输。

（3）物流时刻表。企业生产实现准时化物流供应，首先要有计划、规则，生产企业应针对生产的需求、供应商零部件的供应情况编制生产企业准时化物流时刻表，如表4-16所示。

表4-16　物流时刻表

零件（材料）	物料道口	物流时间	器具容量	器具数
保险杠	1	8：10—8：30	4	2
座椅	1	8：30—8：50	6	
护板	3	8：10—8：30	10	2
空调	3	13：10—13：30	4	4
前灯	2	8：10—8：30	20	1
…	…	…	…	…

企业生产物流时刻表的编制应考虑企业生产及企业物流条件的限制。例如，应考虑企业生产物流设备设施的布局、生产企业的物流路线、物流场地、自然天气（雨、雪、雾、风）等对物流的影响，还应考虑供应商零部件的体积、质量、数量。

2. 厂内物流

企业生产线供应（配送）物流是企业厂内物流的主要工作项目，是企业正常生产的保障。生产线准时化物流，是指为了满足产品生产的需求，及时准确地供应物料。生产线准时化物流管理包括企业生产线物流和企业配送站物流。

（1）企业生产线物流。生产线物流配送是生产用料从配送站出发到生产工位的物流过程，是企业能否准时化物料供应，提高生产效率的关键点。

企业生产线物流设计的基本原则如下：

1）企业生产线设计应紧凑，生产线布局和设计直接关系到生产物流的效率与速度，生产线过于分散势必造成物流距离过长、物流配送车次增加、操作人员增加。

2）生产线物料配送的物流量、各路线的配送小车行走时间应均衡，物流人员的工作量应大致相等，并且满负荷生产配送，这样可以使物料的配送标准化、生产物料配送质量可控。

知识拓展：
物流山积表
制作过程

3）利用物流山积表均衡每位物流人员的作业时间，并使其满负荷，以达到少人化的目的。

4）体积较大的物料在生产现场应尽量分散摆放，尽量减少装配线物流人员的行走距离，体积较小的物料应尽量采用货架码放，物流人员可以一次拿到多样物品，提高生产装配效率。

5）质量大的零部件放在货架底部，以降低整个货架重心，提高物流人员的安全性，延长器具使用寿命。

简单地说，企业内部物流配送路线设计的目的就是使物流人员高效率、满负荷、低成本、高质量、准时地将物料送达生产工位。

【应用实例4-9】甲、乙物流人员运送物流所用时间如图4-21所示。

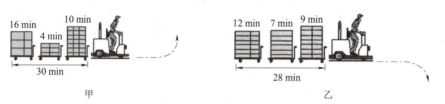

图4-21　甲、乙物流人员运送物流所用时间

甲、乙两人工作时间相差2 min，基本均衡。物流班组所有人员的工作时间节拍均衡如图4-22所示。

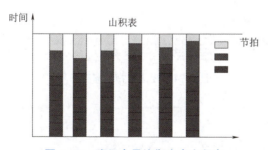

图4-22　班组人员均衡生产山积表

（2）企业配送站物流。配送站物流就是企业生产现场的中转站物流，企业的中转站是指企业生产现场的物料配货区，在企业中简称PC区。中转站实际就是一个小型的物料储存区，其内部可容纳的物料数量较少，基本是2～4 h的生产用料数量。生产线用料的90%来源于中转站的物料配送，只有小部分（10%左右）体积较大的物料直接从供应商厂家送到生产装配线。

配送站物流的主要作用就是根据生产计划、生产装配的要求，将物料进行分拣、组配、编序供应生产线装配所用。

企业配送站物流设计的基本原则如下：

1）生产企业物料配送站的建立、选址应尽量靠近企业生产线，且配送站物料储存区的物料、货架摆放也应与生产线工序一致，以便物流人员快速分拣、组配。这样可以减少物流的行走路线，提高劳动效率，减少不必要的浪费。

2）运输车（配送小车）的行走方向与生产线的运行方向一致，这样可以减少载货时间。

3）运输车（配送小车）的装货顺序应与生产线卸货顺序相反，先卸的物料后装车，以避免生产线物料配送二次装卸。

4）配货区货架零件的摆放基本按生产工序的顺序。

5）质量大的零部件放在运输车的底层，以降低运输车的重心，便于运输，同时减小对其他零部件的挤压变形。

【应用实例4-10】 生产线配送流程中，生产线布局如图4-23所示；配送站物料储存应与生产线相对应，如图4-24所示；配送小车的装货顺序应与生产线卸货顺序相反，先卸的物料后装车，避免二次装卸，如图4-25所示；配送小车行走方向与生产线运行方向一致，如图4-26所示。

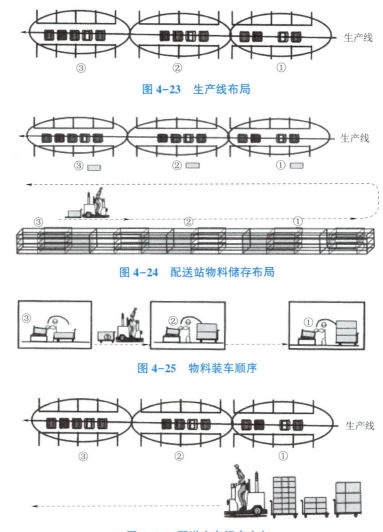

图4-23　生产线布局

图4-24　配送站物料储存布局

图4-25　物料装车顺序

图4-26　配送小车行走方向

（3）企业集货场物流。集货场实际也是中转站，设计时应靠近配货场。另外，集货场的面积与混流品种、包装数量有关：混流越多，包装数量越大，集货场的面积就越大。

课堂笔记

4.8.4　准时化物流的控制方法

为了有效地实施准时化物流，企业需要采用各种不同的管理加以控制。

1. 需求拉动式的物流管理

随着市场变化的不断加剧和客户需求的多样化，物流管理模式更多地偏向需求拉动式。需求拉动式的物流管理方式最适合要求独立的情况。换句话说，不管市场发生什么样的变化，均能对其做出最恰当反应的物流管理模式。

微课：实现准时化物流的保障

JIT 生产的显著特点之一是强调消除浪费的理念，即超出产品或零部件增加价值所需要的绝对最小数量的部分都是浪费。JIT 生产的这种理念有效地消除工作过程的库存，采用的方法是后道工序拉动前道工序的采购或生产。"准时战略"的应用集中于将原材料或零部件，以准确的数量，在准确的时间内，送到准确的地点。实施 JIT 物流战略，可根据具体的需要使得生产所需要的原材料或零部件准时到达，从而减少由于过早或过晚送达生产工序所在地引起的不必要的损失。

2. 准时化采购

准时化采购即 JIT 采购，是一种先进的实现 JIT 原理的采购模式。它的基本思想是：在恰当的时间、恰当的地点，以恰当的数量、恰当的质量提供恰当的物品。它是从 JIT 生产发展而来的，是为了减少库存和不必要的浪费而进行的持续性改进。要进行 JIT 生产，必须有准时的供应。因此，JIT 采购是 JIT 生产管理模式的必然要求。它和传统的采购方法在质量控制、供需关系、供应商的数目、交货期的管理等方面有所不同，其中供应商选择、建立战略合作伙伴关系、采购质量控制是其核心内容。

要实施 JIT 采购，以下三方面内容是十分重要的：

（1）选择最佳的供应商，并对供应商进行有效的管理，这是 JIT 采购成功的基石。

（2）供应商与用户的紧密合作，这是 JIT 采购成功的钥匙。

（3）对采购质量进行卓有成效的控制，这是 JIT 采购成功的保证。

在实际的采购工作中，如果能根据这三方面开展采购工作，那么实施 JIT 采购成功的可能性很大。

3. 第三方物流企业直送工位

第三方物流企业直送工位（third party logistics-hub，3PL-HUB），是指在产品制造商附近，设立由第三方物流企业管理的集配中心，用于储存来自上游供应商的所有或部分供应物料，第三方物流企业根据制造商的日装配计划将物料分拣出来后直接送往制造商的生产工位。它主要关注的是供应链中产品制造商的进向生产物流。第三方物流企业直送工位主要的运作特点是：基于高度的信息共享，以核心制造企业的 JIT 生产方式，拉动第三方物流集配商的 JIT 同步物流活动，再以 3PL-HUB 根据各供应商的库存状态和补货信息拉动供应商的生产，从而实现供应链的协同运作。

（1）第三方物流企业直送工位运作活动。第三方物流企业直送工位的运作活动主要包括第三方物流集配商对核心制造企业所需原材料、零部件等物料的集中入库和管理活动，以及按照核心制造企业物料需求计划直送工位的活动。

1）第三方物流集配商将来自各地的不同供应商的原材料零部件集中管理。供应商可以自行将零部件送到集配中心，也可以是集配商上门取货。上门取货的优点在于众多供应的原材料、零部件可以在集配中心进行集中入库。在第三方物流企业直送工位运行的过程中，第三方物流企业从核心制造企业需求信息的发布开始，到供应商零部件的发运和入库，实行全程跟踪，确保准时供货，尽量减少供应物流环节的不确定性。

2）第三方物流集配商对暂存的物料进行集中库存控制和仓储管理。集配中心向供应商及时提供库存动态信息，使供应商能够根据零部件的特点制定不同的安全库存和前期策略，从而有效利用储存空间，降低库存成本。

3）第三方物流集配商与核心制造企业合作，共同开展质量检验活动。

4）第三方物流集配商承担直送工位的任务。根据核心制造企业的物料需求的周计划或日计划，制订相应的配送计划，将集中入库的原材料、零部件进行分类、拣选、组装、排序后直送核心制造企业的零部件缓存区域，而后根据生产线工位旁料架上零部件的实际消耗情况，从缓存区域的零部件超市中将所消耗的相应数量和品种的零部件直接送到对应工位。

（2）实施第三方物流企业直送工位的条件。第三方物流企业直送工位活动的成功开展需要有一定的前提条件。

1）生产或供应的规模经济。当生产厂商所需要的原材料规模较大时，通过 3PL-HUB 进行集中的库存管理、JIT 配送及直送工位的成本才会有所降低，这样才会通过规模经济效应降低整个供应链的成本。

2）供应商在地理位置上远离制造厂商。如果供应商离制造厂商较近，则供应商自己可以将原材料直送工位，从而有效地支持 JIT 生产；当全部或至少部分的供应商远离制造厂商时，如果还是采用供应商直送工位的方式，则供应商每天多次的直送工位活动很难降低运作成本，而供应商直接将原材料、零部件送达第三方物流集配中心，由集配中心进行第三方物流企业直送工位，是一种更好的选择。

3）需要先进的信息技术支持。第三方物流企业直送工位过程中，供应商、第三方物流集配中心、制造商之间要求及时共享信息，需要电子数据交换（EDI）、互联网等信息技术的支持，才能实施供应链的同步运作。

4）第三方物流企业具有较强的物流运作能力。从需求计划的发布，到原材料的入库管理，第三方物流企业需要全程跟踪，确保零部件及时入库，维持低库存的运作，保证不缺货，同时根据生产企业的日需求计划将品种繁杂的零部件适时送达生产工位，整个运作是一个环环相扣的供应链协同或同步化运作过程，因此，需要第三方物流企业具有很强的整体运作能力。

5）有效的供应链协同平台。供应链管理平台是第三方物流企业直送工位活动开展的关键之一。供应商、第三方物流企业及核心制造企业之间的信息共享和协同运作主要通过此平台进行。供应链管理平台要与核心企业的 ERP（企业资源计划）系统有效衔接，制造商可以在平台上发布生产需求计划与供应商进行信息共享，实现供应商评价、结算信息查询及生产、质量、人员、库存监管等功能。同时供应链管理平台也要与第三方物流企业信息系统有效衔接，第三方物流仓储管理系统将各种物料的库存状况发布到平台，核心制造企业从协同平台上获取各种物料的库存状况，将运行物料需求计划后产生的周需求计划和日需求计划通过协同发布给第三方物流企业，据此制订配送计划，将各种物料直送工位。

SGM 汽车公司的困境

SGM 是一家中美合资的汽车公司，它拥有世界上最先进的弹性生产线，能在一条流水线上同时生产不同型号、不同颜色的车辆，每小时可生产 27 辆汽车，在国内首创订单生产模式，即根据市场需求控制产量，同时生产供应采用 JIT 运作模式。为此该公司需实行零库存管理，所有汽车零配件的库存在运输途中，不占用大型仓库，仅在生产线旁设立小型配送中心，维持最低安全库存。这就要求公司在采购、包装、海运、港口报关、检疫、陆路运输等一系列操作之间的衔接必须十分密切，不能有丝毫差错。

在实际执行过程中，SGM 汽车公司的市场计划周期为一周，而运输周期为 4 个月。这样一来，市场计划无法指导运输的安排，为了确保生产的连续性，该公司只能扩大零配件的储备量，造成大量到港集装箱的积压。结果形成以下状态：加大库存量，不得不另租用集装箱场地；为解决部分新零件的供应，在库存饱和状态下，只能采取人工拆箱的方法，工人们 24 h 拆箱仍跟不上生产计划的进度；由于掏箱次数增多，SGM 汽车公司的信息管理系统混乱，无法确认集装箱的实际状态，造成物流总成本大大增加。

问题：

1. 请分析 SGM 汽车公司的瓶颈何在。
2. 你认为如何才能解决 SGM 汽车公司的困境？

前沿视角

数字化转型的新趋势：价值流管理

价值流是指从原材料转变为成品，并赋予价值的全部活动，包括从供应商处购买的原材料到达企业，企业对其进行加工后转变为成品再交付客户的全过程，企业内及企业与供应商、客户之间的信息沟通形成的信息流也是价值流的一部分。价值流包括增值与非增值，是产品从无到有过程中所要求的全部活动汇集，其中包括设计流（研究怎么样把产品卖得更贵）和生产流（研究产品的成本、效率、一致性）。

大野耐一曾经说过，丰田生产方式研究客户下订单到把货物交给客户，并收到客户付款的整个过程，并且通过消除这些过程中的浪费来缩短这个周期时间。所以经济生产很重要的一方面就是分析产品的整个价值流，并通过消除浪费来缩短价值流的周期时间。1998 年麦克·鲁斯和约翰·舒克撰写 *learning to see* 一书中总结了价值流及其应用方法，随后在制造业尤其是汽车行业得到一致认同和好评，从 20 世纪 90 年代引入国内广泛推广应用。

一、精益价值流管理的四个阶段

精益的核心思想就是消灭浪费，精益价值流分析是系统挖掘浪费的最有效工具之一，再运用系统化的改善方法为企业实现增值提效，现有的智能制造案例可以说是精益改善的最高结晶。从工业发展机械化、自动化、信息化、智能化四个阶段来看，精益生产在每个阶段都对企业的生产管理起到促进作用。

第一个阶段，机器分散布置，产品不断下线，存在大量人工搬运工作。处于最传统、

课堂笔记

实战训练4-3

最基本的生产管理阶段，只用精益工具中的八大浪费理论就能识别各种浪费，提高员工的作业效率，再把一些好的工艺要求、作业动作、操作方法、工装治具固化下来，形成标准作业。

这个阶段用传统的价值流分析能带来肉眼可见的变化。首先成立任务小组，用2~3天时间，现场用秒表计时间、点库存、测周转距离、人机物等待时间等，共同绘制一张价值流图并进行分析，通过计算节拍、增值比找到问题并分析问题原因。然后制定改善对策，设定改善目标。最后任务小组达成一致意见并进行任务分配，实施改善活动，定期汇报改进成果，不断循环进行此类活动。

第二阶段，调整机器布局，基本实现流水作业，产品基本不下线，有技改立项，局部自动化改造。处于局部自动化、流动生产阶段，在第一阶段价值流分析的基础上，将标准作业成果持续改进，机器取代人工，进行简单重复作业或高强度作业，实现少人化、流水作业。产品不下线，最大限度减少在制品库存，取消周转搬运，人工配合设备生产，提升设备产能，提高日产量。

产能提升势必需要销售人员开发更多的订单，就会出现不同要求、不同数量、细微差别的多种订单，在信息化不健全的状态下，依靠人工干预机器，在采购物料齐套、生产换产、包装发货等多环节、多变量信息交集时，会出现物料到货不及时、生产不齐套、停机待料、用错物料、包装信息不一致、发货装运卡慢等诸多问题。价值流分析就要从原材料到产品交付的生产环节改进，延伸至从顾客需求到产品交付的全部活动改进（包括顾客需求收集、分析、概念设计、产品设计、工程开发、生产制造、供应商管理及订单交付、销售物流、客户服务等），通过对"物的流动和信息的流动"进行梳理、分析和改进，以达到生产流畅的目的。

第三阶段，打造全流程自动化生产线，定制化研发机器人。处于全面导入自动化阶段，通过技改、局部自动化发现了自动化带来的效率提升和效益增长，准备全面实施自动化改造或上马整条自动化生产线，攻克全流程自动化的最后一公里，嫁接资源或定向研发机器人/机械臂，满足特定工艺要求。

在第二阶段价值流分析的基础上，识别自身瓶颈工序及设备问题，明确改进方向，利用前期改善经验延伸至非标和有难度的自动化改造课题上，实施改善，持续进步，摸索打造全流程自动化生产线。

第四阶段，已经实现全流程自动化生产，辅以信息化系统实时抓取数据。处于自动化、信息化生产阶段，企业容易产生优越感或者迷失方向，误以为进入智能制造阶段。此阶段大多存在以下几种现象：①花大价钱购置成熟设备，几条生产线布置在车间很壮观；②基于特定工艺研发的机器人，成为国内或行业首条自主知识产权生产线，参数性能严格保密，不让看、不能动；③设备一响，黄金万两，管理者只关注设备是否正常开动，不敢动、不敢调、不会调，机操工沦为设备的奴隶，出了故障花钱请设备厂来人维修；④新产线经过调试完成交付，只要能开动生产出产品，就默认设备可以使用，至于是否达到最优状态，无人质疑。

调试的生产节拍一定是最短的吗？多台机器协同作业设计的数量一定是均衡的吗？生产线平衡是否达到了最优？产线设计流动长度是否为最短距离？部分设备调试是否存在能耗过高？设备性能、产线效率是否存在进一步的提升空间？这一系列的问题正是对精益生产工具、价值流分析运用的检验，反向验证现行设备是否达到了最优性能，在此基础上是否还存在改善进步空间。

以上四个阶段都会运用到各种精益工具，自动化程度不同、信息化水平不同、企业管理制度流程健全程度不同，通过价值流分析均可识别出需要改进的问题，有效运用价值流分析及系统改善工具，在工作中充分实践，双向验证改进成果，让改善永无止境。

二、价值链管理的未来发展趋势

价值链管理的发展主要包含以下几个方面：

1. 数据化与智能化的管理

管理的核心是数据和信息，企业需要充分利用新一代制造技术和先进的管理趋势，借助物联网、云计算、大数据等技术实现数据化、智能化和自动化管理。企业可以通过数据分析和机器学习技术来获取更多的商业机会和提高运营效率。

2. 思维创新和开发新模式

企业可以创新公司运营模式和制造产品的方式，创造更明确的竞争策略，钻研用户需求，深化自身价值链和生态系统。同时，在整个产业价值链上寻找新的盈利点和提升点。

3. 技术和业务的融合

企业需要通过连接技术和业务实现转型升级，借助物联网和大数据等技术，整个产业的网络效应更强，重新整合和设计价值链上的环节，将操作提高到新的层次。

4. 产业集群和协同发展

产业集群可以为企业提供共享资源、协同合作、共享信息等，实现组织协作和技术联合，从而提高市场响应和创新能力。产业集群协同发展是一种新型的经济合作模式，实施网络效应和平台竞争战略，是这一模式的经济形式。

价值链管理发展的趋势和变化，随着经济体系的兴盛和技术革命的变化而在不断增长和创新中。随着全球化和数字化的快速发展，由以生产和制造为中心的价值链管理模式正在转向以用户为中心的同体生态系统。企业需要求新求变，加强创新和团结，才能更好地适应市场的变化和挑战。

（资料来源：baijianhao.baidu.com，2023-03-06）

知识检测

一、单项选择题

1. 将企业生产物流划分为单件生产、大批量生产和多品种小批量生产三种类型的依据是（　　）。

A. 生产专业化的程度　　　　　　　B. 工艺过程的特点

C. 生产方式　　　　　　　　　　　D. 物料流经的区域

2. 关于精益生产模式下推进企业生产物流管理模式特点的说法，正确的是（　　）。

A. 以最终用户的需求为生产起点，拉动生产系统各环节对生产物料的需求

B. 在生产的组织上，计算机与看板结合，由看板传递后道工序对前道工序的需求信息

C. 将生产中的一切库存视为"浪费"，认为库存掩盖了生产系统中的缺陷

D. 在生产物流计划编制和控制上，围绕物料转化组织制造资源

3. 准时化生产方式认为（　　）是一切问题的根源，使问题得不到解决，就像水掩盖了水中的石头一样。

A. 过量的生产　　　　　　　　　　B. 过量的库存

C. 多余的搬运　　　　　　　　　　D. 多余的动作

项目4知识检测答案

4. （　　）属于 JIT 生产方式的基本思想。

A. 只在需要时候，按需要量，生产所需要产品

B. 杜绝浪费

C. 追求零库存生产

D. 按客户的具体需求定制产品

5. JIT 生产方式的核心思想是（　　）。

A. 零废品　　　　　　　　　　　　B. 零库存

C. 交接时间短　　　　　　　　　　D. 消除一切无效劳动和浪费

6. （　　）又称传票卡，是传递企业生产管理信息的载体，是实现准时化生产管理的手段和工具。

A. 订单　　　　　B. 看板　　　　　C. MRP　　　　　D. 托盘

7. （　　）是针对外部的协作厂家所使用的看板。

A. 工序间取货看板　　　　　　　　B. 外协件取货看板

C. 工序内看板　　　　　　　　　　D. 信号看板

8. （　　）是指能在相等的时间间隔内完成大体相等的工作量或稳定递增的生产量。

A. 平行性　　　　　B. 比例性　　　　　C. 快速性　　　　　D. 均衡性

9. 企业生产物流中，生产物流的作用表现为对产品价值提升的（　　）。

A. 时间效用　　　　B. 资金效用　　　　C. 生产效用　　　　D. 空间效用

10. 在 JIT 生产方式下，基于需求拉动式原理，产品的生产指令只下达到（　　）。

A. 第一道工序　　　B. 最后一道工序　　C. 关键工序　　　D. 任一道工序

二、多项选择题

1. 企业生产系统中物流特征表现在（　　）。

A. 物料按时间顺序流动

B. 物料按工艺流程流动

C. 物流作业与生产作业紧密关联，相互交叉

D. 物流连续、有节奏地按比例运转

2. 根据物流的连续性，生产过程主要分为（　　）几种类型。

A. 单件小批量　　　　　　　　　　B. 多品种小批量

C. 多品种大批量　　　　　　　　　D. 单一品种大批量

3. 生产物流过程的基本特征有（　　）。

A. 平行性　　　　　B. 比例性　　　　　C. 快速性　　　　　D. 均衡性

4. 准时生产制的特点有（　　）。

A. 生产指令是看板，作业计划只能起指导作用

B. 后道工序需要多少，就向前道工序取多少

C. 前道工序生产多少，就向后道工序运送多少

D. 准时生产方式是拉动式

5. 看板操作使用规则包括（　　）。

A. 前道工序只能按生产计划生产

B. 不能把不良品交给后道工序

C. 前道工序按收到看板的顺序进行生产

D. 看板必须与实物在一起

6. （　　）的企业适合于按工艺专业化形式组织生产物流。

A. 生产规模不大　　　　　　　　B. 生产专业化程度低

C. 加工对象单一　　　　　　　　D. 产品品种不稳定

7. （　　）的企业适合按对象专业化形式组织生产物流。

A. 生产规模不大　　　　　　　　B. 生产专业化程度低

C. 加工对象单一　　　　　　　　D. 加工工艺方法多样化

8. 在精益生产方式中导入（　　）机制。

A. 设备上开发、安装各种加工状态检测装置和自动停止装置，使设备或生产线能自动检测不良品，一旦发现异常或不良品可以自动停止的设备运行机制

B. 设备操作人员发现问题时有权自行停止生产的管理机制

C. 弹性地配置作业人数

D. 模块化和并行设计

9. 典型的生产物流控制原理是（　　）。

A. 直输入控制原理　　　　　　　B. 推进控制原理

C. 拉动控制原理　　　　　　　　D. 分散控制原理

10. 企业生产物流要实现的目标主要有（　　）。

A. 保证生产的顺利进行

B. 降低企业成本，提高企业整体效率

C. 实现企业物流系统化、规范化

D. 科学认知企业生产中物流管理的内容

任务实施

1. 该公司生产某种扫描仪零部件时工艺顺序为 $t_1 \rightarrow t_2 \rightarrow t_3 \rightarrow t_4$，试计算整批零件顺序移动方式下的加工周期。

_____

_____

_____

_____

_____

_____

2. 什么是"一个流"生产？该公司生产某种扫描仪零部件时工艺顺序为 $t_1 \rightarrow t_2 \rightarrow t_3 \rightarrow t_4$，试计算该公司"一个流"生产方式下的加工周期。

_____

_____

_____

_____

_____

_____

_____

3. 该公司采取了哪些措施以实现 JIT 生产的目的？

_____

_____

_____

_____

_____

_____

4. 试分析企业推行 JIT 生产采用的管理工具。

_____

_____

_____

_____

_____

_____

5. 目前在国内推行 JIT 生产的企业并不多，真正能够成功的企业更少。你认为国内企业推行 JIT 生产的主要障碍有哪些？请阐述你的观点。

_____

_____

_____

_____

_____

_____

_____

项目 5　销售物流运作

知 识 目 标

1. 了解企业销售物流的作用及目标；
2. 掌握企业销售物流管理的主要内容；
3. 掌握企业销售物流作业的主要环节；
4. 理解企业销售物流的三种主要模式；
5. 掌握销售物流合理化的目标和主要形式。

技 能 目 标

1. 能够结合企业实际选择销售物流运作模式；
2. 能够分析企业销售物流存在的问题，并提出合理化方案。

素 养 目 标

1. 培养产、供、销一体化和信息化思维，树立共享、共建、价值共生的现代管理观念；
2. 培养数字化思维方式，掌握智慧物流与数字化销售技能，做数字化时代的"新生代"。

项 目 任 务

得益乳业公司的销售物流模式

山东得益乳业股份有限公司（以下简称得益乳业）成立于1997年，经过多年发展，如今已成为集生态化农业种植、规模化奶牛养殖、智能化乳品加工、现代化低温物流、数字化销售服务于一体的低温奶制造企业，成为农业产业化国家重点龙头企业。

得益乳业目前的产品主要包括酸奶、鲜奶、纯奶、乳酸菌饮料四大系列，共70多个产品，拥有"臻优""鲜境""优麦"等一系列知名度高的产品，拥有5 000余人的益家订终端服务队伍，配套5 000余辆专业保温物流运输车辆，实现最后一公里冷链配送，保证产品从工厂到餐桌24小时新鲜到家，每天为千万家庭提供新鲜送奶服务，实现了消费者服务零距离，在全国低温奶企业中名列前茅。

在产品销售方面，得益乳业实施了千店工程、万家网点工程等，利用信息化设备实现企业、终端、客户互联互通，打造智能化销售终端，覆盖山东省16个地级市，辐射北京、天津、河北、山西、河南、江苏、安徽、浙江、上海等9个省市，现已建成社区、商超、代理流通、直营零售、连锁、特通、团购、电商八大渠道，八大渠道布局省、市、县、乡镇、村五级市场。目前，得益乳业已建设鲜活牛奶门店10 000多个，实现了横向延展，纵向穿透，扎根农村，满足不同层面、不同区域、不同消费者的需求。

近年来，随着"互联网+"的发展，网络销售作为一种新型商业模式为区域型乳品企

视频：得益乳业全产业链数字化转型

业突破发展瓶颈提供了契机。得益乳业与阿里、京东、腾讯合作，建设2C端营销数字化平台，整合社区资源，构建1.5公里半径社区服务商圈，融入政府菜篮子供应体系，为市民提供平价食品。

（资料来源：山东得益乳业股份有限公司网站，http：//www.deyi.com.cn/）

阅读以上材料，完成以下任务：

1. 得益乳业的销售物流属于哪种模式？该公司的销售物流有什么特殊性？你认为该公司选择该销售物流模式的理由是什么？

2. 简述得益乳业采用的销售物流模式的优点和缺点。

3. 得益乳业的销售渠道有哪些？对得益乳业的销售效果进行分析及评价，找出其存在的问题。

4. 创立于同时期的伊利、蒙牛这两家乳企都已发展成国内知名企业，而得益乳业还只是区域性企业，你认为制约其发展的主要原因有哪些？

5. 请你对得益乳业实现数字化转型具备的优势及运用的技术、建设的平台与采取的策略提出建议。

思 维 导 图

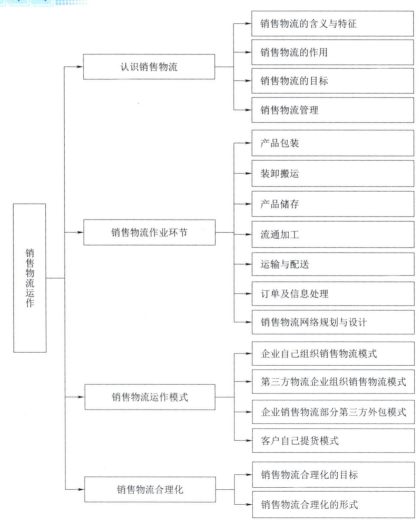

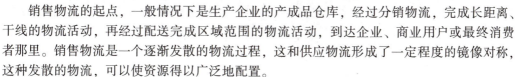

任务知识

任务 5.1 认识销售物流

销售物流是企业物流系统的最后一个环节，是企业物流与社会物流的又一个衔接点。它与企业销售系统相配合，共同完成产成品的销售任务。销售活动的作用是企业通过一系列营销手段，出售产品，满足消费者的需求，实现产品的价值和使用价值。

5.1.1 销售物流的含义与特征

1. 销售物流的含义

2021 年，《中华人民共和国国家标准物流术语》（GB/T 18354—2021）将"销售物流"定义为企业在销售商品过程中所发生的物流活动，也就是指企业生产出来的产品，通过销售商进行销售或自销、直销时，商品在供方与需方之间的实体流动过程。销售物流是产品转化为商品的必要手段，是企业获得利润的必要商业流通程序。

销售物流的起点，一般情况下是生产企业的产成品仓库，经过分销物流，完成长距离、干线的物流活动，再经过配送完成区域范围的物流活动，到达企业、商业用户或最终消费者那里。销售物流是一个逐渐发散的物流过程，这和供应物流形成了一定程度的镜像对称，这种发散的物流，可以使资源得以广泛地配置。

知识拓展：
销售物流
的意义

2. 销售物流的特征

销售物流具有以下三个特征：

（1）服务性。销售物流以满足用户的需求为出发点，从而实现销售和完成售后服务，因此，销售物流具有很强的服务性。销售物流的服务性表现在要以满足用户的需求为出发点，树立"用户第一"的观念，要求销售物流必须快速、及时，这不仅是用户和消费者的需求，也是企业发展的需求。

（2）效益背反性。销售物流效益背反性是指各种物流活动成本的变化常常表现出相互冲突、此消彼长的特征。很多企业把销售物流的最终目的确定为以最快的速度、最少的成本，把适当的产品送达客户手中，但在实际工作中很难达到目的，因为没有任何一种销售物流体系既能够最大限度地满足客户的需求，又能最大限度地减少销售物流成本，同时又能使客户完全满意。

微课：二律
背反

（3）系统性。销售物流包括市场需求预测、订单处理、储存、备货、包装、运输、流通加工等诸多环节，为实现销售物流活动，需要企业仓储、运输、包装等各职能部门的协调合作才能共同完成（如图 5-1 所示）。

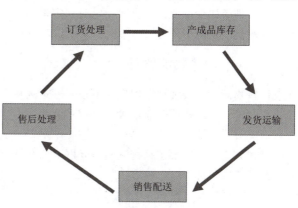

图 5-1 销售物流的系统性特征

5.1.2 销售物流的作用

在现实生活中，企业经营者往往把精力花在刺激消费者需求和推销方面，而忽视销售物流的作用。实际上，销售物流绝不仅仅是销售的一种附属功能，它的作用表现在以下几方面：

（1）销售物流使产品的价值和使用价值真正得以实现。企业生产的产品如果不通过运输、配送等方式送到消费者手中，那么它只是一种产品；只有通过销售物流，产品的消费才能成为可能，产品才能转化为商品。

（2）销售物流使企业得以回收资金，进行再生产活动。销售物流的效果关系到企业的存在价值是否被社会承认，销售物流活动的成本在商品的最终价值中占有一定的比例，因此，为了增强企业的竞争力，必须重视销售物流的合理化。

（3）销售物流的好坏影响企业的形象。有效率的储存、运输及送交等，使产品适时、适地和适量地提供给消费者，在消费者心目中可以树立起企业效率高和信用好的声誉。反之，产品供应不及时，就会影响企业声誉，从而使企业失去顾客。

（4）销售物流合理化，有利于降低成本，提高企业的经济效益。销售物流成本包括运输成本、存货成本、管理成本等，它们是构成销售成本的重要组成部分。销售物流成本的降低是"成本经济的最后节点"。降低物流成本，可以进一步降低售价，促使销量上升和利润增加，从而提高企业的经济效益。

5.1.3 销售物流的目标

一般来说，销售物流的目标应该是：以最低的成本和最佳的服务将产品在适当的时间送达适当的地点。事实上，销售物流的成本与服务很难获得最佳的效果。一方面，为了提供最好的服务，需要较多的库存量、最快的运输量，多设网点，其结果必然增加物流成本；另一方面，为了降低成本，势必会采取缓慢而廉价的运输，降低库存量，减少仓库及网点。因此，真正的销售物流效率是在成本与服务之间进行合理的平衡，即销售物流的各要素进行平衡，取得合理成本下的时空效用。在这种前提下，企业销售物流的特点，便是通过包装、送货、配送等一系列物流实现销售，这就需要研究送货方式、包装水平、运输路线等，并采取各种诸如少批量、多批次、定时、定量配送等特殊的物流方式达到目的，因此，其研究领域是很宽的。

5.1.4 销售物流管理

销售物流管理表现在以用户为中心，树立"用户第一"的理念。科学合理地对销售物流进行管理，可以降低企业销售物流成本，提高企业产品销售的工作效率，增加企业利润收入。

销售物流管理主要包括物流网络（网点）的设计及规划、销售库存的规划及策略、销售物流的绩效管理等。

1. 物流网络（网点）的设计及规划

销售物流的物流网络（网点）设计及规划，主要是根据企业产品在市场销售的情况及需求进行分析和设计。生产企业在销售产品过程中，如果采用自行销售的方式，则企业应针对全国物流网点进行网络布局设计，设立大型区域的仓储中心（配送中心、库房）配合销售，进行市场销售完善。

生产企业为有利于产品销售而建立商品配送中心，配送中心是以配送式销售和供应，执行实物配送为主要机能的流通型物流节点。生产企业配送中心的建设是基于生产销售的物流合理化和产品市场发展的需求而设立的。所以生产企业配送中心就是从货物配备到组织多用户的送货，以高水平实现产品销售和供应服务的现代化流通设施。

生产企业配送中心的位置选择，将对企业产品销售效率与成本有显著影响。企业在决定配送中心位置时必须慎重参考相关因素，并认真进行科学论证。通常情况下，生产企业建立配送中心时应注意选址。

配送中心的选址是一个复杂的过程，需要经过反复考量，才能选出满意的地点。总的来说，配送中心选址时应该考虑的主要因素如下：

（1）客户及市场的分布。配送中心的建立首先要考虑的就是市场及用户的分布情况。对于生产企业建立的配送中心，其主要对象就是销售商、用户，这些客户绝大部分分布在人口稠密的地方，为了更好地服务于市场及用户，降低企业的销售成本，配送中心多选择建立在城市的周边。

（2）交通运输条件。交通运输条件是影响配送成本及效率的重要因素之一。交通运输的不便将直接影响车辆的配送，因此，必须考虑交通运输通路，以及未来交通与邻近地区的发展状况等因素。地址宜紧临重要的运输线路，以方便配送运输作业的进行。考核交通方便程度的条件包括高速公路、国道、铁路、快速道路、港口、交通限制规定等。一般配送中心应尽量选择在交通方便的高速公路、国道及快速道路附近的地方，如果以铁路及轮船来当运输工具，则要考虑靠近火车编组站、港口等。

（3）土地、用地条件。生产企业建立配送中心时，在用地方面要认真进行考虑，土地的使用必须符合相关的法律和规章，要考虑企业用地对配送中心建立的成本核算。配送中心的建立应尽可能地建立在城市物流规划区、经济开发区等位置，这些地区对企业有优惠条件，更加接近企业的用户。土地的选择应考虑企业的日后发展，应考虑配送中心生产运营过程中对周边环境的需求，避免出现交通道路堵塞、车辆禁行、出入车辆绕行的现象。

（4）人力资源条件。在配送作业中，最主要的资源需求为人力资源。由于一般物流作业仍属于劳动力密集的作业形态，在配送中心内部必须有足够的作业人力，因此，在决定配送中心位置时必须考虑员工的来源、技术水准、工作习惯、工资水准等因素。

人力资源的评估条件有附近人口数量、上班交通状况、薪资水准等几项内容。如果选址位置附近人口不多且交通又不方便，则基层的作业人员不容易招募；如果附近地区的薪资水准太高，则也会影响到基层作业人员的招募。因此，必须调查该地区的人口数量、交通状况及薪资水准。

（5）城市的扩张与发展。配送中心的选址，既要考虑城市扩张的速度和方向，又要考虑节省分拨费用和减少装卸次数的问题。20世纪70年代以前，许多仓库多处于城乡结合部，不对城市产生交通压力，但随着城市的发展，这些仓库现多处于闹市区，大型货车的进出受到管制，专用线路的使用也受到限制，不得不选择外迁。但凡道路通达之后，立即就有住宅和工商企业兴起，城市沿着道路发展着、迁徙着，配送中心也不是固守一地的。

（6）政策环境条件。政策环境条件也是配送中心选址评估的重点之一，尤其是物流用地取得困难的地方。如果有政府政策的支持，则更有助于物流企业的发展。政策环境条件包括企业优惠措施（土地提供、减税）、城市规划（土地开发、道路建设计划）、地区产业政策等。另外，还要考虑土地大小与地价，在考虑现有地价及未来增值情况下，配合未来可能扩充的需求程度，决定最合适的用地面积。

配送中心的建立有利于企业产品销售，配送中心的选址与类型关系到企业销售成本，因此，生产企业在自建配送中心时应慎重考虑。

▸▸▸ 实战训练5-1 ◂◂◂

视频：得益
乳业销售
物流服务

　　为呵护每一滴鲜活，得益乳业打造自有专属冷链物流配送体系，组建装备完善、效能强大的"护鲜战队"，配备500余辆冷藏车，引入先进的WMS（仓库管理系统）、TMS（运输管理系统）、DPS（电子标签拣货系统）、GPS（全定位系统）及北斗卫星监控系统，对产品储存、运输、交接等过程中的实时情况进行有效监控，确保2~6℃全程冷链储运，形成覆盖山东全省，辐射华北、华东的冷链物流网络，保证产品24小时新鲜送达消费者手中。

　　问题：得益乳业产品的生产加工基地位于山东淄博，得益乳业为何不在其他城市设置配送中心？

2. 销售库存的规划及策略

　　企业销售物流的销售库存规划及策略，主要是针对市场产品的需求量、需求时间，而估算不同区域所持有（仓储）产成品的数量。销售库存应根据当地的产品需求量（订单）及历年来产品在该市场的销售业绩情况进行分析。销售库存的制订应坚持设定最低、最高库存管制办法，同时制定库存应急措施，以备产品在销售中出现断货无法销售的情况。

　　销售物流的库存量设计应能够考虑市场、用户消费习惯、自然环境、季节等因素。不同的因素产生不同的影响，企业应随时改变企业库存量，减少库存增加带来的企业生产成本增大。

3. 销售物流的绩效管理

　　销售物流的绩效考核是指针对销售部门产品配送，对产品到达客户（销售商）手中的物流工作进行的考核。销售物流绩效考核主要内容如下：

　　（1）及时性、准确性。销售物流是生产企业物流的最后环节，是直接面对客户的关键环节。销售物流服务质量最重要的项目之一——及时性，是指企业能否按合同要求准时、准确地将产品及时送达客户手中。"时间就是金钱、效率就是生命"，准时、准确地将产品送达到客户手中，产品即可转变成商品，企业从中可以获得利润；若企业不能及时按合同要求将产品送达到客户手中，则将出现违约现象，企业将付出罚金。同时由于企业没有及时送货而失去了应有的诚信，在市场竞争中没有一个良好的信誉，终究会被市场淘汰。

　　（2）车辆积载率。车辆积载率是指运输车辆实际装载货物的能力（体积、质量）与车辆设计承载能力（体积、质量）的比值。

　　由于实际物流过程中，货物的质量、体积及包装物的存在，货物体积各不相同，形式各异。在车辆装载过程中，既要考虑车辆的载重量，又要考虑车辆容积的有效利用，同时还要考虑客户的订单需求及客户的地理位置和距离。销售物流在车辆装载过程中，应尽量提高车辆的装载率，以提高运输车辆的利用率，降低企业的运输成本。

　　车辆装载应坚持以下几项原则：

　　原则一：车辆的载重量不允许超过车辆所允许的最大载重量。

　　原则二：车辆装载货物的体积（长、宽、高）不允许超过交通法规的限制。

　　原则三：车辆装载货物时，应按轻重、大小搭配，重心分布均匀。

　　原则四：同一路径、同类货物尽可能一次装载。

原则五：先到货物应后装车，尽量减少装卸货物次数。

（3）物流的货损率。物流的货损率是指在销售物流输送、配送的过程中，货物的破损占总体货物的比值。物流中货物的损坏有以下原因：

1）货物的装卸过程没有按标准作业要求操作，操作人员野蛮装卸搬运，造成货物的损失。货物在车辆装载时没有按"轻在上，重在下"的装卸原则，没有坚持"体积大的在下，体积小的在上"的原则，造成货物的损坏。

2）货物在物流运输的过程中，车辆驾驶人员没有按规定速度行驶，出现急停、急驶，遇到坑洼路面没有及时减速避让，造成货物损毁。

3）车辆在输送和配送过程中，没有对货物进行妥善的包装保护，造成货物被雨淋、磕碰，出现货物损失。

物流运输过程中的货物损失给企业带来了包括企业回收、返修、打折、降价处理等一系列问题，货物损坏造成企业生产运营成本大幅度增加。

出现货损，货物将不能保持原有的价值和使用价值，必然会影响正常的企业经营和收入。货损的出现使客户对企业的服务质量和服务水平的评价大打折扣。出现货损，必然影响企业的服务质量和服务水平，影响企业的信誉和品牌形象，影响企业与客户之间的关系。如果企业还希望留住客户，则必然要为服务质量问题付出高昂的代价。货损问题同样会降低其他客户选择与企业合作的可能性，从而影响企业开拓市场的进度及企业的市场份额。因此，物流货损率是物流过程质量的考核指标，考核的是员工对货物的责任心及货物损失对企业销售的影响。

任务 5.2　销售物流作业环节

销售物流是指销售过程中的物流活动，具体包括从产品下生产线开始，经过包装、装卸搬运、储存、流通加工、运输与配送，直到最后送到客户手中的整个产品实体流动过程。

5.2.1　产品包装

产品包装一般处于生产的最后一道工序，销售物流的第一道工序。产品包装既是产品制造生产过程的终点，也是产品销售物流的起点。为将产品完好地运送到客户手中，需要对大多数产品进行不同方式、不同程度的包装。

产品包装功能很多，其主要功能如下：

1. 保护功能

产品包装可以增大产品的强度与硬度，减少压、撞、碰等对产品造成的破损；可以避免产品在物流运输、仓储过程中损坏；可以使产品与外界隔离，减少外界对产品的侵蚀，减少产品在仓储、运输过程中的货损率。

2. 便利、促销功能

产品的存在形式千姿百态，有气体、固体、液体等形式。产品包装，有利于产品的仓储与运输，便于产品的销售与使用，也可以在多方面促进销售。包装是一种不花钱的广告媒体，优良、精美的包装往往可以提高产品的身价，使顾客愿意付出较高的价格购买。

3. 信息传递、广告功能

包装设计可以使消费者很容易了解产品性能、使用方法及产品所包含的主要成分、商标、产品质量等级、生产厂家、生产日期和有效期等信息，同时，也传递着广告宣传这一特殊信息。良好的包装设计能建立起用户对产品的形象认知，能充分显示出产品的特点，从而建立品牌消费意识，有效地树立企业（产品）形象，并能扩大产品销路。

5.2.2 装卸搬运

装卸是产品在局部范围内以人或机械装入或卸下运输设备。

搬运是对产品进行水平移动为主的物流作业。

在装卸搬运作业中主要考虑如何提高机械化水平、减少无效作业、集装单元化、提高机动性能、利用重力和减少附加质量、各环节均衡与协调、系统效率最大化等问题。

5.2.3 产品储存

生产企业销售物流中的仓储管理主要包括三大部分：一是企业待销售的产品和已销售但未发货的产品；二是针对售后服务的零部件储备，该部分主要是指企业生产产品的维修、服务及产品要更换零部件而进行的常用备件储存；三是产品返修及废品的储存。

销售物流中的仓储管理应遵循库存管理的规则。

1. 验收入库

所有到库的产品入库前必须进行验收检查，只有验收合格的产品才能入库仓储。因为销售物流的库存是针对市场的需求而进行的产品储备，是用于市场销售的产品，不合格的产品不能进入销售物流库房中。

2. 分类存放

产品入库保管首先要针对产品进行分类，根据企业生产产品的型号进行分类、分区存放。一般情况下，生产企业产品的种类较少，更多的是同类产品的不同型号，因此，生产企业销售物流中的仓储产品可以按线分类法进行分类。

3. 及时盘点

由于产品不断出库、入库，经过较长时间的积累，仓库账目库存量容易与实际不符，因此，在仓储日常管理过程中，应及时对产品进行盘点作业，做好盘点作业卡登记工作（如表5-1所示）。

表 5-1　盘点作业卡

盘点日期：		盘点卡号：	
品名		规格	
储放位置		架号	
账面数量		实盘数量	
盘点人		复盘人	
盘点分析：			

4. 产品分拣

销售物流的产品分拣主要是针对已销售的产品进行分拣装车，也就是从库房（仓储中心）的产品中，根据用户的需求进行产品分拣。产品分拣作业有摘果式分拣和播种式分拣两种方式。

摘果式分拣适用于多品种、数量较少的产品拣选。播种式分拣适用于单一品种、数量较大、多客户的产品拣选。

5. 产品出库

产品出库一般是指产品已被销售，要将产品送到客户手中。产品出库是产品储存的最后阶段，也是库房管理的最后环节。产品出库有一整套的出库手续，需要仓储人员办理。

产品出库应坚持以下基本原则：

原则一：必须有出库单据方可进行产品出库。

原则二：不合格产品不准出库。

原则三：出库单据逾期，产品不可出库。

原则四：遵循先进先出原则。

原则五：出库产品（型号、数量）必须与出库单据相符。

原则六：出库产品及出库单据必须进行登记。

5.2.4 流通加工

流通加工是商品在从生产者向消费者流通过程中，为了增加附加价值、满足客户需求、促进销售而进行简单的组装、剪切、套裁、贴标签、刷标志、分类、检量、弯管、打孔等加工作业。流通加工是对生产加工的一种辅助及补充，因此，流通加工大多是简单加工，而不是复杂加工。

由于具有不同的目的和作用，流通加工的类型呈多样化，主要有以下几种：

1. 为弥补生产领域加工不足的深加工

由于受到各种因素的限制，许多产品在生产领域的加工只能到一定程度，而不能完全实现终极的加工。例如，木材如果在产地完成成材加工或制成木制品的话，则会给运输带来极大的困难，因此，在生产领域只能加工到圆木、板、方材这个程度，进一步的下料、切裁、处理等加工则由流通加工完成。

2. 为满足需求多样化进行的服务性加工

生产部门为了实现高效率、大批量生产，其产品往往不能完全满足客户的要求。为了满足客户对产品多样化的需要，同时又要保证高效率的大批量生产，可将生产出来的单一化、标准化的产品进行多样化的改制加工。例如，木材改制成枕木、板材、方材等的加工。

3. 为保护产品所进行的加工

在物流过程中，为了保护产品的使用价值，延长产品在生产和使用期间的寿命，防止产品在运输、储存、装卸搬运、包装等过程中遭受损失，可以采取稳固、改装、保鲜、冷冻、涂油等方式。例如，丝、麻、棉织品的防虫、防霉的加工。

4. 为提高物流效率，方便物流的加工

有些产品本身的形态使其难以进行物流操作，而且产品在运输、装卸搬运过程中极易受损，因此，需要进行适当的流通加工，从而使物流各环节易于操作，提高物流效率，降低物流损失。例如，自行车在消费地区的装配加工可以提高运输效率、降低损失。

5. 为促进销售的配送加工

流通加工也可以起到促进销售的作用。例如，将过大包装或散装物分装成适合一次销售的小包装的分装加工。

6. 为提高加工效率的配送加工

许多生产企业的初级加工数量有限、加工效率不高，而流通加工以集中加工的形式，解决了单个企业加工效率不高的弊病。它以一家流通加工企业的集中加工代替了若干家生产企业的初级加工，促使生产水平提高。

7. 为提高原材料利用率的配送加工

例如，钢材的集中下料可以充分进行合理下料、搭配套材，减少边角余料，从而达到加工效率高、加工费用低的目的。

8. 为衔接不同运输方式，使物流合理化的配送加工

在干线运输和支线运输的节点设置流通加工环节，可以有效解决大批量、低成本、长距离的干线运输与多品种、少批量、多批次的末端运输和集货运输之间的衔接问题。在流通加工点与大生产企业间形成大批量、定点运输的渠道，以流通加工中心为核心，组织对多个客户的配送，也可以在流通加工点将运输包装转换为销售包装，从而有效衔接不同目的的运输方式。例如，散装水泥中转仓库将散装水泥装袋。

9. 为方便消费、省力的配送加工

根据下游生产的需要将产品加工成生产直接可用的状态。例如，根据需要将钢材定尺、定型，按要求下料。

10. 生产—配送一体化的配送加工形式

依靠生产企业和流通企业的联合，或者生产企业涉足流通，或者流通企业涉足生产，形成对生产与流通加工进行合理分工、合理规划、合理组织，统筹进行生产与流通加工的安排，就是生产—流通一体化的流通加工形式。这种形式可以促进产品结构及产业结构的调整，充分发挥企业的经济技术优势，是目前流通加工领域的新形式。

11. 为实施配送进行的配送加工

为实施配送进行的配送加工是指配送中心为了实现配送活动，满足客户的需要而对产品进行的加工。例如，混凝土搅拌车可以根据客户的要求，把沙子、水泥、石子、水等各种不同材料按比例要求装入可旋转的罐中。在配送路途中，汽车边行驶边搅拌，到达施工现场后，混凝土已经均匀搅拌好，可以直接投入使用。

5.2.5 运输与配送

运输配送是销售物流的中心环节。产品的配送运输是指将客户所需的产品通过运输工具和其他设备按照一定的运输路线送达客户手中的物流活动。产品配送运输是企业销售物流的重要项目，产品配送运输服务质量关系到企业产品在客户中的满意度，关系到企业销售成本的增加与降低，关系到企业在市场中的形象建立。

1. 产品配送运输要求

（1）及时准确。产品配送运输应以客户为中心，为客户着想，确保产品按照合同要求及时准确地送达客户手中。

（2）安全方便。产品配送运输应确保物、人安全，确定运输车辆性能良好，不超速、不超载，以最快捷的速度、弹性的服务送货系统，实现送货"到家"的服务要求。

（3）经济性。企业销售物流是企业生产经营过程中的一部分，产品销售目的就是获得利润，因此，企业产品配送运输应进行成本核算，做到成本最低经济配送。坚持批量配送原则，同时也应建立按质论价的单件配送业务。

（4）服务性。销售物流具有很强的服务性，销售物流以满足客户需求为出发点。销售

物流的终结代表企业产品销售活动的终结。产品配送运输有更多的服务项目，如差异化服务、标准化服务等，都需要企业去实施。

2. 产品配送运输方式

企业销售物流选择运输方式时，要考虑企业自身运输能力和社会运输能力的合理应用，一般情况下，企业都采用自身运输能力进行产品运输，这样可以减少成本支出。但是，产品配送运输不一定采用自身运输就能够降低运输成本，还可以采用社会运输，委托第三方物流企业进行产品销售配送运输。

企业产品针对第三方物流企业的配送运输，主要采用定时、定量、定路线、大批量输送，该种配送运输更加重视运输效率，其特点是效率高、运输量大，可按事先约定的计划进行配送。

企业针对客户的产品配送运输，主要采用即时配送和循环路径配送方式。针对客户的产品配送运输由于产品数量少、客户所在区域不尽相同，在销售物流管理过程中，更应重视的是服务质量和配送的经济性，尽量将同一方向、同一配送路线的产品集中装在运输工具上，采用循环路径逐个配送。在尽可能满足客户需求同时，企业要进行经济成本核算，降低企业销售成本。

企业销售物流运送方式按产品数量多少分为零担发运、整车发运、集装箱运输、包裹发运（特快专递），如表5-2所示。

表5-2　销售物流运送方式

分类标准	企业销售物流运送方式类别及其特点		
按产品数量多少	零担发运	产品的数量、质量、体积不足以使用一辆整车运输，而按产品的性质可以与其他产品进行拼装运输的发运形式	灵活，可以实现即时配送
	整车发运	产品的数量、质量、体积能够使运输车辆满载的发运方式	运价低
	集装箱运输	将多种产品组装成一定规格的集装单元进行运输的方式	运输能力强、节省包装费用、降低运输成本、减少产品的装卸搬运次数
	包裹发运（特快专递）	产品体积较小、数量单一或零星产品采用邮寄、航空运输的方式进行发运	

5.2.6　订单及信息处理

订单及信息处理是指有关客户和订单的资料确认、存货查询和单证处理等活动。详细指从接到客户订货开始到准备着手拣货为止的作业阶段，对客户订单进行品种数量、交货日期、客户信用度、订单金额、加工包装、订单号码、客户档案、配送货方法和订单资料输出等一系列的技术工作。

订单及信息处理是整个信息流作业的起点。订单及信息处理不仅把上下游企业紧密地联系在一起，而且处理输出的各种信息指导着企业内部的采购管理、库存管理和储存、拣货、分类集中、流通加工、配货核查、出库配装、送货及货物的交接等各项作业有序高效地展开，实现配送服务的"7R"要求。

客户在考虑批量折扣、订货费用和存货成本的基础上，合理地频繁订货；企业若能为客户提供方便、经济的订货方式，则能引来更多的客户。

5.2.7 销售物流网络规划与设计

销售物流网络，是以配送中心为核心，连接从生产厂商出发，经批发中心、配送中心、中转仓库等一直到客户的各个物流网点的网络系统，是集物流、商流、信息流和资金流于一体的流通性节点，在现代社会经济发展中具有重要的作用。配送中心的规划和设计合理与否，对整个物流系统的优化都有重要影响。

销售物流网点（配送中心）的建设耗资巨大，存在着一定的投资风险，如果选址不当，则企业将付出长远的代价。若设计方案不合理，则要重新进行调整，进行重新布置会造成巨大的人力、物力、财力和时间的浪费。随着经济、社会的快速发展，为了适应市场需求的不断变化，销售物流网点在经营运作期间，生产面积和作业区的相对位置也需要进行局部调整。此外，为了在激烈的竞争中发展，企业要在满足客户需求、提高服务水平的同时，尽可能地降低建设与运作成本，提高作业效率，这也要求销售物流网点的布局和设计合理。因此，对销售物流网点进行科学的规划和设计极为重要。

销售物流网络规划与设计主要考虑市场结构、需求分布、市场环境等因素。设计过程主要可分为四个阶段：准备阶段、总体规划阶段、详细设计阶段和实施阶段。

物流素养

2023 年随着淄博烧烤持续的火热，淄博变成了新型旅游城市和消费城市，企业如何将淄博的优势和流量赋能到淄博消费品身上，把流量变成持续的销量，最重要的是企业的"内功"要足够深厚。

2023 年 8 月，为擦亮山东农产品的"金字招牌"，推进山东农业数字化转型，由政府、企业和媒体携手成立的"齐鲁农超"山东农副产品展示交易平台上线活动正式启动。该平台立足山东优质农副产品展示交易，聚合山东各类农副产品加工企业，上连市场，下连客户，助力乡村产业振兴。

以小组为单位，讨论与思考：

得益乳业借鉴"淄博烧烤""齐鲁农超"从区域走向全国的案例，除了做足"内功"，还应该采取哪些措施？

任务 5.3 销售物流运作模式

销售物流有四种主要的模式：一是企业自己组织销售物流模式；二是第三方物流企业组织销售物流模式；三是企业销售物流部分第三方外包模式；四是客户自己提货模式。

5.3.1 企业自己组织销售物流模式

企业自己组织销售物流是在买方市场环境下主要销售物流模式之一，也是我国当前绝大部分企业采用的物流形式。

生产企业自身组织销售物流，实际上把销售物流作为企业生产的一个延伸或看成产品制造的延续。生产企业销售物流已成为生产企业经营的一个环节。这是根据市场的变化而进行的一个环节。生产企业直接与市场中的客户进行接触，进行产品的销售及售后服务。

市场激烈的竞争使产品由卖方市场转向买方市场，促使企业从"以生产为中心"转向以"以市场为中心"。市场因素的变化，使产品销售及售后服务成为企业的核心竞争环节，企业经营中由生产过程变成生产过程与销售两大支柱。

1. 生产企业自己组织销售物流的优点

（1）可以将自身的生产经营和客户直接联系起来，对于市场的信息反馈速度快、准确程度高，企业能够更好地满足客户的需求，市场信息能够更好地对企业经营起到指导作用。企业往往把销售物流环节看成是开拓市场、进行市场竞争中的一个环节，尤其在买方市场的前提下，格外看重这个环节。

（2）可以对销售物流的成本有更好地、更详细地了解，同时也可以进行大幅度调节，充分发挥它的"第三利润源泉"的作用，同时企业可以从战略设计与规划上对企业资源进行合理充分的利用。

2. 生产企业自己组织销售物流的缺点

在生产企业规模可以达到销售物流规模效益的前提下，采取生产企业自己组织销售物流的办法是可行的，但不一定是最好的选择，主要原因有以下三方面：

（1）如果生产企业的核心竞争能力在于产品的开发，那么销售物流可能占用过多的资源和管理力量，对核心竞争能力造成影响。

（2）生产企业销售物流专业化程度有限，企业自己组织销售物流缺乏优势，企业销售物流资源可能出现不满负荷、限制的浪费现象。

（3）一个生产企业的销售物流规模终归有限，销售物流的规模很难达到经济规模，企业的销售物流成本无法可持续降低，不能使企业更好地参与市场竞争。

5.3.2 第三方物流企业组织销售物流模式

由专门的物流服务企业组织企业的销售物流，实际上是生产企业将销售物流外包，将销售物流社会化。

由第三方物流企业承担生产企业的销售物流，也就是将商流与物流进行分离，其最大优点在于，第三方物流企业是社会化的物流企业，它向很多生产企业提供物流服务，因此可以将销售物流做到经济规模化，可以将很多企业的物流需求一体化，采取统一解决的方案。这样可以做到：一是专业化、规模化；二是低成本、高效率化；三是企业服务专业化。可以从技术方面和组织方面强化成本的降低和服务水平的提高。

在现代市场经济中，第三方物流企业承担生产企业销售物流是日后发展的必然趋势。

5.3.3 企业销售物流部分第三方外包模式

企业销售物流部分外包是指企业根据社会物流的成熟程度，将企业的销售物流部分外包给第三方，购买第三方所提供的物流服务，而企业自身仍然从事部分销售物流活动的模式。例如，由专门的运输公司负责产品的运输。企业对外包业务的选择，一方面受到企业发展战略的影响，另一方面受到外部社会物流成熟度的影响。

企业销售物流部分第三方外包模式介于销售物流完全自营和销售物流社会化之间，因此可以在一定程度上克服销售物流完全自营和销售物流社会化的缺点。一方面可以对企业重要销售物流环节保持较强的控制能力，将资源集中到主业上来，提高企业的竞争力；另一方面也可以很好地利用社会物流资源，减少固定资产投资，降低物流费用，提高企业经济效益。

通过以上销售物流形式的优劣势对比，很显然大多数企业选择销售物流部分外包。目前，我国大部分中小型企业都采取了这种物流运营模式。

5.3.4　客户自己提货模式

客户自己提货模式实际上是将生产企业的销售物流转嫁给客户，从生产企业将产品配送至客户手中转变成了客户自己组织供应物流的形式，该种产品运输形式多为合同约定。对销售方来讲，已经没有了销售物流的职能。

这是在计划经济时期广泛采用的模式，除特殊情况以外，这种模式不再具有生命力。

现代企业产品销售物流不仅意味着降低成本，更重要的在于其能提供便捷迅速的服务，从而建立起依托于客户忠诚度的企业核心竞争力。企业的产品只有经过销售才能实现其价值，从而创造利润，实现企业价值。销售物流是企业物流的一部分，占企业销售总成本的20%左右，销售物流直接关系到企业利润的高低。应不断地通过各家物流公司公开竞标，来进一步为企业提高销售服务质量，节约销售物流成本，形成企业的核心竞争优势。因此，选择合理的销售物流模式，并最终通过零库存、零距离（与客户），甚至零运营成本来实现企业目标，也是判断企业管理水平高低和竞争能力大小的一个重要指标。

任务 5.4　销售物流合理化

物流合理化是物流中的永恒课题，销售物流是生产企业物流的一部分，是企业产品转化为商品的重要过程，是企业物流与社会物流的衔接点，销售物流是消费者（商家）与企业的桥梁。

5.4.1　销售物流合理化的目标

企业销售物流合理化应做到以下内容：

（1）在适当的交货期，准确地向顾客发送产品。
（2）对于顾客的订单，尽量减少产品缺货或者脱销带来的影响。
（3）合理设置仓库和配送中心，保持合理的产品库存。
（4）使运输、装卸、保管和包装等操作省力化。
（5）维持合理的物流费用。
（6）使订单到发货的信息传递畅通无阻。
（7）将销售额等订货信息，迅速提供给采购部门、生产部门和销售部门。

5.4.2　销售物流合理化的形式

企业销售物流合理化目标是以最低成本，满足客户的最大需求。作为企业应尽可能地使物流中的运输、装卸搬运、仓储、配送等环节成本降到最低，劳动效率最高。目前，销售物流合理化的形式有批量（大量）化、计划化、商流与物流分离化、共同化、差异化、标准化等类型，但一种物流并不仅仅与一种类型相对应。

1. 批量（大量）化

销售运输（配送）批量（大量）化就是延长企业产品配货、配送时间，企业可以在这一时间段内将不同客户、同一路径的产品进行整体集装配送运输（积少成多），提高运输工具（车辆、船只）的积载率，采用循环配送方式，逐户、逐家进行送货到门，既满足了客户的需求，又降低了企业销售物流的运营成本。批量（大量）化模式适用于家用电器、玻璃、洗涤剂、饮料等行业。

批量（大量）化模式的优点是：①由于装卸机械化，可以大幅提高货物的装卸效率，由于批量增大，可以大幅度降低单件货物的流动成本；②可以克服需求、运输和生产的波动性，简化事务处理。

2. 计划化

物流作业的计划性是做好物流工作的前提。物流计划编制的合理、完善性，直接影响销售物流的工作效率及成本核算。提高销售物流计划人员的素质是企业的重要工作之一。

物流计划人员要充分了解企业的物流工作流程及企业可利用的资源。要对本企业的仓储、分拣、配送、包装、运输能力有充分了解，同时，物流计划人员应充分掌握客户的各类信息（包括客户地点、交货时间、交货方式、包装等），要充分掌握本企业的产品信息（如质量、体积、数量），要对企业物流车辆及外部可利用资源做到心中有数，只有做好以上的准备工作，才能做好一个完善的销售物流配送计划。计划化模式一般适用于所有行业。

计划化模式的优点是：①由于物流销售计划是对货物地点、时间、人员、车辆、路线等因素进行详细的规划，因此，该模式充分利用车辆的装载能力，大幅度提高了货物的装卸效率；②由于批量的增大，可以大幅度降低单件货物的流动成本；③最大限度地发挥企业物流的可利用资源，使企业的物流成本减少到最低，使企业销售物流更加合理化。

3. 商流与物流分离化

企业销售产品的过程中，可以将产品的商流与物流分离运作，企业只进行产品的销售，而对于产品的物流配送、送货到门服务，委托给第三方物流企业进行，这样可以充分利用第三方物流企业的专业配送机制，降低企业自营配送带来的成本增大、效率低下的弊病。商流与物流分离化模式适用于纤维、家用电器、玻璃等行业。

商流与物流分离化模式的优点是：①固定开支减少压缩流通库存，排除交叉运输；②整个流通渠道的效率化和流通系列化得到加强。

4. 共同化

物流共同化包括物流配送共同化、物流资源利用共同化、物流设施与设备利用共同化及物流管理共同化。物流资源是指人、财、物、时间和信息；物流的设施与设备包括运输车辆、装卸机械、搬运设备、托盘和集装箱、仓储设备及场地等；物流管理是指产品管理、在库管理等。该模式的管理要求比较高，它要求企业能够具备对单一主导型企业和行业具有整体垂直结合、水平结合的能力。采用该模式需要解决的问题包括调整企业之间的关系，选择对象企业，对本企业物流状况不能公开化的信息加强保密措施。共同化模式适用于家用电器、食品、药品等行业。

共同化模式的优点是：①物流管理社会化；②装载效率提高；③投资压缩成本。

5. 差异化

企业可以根据客户的需求、客户采购产品的数量，以及客户的地理分布，采用不同的配送运输方式。

针对采购量大、定期采购的客户，可以采用直达定时配送运输的方式，即将货物从企业的库房、生产现场装车直接送达客户的现场（库房），减少中途不必要的装卸搬运、倒车等工作。直达定时配送方式亦可以定义为准时配送，需要企业与客户进行协调沟通，做好采购、运输、配送、结算等一系列的策划与商谈，信息畅通，最终达成协议、签订合同来保障正常运行。

企业针对散货供应的客户采用散货（单件）供应运输，可以采用第三方物流企业进行配送，也可以采用即时或定时配送方式进行配送。针对散货（单件）配送运输，企业可以在销售环节中增加相应的收费制度，或采用其他方式进行。

差异化模式的优点是：对货物地点、时间、人员、车辆、路线等进行详细的筹划，最大限度地发挥企业物流的可利用资源，使企业的物流成本减少到最低，同时满足了客户的需求。

差异化模式一般适用于所有行业。

6. 标准化

物流标准化是按照物流合理化的目的和要求，制定各类技术标准、工作标准，并形成全国乃至国际物流系统标准化体系的活动过程。其主要内容包括物流系统的各类固定设施、移动设备、专用工具的技术标准；物流过程各个环节内部及各个环节之间的工作标准；物流系统各类技术标准之间、技术标准与工作标准之间的配合要求，以及物流系统与其他相关系统的配合要求。物流标准化需要解决的问题包括交易条件的调整、组合产品的设定和更新。标准化模式适用于食品、文具、化妆品等行业。

标准化模式的优点是：①拣选、配货等节省人力；②订货处理、库存管理、拣选、配货等比较方便。

▶▶▶ 实战训练5-2 ◀◀◀

内蒙古蒙牛乳业（集团）股份有限公司（以下简称蒙牛）来自大草原，但是从市场上看，北京市场上供的蒙牛酸奶是由蒙牛的北京工厂生产的。蒙牛是如何突破冷链配送的瓶颈，把产自大草原的酸奶送到更广阔的市场呢？

酸奶的保质期短，一般是14~21天，而且对冷链要求非常高。从牛奶挤出运送到车间加工，直到运到市场销售，全过程都必须保持2~6 ℃储存。建设冷链配送系统要求冷藏罐、冷藏车等，人力、物力成本投入巨大。蒙牛起家初期大胆采取了"先建市场、后建工厂"的发展战略，通过虚拟联合，蒙牛投入品牌、管理、技术和配方，与内蒙古自治区内的8家乳品企业合作，将工业制造行业中的OEM方式运用到了乳品行业。现在，布局全国的蒙牛仍然离不开OEM方式，在目前暂时无法突破冷链配送瓶颈的前提下，OEM方式也仍然有其存在的必要性。

目前，一些大型超市与蒙牛建立长期的合作关系，由蒙牛直接配送，利用蒙牛运输要求和运输工具直接到达超市的冷柜，避免在运输过程中的鲜奶变质，给超市造成重大损失，因而影响蒙牛的信誉度。蒙牛在其每个小店、零售店、批发店等零售终端投放冰柜，以保证其低温产品的质量。至于由北京销往各地的低温产品，全部走汽运，虽然成本较铁运高出很多，但在时间上能有保证。通常，超市在低温产品超过生产日期3天后就会拒绝进货，所以蒙牛必须保证其产品在2~3天内到达终端。蒙牛减少物流费用的方法是尽量使每一笔订单变大，形成规模后，在运输的各个环节上就都能得到优惠。对于保质期很短的低温产品，运输半径的减小可以缩短运输时间，这就要求生产厂房离销售终端越近越好。

问题：蒙牛在销售物流的每个环节是如何进行合理化设计的？

冷链物流行业发展趋势分析

冷链物流是指利用温控、保鲜等技术工艺和冷库、冷藏车、冷藏箱等设施设备,确保冷链产品在初加工、储存、运输、流通加工、销售、配送等全过程始终处于规定温度环境下的专业物流。冷链物流系统涉及环节众多,包括产地预冷、气调系统、速冻解冻、冷冻冷藏、低温空调、自动控制系统、冷链运输车辆等。

欧洲、美国、日本等发达国家或地区冷链物流起源较早,19 世纪上半叶随着冷冻机的发明,冷链物流开始逐步形成,欧美地区的食品冷链物流体系早在 20 世纪 30 年代初步建立,目前欧洲、美国、日本等发达国家或地区冷链物流行业发展已十分成熟,而中国冷链物流行业在 20 世纪 60 年代才刚刚起步,其发展历史不过 60 年。中国冷链物流行业在交通运输网络、冷链相关设施数量、冷链流通率和冷藏运输率、行业集中度和竞争力等各方面都落后欧洲、美国、日本等发达国家或地区,中国冷链物流行业总体还处于发展阶段,行业发展迅速,潜力巨大。

虽然目前中国冷链物流行业在各方面落后于国外,但总体处于快速发展阶段。中国是世界生鲜品大国,市场需求一直呈上升趋势。随着新零售、电子商务的兴盛,市场对生鲜品的需求会更旺盛。2022 年中国冷链物流市场规模达 5 515 亿元,同比增长 15.55%,预计 2023 年冷链物流市场规模将达 6 486 亿元,同比继续增长 17.61%。

近两年,国家及地方层面更是发布了多项"十四五"冷链物流相关政策以促进产业升级。究其原因,一方面是因为新冠疫情期间,国内冷链物流产业暴露出较多问题,日益增长的冷链需求与落后的产业发展之间存在矛盾;另一方面,从战略性角度来看,发展冷链物流是建设现代流通体系、畅通国民经济循环、推动经济高质量发展的内在要求。

从冷链物流的产业链来看,冷链物流产业链上游主要是制冷材料及设备供应环节,冷链物流产业链中游为冷链运输、冷链仓储、包装等环节,冷链下游应为生鲜零售、医药零售、高端化学用品制造等。其中,制冷剂是核心原材料,而制冷压缩机是制冷系统的核心和心脏。制冷压缩机的能力和特征决定了制冷系统的能力和特征。

冷链物流的主要设施包括冷库、生鲜食品加工中心、冷藏运输车和超市陈列柜等。其中,冷库是冷链物流中的核心设施,并已经从最初的储存型发展为现在的物流配送型。自2015 年以来,冷冻冷藏需求的增加推动我国冷库规模快速增长。随着市场对冷库吨位、规模和形式的要求越来越高,冷库逐渐标准化、模块化、工厂化,冷链物流行业进入快速发展阶段。

冷链物流行业没有单一的商业模式,每家企业都在摸索独特的冷链物流商业模式。目前存在的商业模式有九种,分别是运输类、仓储类、城市配送类、综合类、农产品交易类、供应链类、电商类、互联网+冷链物流类和第四方类。运输类主要以货物低温运输业务为主,负责长短途和跨城运输配送;仓储类以低温仓储为主,提供低温储存、保管、中转等服务;城市配送类是指结合城市低温仓储和配送类服务为一体的服务;综合类是指从事低温仓储、运输及城市配送为一体的综合服务;农产品交易类以农产品批发市场为主体从事低温仓储业务;供应链类是指从采购开始疏通至整个供应链终端所提供的低温运输、加工、仓储、配送服务,然后通过分销方式将产品送至消费者手中;电商类主要是为生鲜电商提供急速配送的生鲜服务商;互联网+冷链物流类是依靠大数据、物联网等技术,融合物流金融等服务,打造"互联网+冷链物流"的交易平台;第四方类主要是为第一方、第二方和第三方提供冷链物流规划、咨询、冷链物流信息系统、冷链供应链管理等活动的公司。

　　相较发达国家，我国冷链物流相关基础设施极不完善。从冷库与冷藏车保有量来看，根据中冷联盟数据，2021年冷库保有量达到5 224吨，具有法人企业的冷藏车保有量达到14.36万辆，但冷库人均保有量仅为0.037吨，冷藏车为每万人配有一辆；而根据美国第51次年度冷库调查，美国2019年冷库容量为1.03亿吨，预计到2022年达到1.07亿吨，人均保有量将达到0.48吨；美国冷藏车保有量2019年为25.41万辆，平均每千人配有一辆冷藏车。因此，国内冷库与冷藏车人均保有量不足美国的十分之一。从冷链流通率来看，根据中物联冷链委数据，国内果蔬、肉类、水产品的冷链流通率只有22%、34%和41%，而欧美均在95%以上，肉类产品达100%。因此，对标欧美市场，国内冷链市场仍具有较大的成长空间。

　　2021年12月，国内冷链物流领域第一份五年规划《"十四五"冷链物流发展规划》（以下简称《规划》）出炉，《规划》中提出了布局建设100个国家骨干冷链物流基地的部署。2020年，首批17个国家骨干冷链物流基地已开始建设。2022年10月，国家发改委又公布了2022年24个国家骨干冷链物流基地建设名单。目前，两批次共41个国家骨干冷链物流基地，已经覆盖全国除海南、江西、西藏、宁夏外的27个省。《规划》中指出，要建设"四横四纵"8条国家冷链物流骨干通道，打造"三级节点、两大系统、一体化网络"的"321"冷链物流运行体系，冷链物流市场有望加速发展。

　　现阶段，我国冷链物流由于受物流基础设施能力、物流技术等因素的制约，导致冷链物流运输效率低下、腐损率高、成本高，成为所有冷链物流企业直接面临的难题。企业该如何在既有条件下提高冷链物流的流通效率，又降低冷链物流成本？解决这一行业困境最行之有效的方法和途径是，通过以点带线、连线成网，建立一个能为更多冷链和货主企业服务的冷链网络平台，实现人、车、库的最佳配置，降低不可见成本。具体措施如下：

　　（1）关注国家补贴扶持，降低企业成本。目前，冷链配送、新能源冷链运输车辆是我国重点扶持项目。但全国各地对冷链的补贴额度不一，经济发达地区较经济落后地区补贴力度更大。一辆新能源车辆，政府的补贴额度可以达到50%，甚至更多。

　　（2）从运输方面，降低配送成本。目前，为了促进农产品经济的发展和流通，国家对运载相关产品的车辆实施免缴过路费政策，同时交通管制要求也较低。可以利用"互联网+食材供应链"的方式降低运输成本。生鲜配送企业可以通过使用信息化系统平台，合理规划路线，提高物流配送的效能。

　　（3）从存储方面，降低企业成本。除了运输方面的提升，整个配送物流还包含了食材的存储。例如，我国具有非常丰富的自然冷能资源，但利用率较低。北方城市可以对自然冷能资源进行更好的开发，有效地缓解国内农产品集散地的仓储问题，对能源节约、储存条件的改善等具有较大的促进作用，大大降低企业冷藏成本。

　　（4）降低流通及加工成本。在生鲜配送企业规划时，需要对整个食材运输过程进行科学的规划，尤其在配送公司需要进行食品加工时，如何通过降低食品流通成本，保障其利润不断提升。如将物流中心建立在农产品集中数量较大的区域，然后进行流通性加工，确保规模效益的实现。

　　（5）做好生鲜冷链物流配送设备的更新。生鲜冷链物流配送效率低下的一个重要原因是设备落后，只有做好设备的有效更新与引入，提升设备的先进化水平，才能够为配送效率的提升奠定基础。一方面可以进行先进设备的引进，普及全程自动温度控制设备；另一方面可以积极学习其他发达国家生鲜冷链物流配送的技术。对于生鲜配送企业来说，解决好冷链物流成本问题，可以将企业损耗降低20%。冷链物流的整体水平需要行业人共同努力，才能够更好更有效地发展与前进。

总体来说，冷链物流是一个发展潜力巨大的领域，未来的发展前景非常广阔。随着技术的不断进步和应用的不断拓展，冷链物流将会更加智能化、高效化、环保化，为食品行业提供更优质、更可靠的物流服务。

（资料来源：冷链物流行业发展现状及趋势分析，http：//wenku.baidu.com，2023-02-25）

知识检测

项目5知识检测答案

一、单项选择题

1. （　　）一般处于生产的最后一道工序，销售物流的第一道工序。
 A. 运输　　　　　B. 流通加工　　　　　C. 包装　　　　　D. 配送

2. （　　）的绩效考核是指针对销售部门产品配送，对产品到达客户（销售商）手中的物流工作进行的考核。
 A. 采购物流　　　B. 企业内物流　　　　C. 销售物流　　　D. 退货物流

3. （　　）是按照物流合理化的目的和要求，制定各类技术标准、工作标准，并形成全国乃至国际物流系统标准化体系的活动过程。
 A. 标准化　　　　B. 差异化　　　　　　C. 共同化　　　　D. 计划化

4. 销售物流的直接销售渠道是制造商（　　）。
 A. 建立销售网络，经营产品销售　　　　B. 直接控制产品销售
 C. 控制分销主体　　　　　　　　　　　D. 间接控制销售

5. 在物流系统中，起着缓冲、调节和平衡作用的物流活动是（　　）。
 A. 运输　　　　　B. 配送　　　　　　　C. 装卸　　　　　D. 仓储

6. （　　）指产品的数量、质量、体积能够使运输车辆满载的发运方式。
 A. 零担发运　　　B. 整车发运　　　　　C. 集装箱运输　　D. 特快专递

7. （　　）是销售物流的中心环节。
 A. 装卸搬运　　　B. 仓储　　　　　　　C. 流通加工　　　D. 运输配送

8. 从现代物流系统观点来看，仓库是物流系统的（　　），希望在这里对物流进行有效的、科学的管理与控制，使物流系统更顺畅更合理地运行。
 A. 流通加工中心　B. 储存中心　　　　　C. 配送中心　　　D. 调运中心

9. 商品在从生产者向消费者流通过程中，为了增加附加价值，满足客户需求，促进销售而进行简单的组装、剪切、套裁、贴标签、刷标志、分类、检量、弯管、打孔等的活动称为（　　）。
 A. 运输　　　　　B. 装卸搬运　　　　　C. 配送　　　　　D. 流通加工

10. 在销售过程中进行的流通加工属于（　　）。
 A. 生产型加工　　B. 促销型加工　　　　C. 流通型加工　　D. 工艺型加工

二、多项选择题

1. 销售物流的主要环节包括包装、成品储存、（　　）、订单及信息处理等环节。
 A. 流通加工　　　B. 发送运输　　　　　C. 装卸搬运　　　D. 配货管理

2. 销售物流网络设计过程主要可分为（　　）。
 A. 准备阶段　　　　　　　　　　　　　B. 详细设计阶段

C. 总体规划阶段　　　　　　　　　D. 实施阶段

3. 销售物流运作绩效包括（　　）。

A. 及时性　　　　　　　　　　　　B. 准确性

C. 车辆积载率　　　　　　　　　　D. 物流的货损率

4. 企业销售物流的主要模式有（　　）。

A. 企业自身组织销售物流

B. 第三方物流企业组织销售物流

C. 企业组织和第三方物流企业结合

D. 客户自己提货

5. 配送计划的实施主要包括的内容有（　　）。

A. 制订配送计划　　　　　　　　　B. 按计划给配送点进行配货

C. 下达配送计划　　　　　　　　　D. 装车发运

6. 商品配送运输的要求有（　　）。

A. 及时准确　　　　　　　　　　　B. 安全方便

C. 经济性　　　　　　　　　　　　D. 服务性

7. 销售物流中的仓储管理应遵循的规则有（　　）。

A. 验收入库、分类存放　　　　　　B. 及时盘点

C. 产品分拣　　　　　　　　　　　D. 产品出库

8. 产品包装功能很多，其主要功能有（　　）。

A. 保护功能　　　　　　　　　　　B. 便利、促销功能

C. 信息传递、广告功能　　　　　　D. 运输配送功能

9. 自建销售物流一般适用于哪些企业？（　　）

A. 专业性强或市场定向窄

B. 企业有物流设施、物流人员，企业自己可以承担分销物流活动

C. 供需之间没有特殊的紧密合作关系

D. 自己的分销物流活动有特别技术要求

E. 供需之间签订了紧密的合作关系，企业物流才能满足这种关系和客户需求

10. 第三方物流的优势是指（　　）。

A. 可以实现规模效益　　　　　　　B. 随机性、风险大

C. 可以实现协调效益　　　　　　　D. 利润空间小、难度大

E. 可以实现群体效益

任 务 实 施

1. 得益乳业的销售物流属于哪种模式？该公司产品的销售物流有什么特殊性？你认为该公司选择该销售物流模式的理由是什么？

_____

_____

_____

_____

_____

_____

2. 简述得益乳业采用的销售物流模式的优点和缺点。

_____

_____

_____

_____

3. 得益乳业的销售渠道有哪些？对得益乳业的销售效果进行分析及评价，找出其存在的问题。

_____

_____

_____

_____

4. 创立于同时期的伊利、蒙牛这两家乳企都已发展成国内知名企业，而得益乳业还只是区域性企业，你认为制约其发展的主要原因有哪些？

_____

_____

_____

_____

5. 请你对得益乳业实现数字化转型具备的优势及运用的技术、建设的平台与采取的策略提出建议。

_____

_____

_____

_____

_____

项目 6　逆向物流运作

知 识 目 标

1. 了解逆向物流的含义与分类，了解不同形态、不同来源、不同性质的逆向物流的处置方法；

2. 理解逆向物流的特点与特征，掌握逆向物流活动环节与原则；

3. 了解回收物流的含义、目的与任务；

4. 掌握回收物流运作采用的三种模式及适用选择；

5. 掌握产品回收物流的内容与动机及流程；

6. 了解包装回收物流及废旧钢铁、纸与纸制品的回收物流技术与方法；

7. 了解废弃物流的含义、作用，掌握废弃物流的处置方法及合理化处理；

8. 理解逆向物流对企业和社会的战略意义。

技 能 目 标

1. 能够结合企业回收与废弃物流系统进行合理化的分析，具备逆向物流运作实际操作能力；

2. 能够依据企业实际需求规划逆向物流系统；

3. 能够针对具体的逆向物流系统灵活选用管理策略。

素 养 目 标

1. 遵守法律法规，培养正确的价值观、道德观、消费观、环保意识和公民责任感；

2. 树立资源优化利用、环境保护和经济可持续发展的理念；

3. 提高对企业生产产生的外部危害性的认识，树立回收再利用与再制造的责任与使命。

项 目 任 务

情境1： 东芝对于电脑的退货管理存在着不同的问题，因为客户想要他们之前使用的、存有资料的那个电脑，而不是替代电脑。因此，客户满意的两个关键因素是物流速度和第一时间的修理。如果东芝忽略了这两个因素中的任意一个，那么客户满意度就会降低。东芝采用六西格玛管理法寻找缩短修理时间的解决方案。东芝想要将这项业务外包，起初对合作伙伴的选择犹豫不决，是选择修理企业还是物流企业？实际上，对于大规模的退货处理业务，具备修理和物流服务双重功能的企业很少。最后，东芝选择了UPS集团旗下的供应链管理解决方案事业部（UPS supply chain solutions），该事业部既具备修理能力，更为重要的是在物流领域还处于核心地位。在物流与修理服务两者之间，东芝更加注重物流，因为东芝坚信修理技能可以学习、改进，而物流模型难以模仿。UPS位于美国路易维尔的飞机跑道也是一个有利条件。东芝的零件存储和修理中心都位于路易维尔。结果，双方合作以后，库存状况竟然变得非常好，因为零部件不用离开工厂，而且修理周期也大大缩短，由过去的 10 天降为现在的 4 天。在修理周期缩短方面 UPS 发达的店铺网络贡献最大。现在，UPS 再也不用花费几天时间，邮寄给客户一个替代的退回产品。客户可以去往任何一家 UPS 店铺，店铺会为客户包好产品，并在当天送出。

情境 2：2008 年 3 月，国家发展改革委批准了首批全国 14 个汽车零部件再制造试点，其中整车企业包括一汽集团、江淮汽车、奇瑞汽车三家。零部件再造产品包括发动机、变速箱、发电机、起动机、转向器五类。废旧汽车零部件经再制造达到"质量不低于新品"的技术要求后，可以直接进入市场使用。因为省去了采矿、冶炼、锻铸、机械加工等多道工序，所以再制造的零部件在质量和性能达到或超过原型新品的基础上，可以实现节约成本、节约能源、节约原材料。对于广大消费者来说，再制造能够带来的更是切身的实惠。以江淮汽车、奇瑞汽车再制造的发动机为例，它的价格仅为新机的 55%，与更换新机相比，用户仅此一项就可节约花费 7 000 多元。再制造产品成本仅为新品的 50%，能够节能 60%、节材 70%，对环境的不良影响与制造新品相比显著降低。除此之外，使用再造零部件还可以大幅度缩短维修所需时间。2021 年 6 月，我国《汽车产品生产者责任延伸试点实施方案》明确规定，到 2023 年，报废汽车再生资源综合利用率需达到 75%，汽车可回收利用率需达到 95%，重点部件的再生原料利用比例不低于 5%。《中国再生资源回收发展报告》中的数据显示，2022 年全国汽车保有量为 3.19 亿辆，报废汽车数达到 2 000 万辆。这就意味着一个数量庞大的报废汽车群正在形成和扩大，而如何利用好报废汽车中蕴含的可再生的汽车资源迫在眉睫、责任重大。

情境 3：汽车零部件再制造在国外已经是一个成熟的产业，在技术方面并不存在问题，而且经过再制造的零部件在质量和性能上也等同于新件。美国从事汽车零部件再制造的企业有 50 000 多家，产值达到 360 亿美元。通过再制造生产的汽车零部件占美国汽车售后服务市场份额的 45%~50%；欧盟则对汽车报废和再制造有严格的规定，根据其规定，从 2006 年 1 月起，欧盟所有报废汽车材料的最低回收利用率为 85%，最低再利用率达到 80%；2015 年 1 月后，欧盟报废汽车材料回收利用率将达到 95%，再利用率将达到 85%。欧美地区汽车零部件再制造的范围已经涵盖了发动机、传动装置、离合器、转向器、起动机、化油器、闸瓦、水泵、空调压缩机等部件，并已在技术、加工、销售等方面形成一套完整体系，汽车零部件的回收再利用率约占 80%。

阅读以上材料，完成以下任务：

1. 东芝体现的是哪种逆向物流运作模式？这种逆向物流运作模式有哪些优点？

2. 企业选择逆向物流运作模式需要考虑哪些因素？什么样的企业适合选择和东芝相似的逆向物流运作模式？

3. 从逆向物流的构成上看，汽车零部件再制造属于哪一种？该种逆向物流有什么特点？

4. 逆向物流对企业和社会的战略意义主要体现在哪些方面？

5. 你认为国外回收物流对我国有哪些借鉴作用？

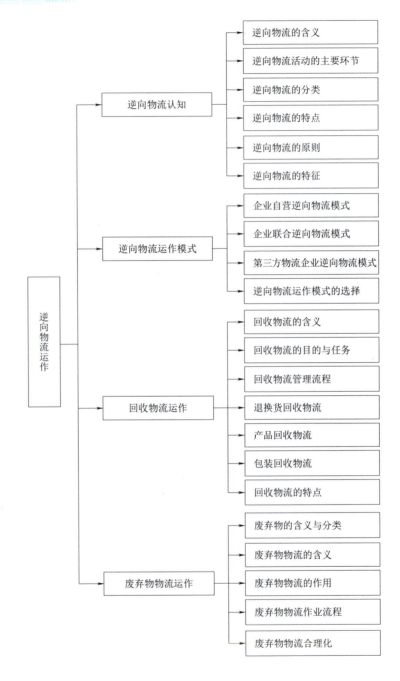

任务 6.1 逆向物流认知

6.1.1 逆向物流的含义

1981 年，美国学者 Douglas Lamber 和 James R. Stock 最早提出了逆向物流（reverse logistics）的概念。目前，理论界对回收物流的概念表述有很多。

1998 年，欧洲逆向物流工作组将逆向物流定义为：原材料、再制造品及产成品从制造工厂、配送中心或消费地向回收中心及其他处置点流动而做的规划、控制及实施的过程。

2005 年，美国供应链管理专业协会在其公布的《供应链词条术语》（2010 年 2 月版）中，对逆向物流解释为，"逆向物流是指对售出及送达客户手中的产品和资源的回流所涉及的专业物流。"

2021 年，《中华人民共和国国家标准物流术语》（GB/T 18354—2021）对逆向物流定义如下："逆向物流也称反向物流，是指物品从供应链下游向上游的运动所引发的物流活动。"

不同的学者对逆向物流的定义有不同的表述，但其主要思想是一致的。从广义的角度，可以概括为五个方面。

（1）逆向物流的目的，是通过正确的处理方式重新获得废弃产品或有缺陷产品的使用价值，或是对最终的废弃物进行正确的处理，为企业带来一定的经济效益，但这个过程中要尽量避免对环境的损害。

（2）逆向物流的对象，不是正常产品，而是有缺陷的产品或者报废产品，以及用于产品运输的容器、包装材料及相关信息，将它们从供应链终点沿着供应链的渠道反向流动到相应的各个节点。

（3）逆向物流的活动，包括对上述流动对象的回收、检测、分类、再加工、再销售和报废处理等环节。

（4）逆向物流的流动，同正向物流一样，包括物流、资金流、信息流和商流的流动。

（5）逆向物流的构成，包括两大类：回收逆向物流和废弃逆向物流（如图 6-1 所示）。

知识拓展：
逆向物流
产生的背景

知识拓展：
逆向物流
概念的来源

知识拓展：
逆向物流的
重要性

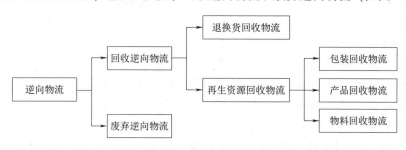

图 6-1　逆向物流的构成

6.1.2 逆向物流活动的主要环节

逆向物流活动主要包括回收、检测、分类、再加工/维修/再制造、再销售和报废处理等环节（如图 6-2 所示）。

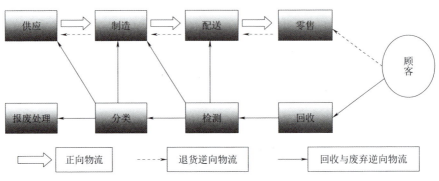

图6-2 逆向物流活动的主要环节

1. 回收

回收是将顾客所持有的产品通过有偿或无偿的方式返回销售方，这里的销售方可能是供应链上任何一个节点，如来自顾客的产品可能返回到上游的供应商、制造商，也可能返回到下游的配送商、零售商。

我国目前尚未建立规范回收体系，回收渠道鱼龙混杂，未形成统一规范的回收系统。现存主要的回收模式有企业回收、第三方回收和联合回收。

2. 检测

检测是对回收产品的功能进行测试分析，并根据产品结构特点及产品和各零部件的性能确定可行的处理方案，包括直接再销售、再加工后销售、分拆后零部件再利用、产品或零部件报废处理等。然后，对各方案进行成本效益分析，确定最优的处理方案。

我国目前主要采用人为观察或机器检测的方法检测回收产品的外观、包装、性能、类别，以及确定废旧产品的破损情况和剩余价值。

3. 分类

根据检测得到的结果，对回收产品进行分类，并根据产品的损坏程度、结构特点、性能及技术等标准来确定最优的处理方案。

4. 再加工/维修/再制造

对不能直接二次利用的废旧产品进行再加工/维修/再制造，以保障废旧产品可以回到再利用状态。

5. 再销售

经过再加工/维修/再制造后，对于可以直接利用的废旧产品，可以再次回到销售市场；对于不能直接利用的废旧产品，需要将其拆解为零部件后再利用；对于两者都不满足的废旧产品，可以将其加工为原料，再返回到工业原料厂中加以销售。

6. 报废处理

对于完全没有使用价值、经济价值或者经济价值较小却严重危害环境的废旧产品，可采用机械处理、地下掩埋、焚烧等方式对其进行报废处理。

西方国家对环保要求越来越高，而后两种方式会对环境带来一些不利影响，如占用土地、污染空气等。因此，目前西方国家主要采取机械处理的方式进行报废处理。

6.1.3 逆向物流的分类

逆向物流根据分类的依据和标准不同，可以分为不同的类别。

1. 按照回收物品的渠道分类

按照回收物品的渠道，逆向物流可分为退货逆向物流和回收逆向物流。

退货逆向物流是指下游顾客将不符合订单要求的产品退回给上游供应商，其流程与常规产品流向正好相反，是"顾客→销售商→原生产商"的过程。

回收逆向物流是指将最终顾客所持有的废旧物品回收到供应链上各节点企业，是一个"顾客→收集者→原材料生产商→原材料销售商→顾客"的过程，包括五种物资流：直接再售产品流（回收→检验→配送）、再加工产品流（回收→检验→再加工）、再加工零部件流（回收→检验→分拆→再加工）、报废产品流（回收→检验→处理）和报废零部件流（回收→检验→分拆→处理）。

2. 按照回收物流材料的物理属性分类

按照回收物流材料的物理属性，逆向物流可分为钢铁和有色金属制品回收物流、橡胶制品回收物流、木制品回收物流、玻璃制品回收物流等。

3. 按成因、途径和处置方式及其产业形态分类

根据成因、途径和处置方式及其产业形态的不同，逆向物流可分为投诉退货、终端使用退回、商业退回、维修退回、生产报废与副品，以及包装六大类别。表6-1中列出了这六类典型的逆向物流。它们普遍存在于企业的经营活动中，其涉及的部门从采购、配送、仓储、生产、营销到财务。因此，从事逆向物流管理需要完成大量协调、安排、处置、管理与跟踪工作，企业才能完成资源的价值再生。

表6-1 逆向物流按成因、途径和处置方式及其产业形态来划分

类别	周期	驱动因素	处理方式	例证
投诉退货：运输短少、偷盗、质量问题、重复运输等	短期	市场营销、客户满意服务	确认检查、退换货、补货	电子消费品，如手机、DVD机、录音笔等
终端使用退回：经完全使用后需处理的产品	长期	经济、市场营销	再生产、再循环	电子设备的再生产、地毯循环、轮胎修复
		法规条例	再循环	白色和黑色家用电器
		资产恢复	再生产、再循环、处理	电脑组件、打印硒鼓
商业退回：未使用产品退回还款	短到中期	市场营销	再使用、再生产、再循环、处理	零售商积压库存、时装、化妆品
维修退回：缺陷或损坏产品	中期	市场营销、法规条例	维修处理	有缺陷的家电、零部件、手机等
生产报废和副品：生产过程废品和副品	较短期	经济法规条例	再生产、再循环	药品行业、钢铁业
包装：包装材料和产品载体	短期	经济	再使用	托盘、条板箱、器皿
		法规条例	再循环	包装袋

资料来源：孙明贵主编，《回收物流管理》，中国社会科学出版社，2005年5月

知识拓展：
逆向物流
的成因

6.1.4 逆向物流的特点

逆向物流作为企业价值链中特殊的一环，与正向物流相比，既有共同点，也有各自不

同的特点。两者的共同点在于都具有包装、装卸运输、储存、加工等物流功能。但是，逆向物流与正向物流相比又具有其鲜明的特点。

1. 分散性

逆向物流产生的地点、时间、质量和数量是难以预见的。废旧物资流可能产生于生产领域、流通领域或生活消费领域，涉及任何领域、任何部门、任何个人，在社会的每个角落日夜不停地发生。正是这种多元性使其具有分散性。而正向物流则不然，按量、准时和指定发货点是其基本要求。这是由于逆向物流发生的原因通常与产品的质量或数量的异常有关。

2. 缓慢性

逆向物流开始的时候数量少、种类多，只有在不断汇集的情况下才能形成较大的流动规模。废旧物资的产生也往往不能立即满足人们的某些需要，它需要经过加工、改制等环节，甚至只能作为原料回收使用，这一系列过程的时间是较长的。同时，废旧物资的收集和整理也是一个较复杂的过程。这一切都决定了逆向物流缓慢性这一特点。

3. 混杂性

废旧物资在进入逆向物流系统时往往难以划分为产品，因为不同种类、不同状况的废旧物资常常是混杂在一起的。废旧物资经过检查、分类后，逆向物流的混杂性随着废旧物资的产生而逐渐衰退。

4. 多变性

由于逆向物流的分散性及消费者对退货、产品召回等回收政策的滥用，有些企业很难控制产品的回收时间与空间，这就导致了逆向物流的多变性。主要表现在以下四个方面：

（1）逆向物流具有极大的不确定性。

（2）逆向物流的处理系统与方式复杂多样。

（3）逆向物流技术具有一定的特殊性。

（4）相对高昂的成本。

6.1.5 逆向物流的原则

1. 事前防范重于事后处理原则

逆向物流实施过程中的基本原则是事前防范重于事后处理，即预防为主、防治结合的原则。因为对回收的各种物料进行处理往往给企业带来许多额外的经济损失，这势必增加供应链的总物流成本，与物流管理的总目标相违背。因此，对生产企业来说，要做好逆向物流，一定要注意遵循事前防范重于事后处理的基本原则。循环经济、清洁生产都是为了实践这一原则。

2. 绿色原则

绿色原则是指将环境保护的思想观念融入企业物流管理过程中。这一思想即为"5R"原则：即研究（research）、重复使用（reuse）、减量化（reduce）、再循环（recycle）、挽救（rescue）。

（1）研究：重视研究企业的环境对策，如循环经济、清洁生产等绿色技术的研究与推广应用。

（2）重复使用：如用已使用过的纸张背面来印名片等都体现了这一原则。

（3）减量化：减少或消除有害废弃物的排放，如减少进入回收流通的产品及包装材料的数量，在产品生产过程的设计中充分考虑回收物流的需要，使其方便于将来的回收和利用等。严格控制退货政策也可以达到减少退货量的目的，这一方法目前在我国的消费品市场上最常见。

（4）再循环：对废旧产品进行回收处理再利用，如纯净水桶、酸奶瓶等的回收物流。

（5）挽救：对已产生的废旧产品或废弃物进行修复使其可再利用或将其对回收物流及社会的损害降到最小。

▶▶▶ 实战训练6-1 ◀◀◀

华为手机十条退货规定

一、在购买华为手机后，如果您发现产品存在质量问题或者不符合承诺，那么您可以在7天内申请退货。

二、如果您在使用过程中发现产品存在质量问题，那么您可以在15天内申请退换货。

三、如果您在使用过程中发现产品存在质量问题，那么您可以在30天内申请维修服务。

四、如果您在购买华为手机后，发现产品存在质量问题，那么可以向华为客服中心申请退款。

五、如果您在退货过程中，产品出现人为损坏，那么华为将不予受理退货申请。

六、如果您在退货过程中，产品配件不全或者包装损坏，那么华为将不予受理退货申请。

七、如果您在退货过程中，产品已经激活或者使用，那么华为将不予受理退货申请。

八、如果您在购买华为手机后，发现产品存在质量问题，那么可以在保修期内向华为客服中心申请免费维修服务。保修期为一年，但不包括人为损坏、自然灾害等非正常使用情况所造成的损坏。在保修期外，您可以向华为客服中心申请收费维修服务。

九、如果您退货时需要退还赠品，那么赠品必须与产品一同退回。如果您已经使用了赠品，那么华为将不予受理退货申请。

十、如果您购买的华为手机是在华为官网或者华为授权线下店铺购买的，那么您可以在华为官网或者华为授权线下店铺办理退货退款手续。如果您购买的华为手机是在第三方电商平台购买的，那么您需要联系该电商平台进行退货退款处理。

问题： 华为为什么要严格控制退货？

3. 效益原则

生态经济学认为，在现代经济、社会条件下，现代企业是一个由生态系统与经济系统复合组成的生态经济系统。物流是社会再生产过程中的重要一环，物流过程中不仅有物质循环利用、能源转化，而且有价值的转移和价值的实现。因此，现代物流涉及经济与生态环境两大系统，理所当然地架起了经济效益与生态环境效益之间彼此联系的桥梁。经济效益涉及目前和局部的更密切相关的利益，而生态环境效益则涉及更宏观和长远的利益。经济效益与生态环境效益是对立统一的，后者是前者的自然基础和物质源泉，而前者是后者的经济表现形式。

课堂笔记

4. 信息化原则

尽管逆向物流具有极大的不确定性，但是通过条形码、GPS、EDI 等信息技术的应用可以帮助企业大幅度提高逆向物流系统的效率和效益。如使用条形码可以存储更多的商品信息，这样有关商品的结构、生产时间、材料组成、销售状况、处理建议等信息就可以通过条形码加注在商品上，也便于对进入回收流通的商品进行有效及时的追踪。

5. 法治化原则

由于人们以往对逆向物流这一问题的关注较少，由市场自发产生的逆向物流活动难免带有盲目性和无序化的特点，牟取暴利、助长腐败、走私犯罪等违法的逆向物流活动都亟需政府制定相应的法律法规来引导和约束。

6. 社会化原则

从本质上讲，社会物流的发展是由社会生产的发展带动的，当企业物流管理达到一定水平时，对社会物流服务就会提出更高的数量和质量要求，企业回收物流的有效实施离不开社会物流的发展，更离不开公众的积极参与。在国外，企业与公众参与回收物流的积极性较高，在许多民间环保组织，如绿色和平组织（Green Peace）的巨大影响力下，已有不少企业参与了绿色联盟。

6.1.6 逆向物流的特征

在现阶段，逆向物流呈现出以下几个显著特征：

1. 高度不确定性

逆向物流产生的地点、时间及回收品的质量和数量难以预测，导致逆向物流供给的高度不确定性，再加上已恢复或再使用产品市场的高度不确定性，使得对回收产品的需求更是难以预测，因此，供需平衡难以掌握。相反，正向物流的供给根据系统的需要是可以控制的。原材料在适当的时间和地点按一定的数量和质量投入生产是其基本要求，所以正向物流对产品的需求几乎由需求方决定，供给和需求容易达到平衡。

2. 运作的复杂性

逆向物流的恢复过程和方式按产品的生命周期、产品特点、所需资源、设备等条件不同而复杂多样，因此，比正向物流中新产品的生产过程存在更多的不确定性和复杂性。据对美国公司的一项调查显示，逆向物流的主要活动和功能包括再制造、修整、再循环、填埋、再包装和再处理等内容。一个公司的逆向物流实施直接被至少四种环境因素影响，即消费者、供应商、竞争对手及政府机构，所以公司很难作出有关恢复方式的战略决策，来高效且经济地运作逆向物流系统。

3. 实施的困难性

逆向物流普遍存在于企业的各项经营活动中，从采购、配送、仓储、生产、营销到财务，需要大量的协调和管理。尽管在一些行业中，逆向物流已经成为在激烈的竞争中找到优势从而独树一帜的关键因素，但是许多管理者仍然认为逆向物流在成本、资产价值和潜在收益方面没有正向物流那么重要，因此，分配给逆向物流的各种资源往往不足。另外，缺乏相关领域专业技术和管理人员，缺少相应的逆向物流网络和强大的信息系统及运营管理系统的支持，都成为逆向物流有效实施的障碍。

零售巨头西尔斯公司的物流副总裁说过："逆向物流也许是企业在降低成本中的最后一块处女地了。"目前，对国内企业来说，开展逆向物流资源相对贫乏，受到巨大的资源和环境制约，但市场前景明朗。在此情况下，如何让逆向物流不再沉默，成为国内企业思索的主题。

任务 6.2　逆向物流运作模式

企业逆向物流运作可以采用自营、联合和外包三种模式。

6.2.1　企业自营逆向物流模式

企业自己运行回收物流业务，回收点选址有两种选择。

（1）利用原有分拨点。利用原有分拨点回收物流模式，也就是与正向物流使用相同的渠道和参与方。在这种模式下，通常是将回收物从各个分散地方回收回来，在原有各分拨点处进行分类处理，然后再运回到企业进行进一步处理和再利用。这种逆向物流模式如图 6-3 所示，此时，回收物以与正向物流相反的方向，沿着与正向物流相同的路径进行。

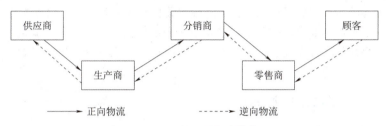

图 6-3　利用原有分拨点

（2）企业新建回收物流中心。在实际操作中，生产企业发现原本正向物流渠道中的分拨点并不适合同时从事回收的工作，此时，生产企业将新建一个回收物流中心，这样，就可以由回收物流中心对回收、检验、储存、运输处理等环节进行统一安排。这种逆向物流模式如图 6-4 所示。

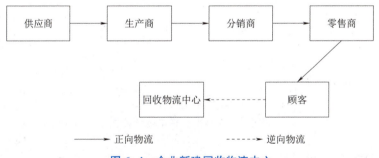

图 6-4　企业新建回收物流中心

1. 自营逆向物流的优点

从理论上来看，企业采取自营逆向物流运作模式具有以下优势：

（1）交易时成本降低。由于回收决策由企业自己制定，回收操作由企业自己控制，因此，企业能够以较低的交易成本实现预设的物流目标。

（2）有利于企业内部资源准确评估。企业自己操作回收物流，可以更清晰准确地对物流网络中的设施和人员等资源进行评估，从而更易于对成本进行有效的分析和效率效益分析。

（3）有利于企业对自身业务的控制。企业自行回收使企业可以对自身的物流水平具备足够的了解，同时可以对物流进度进行实时追踪了解，从而更加有利于对物流业务的控制。

（4）能够推进供应链整体运作。生产企业是逆向物流模式网络的核心，如果能够具备强大的规模和实力，则自营逆向模式将更有利于推进整个供应链上的包装废旧物品回收再用，从而推进供应链整体运作，使运作效率得到提高。

2. 自营逆向物流存在的问题

（1）获得规模经济效益不大。这种模式下的企业，构建的回收网络仅限于企业自身逆向物流的运作，规模有限，同时企业还要独自承担一定的费用成本。因此，当企业的逆向物流数量没有达到所要求的程度时，自行回收难以获得理想的经济效益。

（2）存在包装废旧回收物的安全问题。企业自己构建逆向物流网络系统，使得逆向物流网络系统内部缺乏企业外部人员的有效监督。企业在回收使用的过程中，可能会由于某些原因，如追求低成本，而完全忽视包装物重复使用的安全问题，这势必成为安全隐患。

（3）专业人才匮乏。虽然中国物流从业人员已初具规模，但大多数是从管理专业、工程专业、交通运输专业等转行过来的，真正懂得物流科学的高层次人才少之又少，而通过委托方式培训职员的企业也不多见。市场竞争归根到底是人才的竞争，缺乏物流人才，企业也就缺少了创新能力和发展动力，只能依靠传统的方式管理逆向物流，导致企业低效运转，缺乏活力与竞争力。

6.2.2　企业联合逆向物流模式

回收中心可以由参与企业共同建立，也可以由实力相对较强的企业来建立。企业联合逆向物流系统中，回收中心独立运作，能够实现回收物的回收、检验、存储、配送等功能，同时，它可以按所有企业的具体要求，将回收并处理好的专用回收物或非专用回收物运交给企业使用。企业联合逆向物流模式如图 6-5 所示。

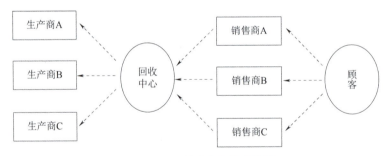

图 6-5　企业联合逆向物流模式

1. 联合逆向物流模式的优点

（1）运营成本较低。由某一企业或多个企业发起的联合逆向物流，多个企业共同构建回收渠道，回收的运作、管理成本由参与的所有企业按合同或约定分摊，具有明显的规模经济效益。

（2）规模效益优势较明显。联合回收可以使得回收中心开展多频率、少批量的运输，同时，对车辆运输路线的合理规划，可以使交叉运输和迂回运输有效减少。而从投资的角度来看，企业以有限的投入获得较好的服务的要求得以实现，从而获得了规模效益优势。

（3）回收利用效率比较高。由于共用系统中可以包含多个企业主体，尤其无力建立自营逆向物流系统的众多小型企业，因此，可以将更多种类的包装物回收运作纳入系统之中，从而提高了包装物的回收利用率。同时，设备与人员素质都具有很强的专业性，且有很高的利用率，从而体现了较高的回收运作效率。

2. 联合逆向物流模式存在的问题

（1）回收中心的选址更为复杂。由于覆盖共用系统的参与方较多、分布广泛，因此，面临的回收中心选址问题相较单个企业来说要复杂得多，不仅要考虑回收中心到各个参与方的分拨点和回收点的成本，还要考虑各回收点之间转运包装废旧物的成本。

（2）权益分配容易产生混乱。由于多个企业之间共同使用同一系统，因此，企业间权益的分配很容易产生混乱。当回收中心是由某一企业发起建立，并同多个企业共用时，可能会由于势力问题导致权益分配不均。

6.2.3 第三方物流企业逆向物流模式

企业将回收业务外包，由专业的第三方物流企业负责逆向物流的运作规划和管理（如图6-6所示）。这种模式有助于企业降低物流成本、降低风险、提高物流水平，从而可以将更多的资源用于自身的核心业务，提高企业的核心竞争力。

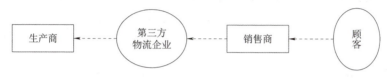

图6-6 第三方企业逆向物流模式

1. 第三方物流企业逆向物流的优点

（1）企业能将精力集中于核心业务上。现代竞争理论认为，企业要取得竞争优势，必须巩固和扩展自身的核心业务，这就要求企业致力于核心业务的发展上。因此，越来越多的企业将其非核心业务外包给专业化的第三方物流企业。

（2）减少投资，实现较高的运作效率。第三方物流作业的高效率依赖于其先进的设施和软件，利用第三方物流企业可以为企业减少在此领域的巨额投资。国外一项调查表明，第三方物流企业投入大量资金用于购买物流技术设备，包括软件、通信和自动认识系统。74%的第三方物流企业购买物流技术、条码系统的平均支出达108万美元，其中在软件上的平均花费达61万美元，在通信和追踪设备的花费达40万美元。另外，60%的第三方物流企业为其顾客购置了物料搬运设备，在货架方面开支达41万美元，在储存和提取系统方面开支达45万美元，在码头设备上开支达30万美元，在起重机及附件方面开支达43万美元。第三方物流企业拥有比较成熟的物流运营经验和管理体系，可以利用先进的物流技术软件和设备，以其规模化的专业优势和成本优势，通过提供专业服务，避免企业自营过程中产生的额外费用，从而实现了用较低的成本提供高质的服务。

2. 第三方物流企业逆向物流存在的问题

（1）可控性不强。回收业务外包使得企业将物流回收业务委托于第三方物流企业进行运作，因此，企业将减少或失去对这部分业务的控制力。

（2）保密性不强。企业为了维持正常的运营，必须对某些信息采取保密的手段，以保持自身在市场上的竞争优势，如营销渠道的建立与维护。但是，如果引入第三方物流企业，企业内部与回收业务相关的部分或全部需要保密的信息都将要不可避免地向第三方物流企业公开，这很有可能导致企业的机密外泄，从而损害企业自身的利益。

（3）第三方逆向物流平台构筑滞后，信息化程度低。根据信息化系统的应用范围和广度，目前物流行业IT应用系统大致分为以下几个层次：第一层次为单点应用，是针对个别

微课：逆向
物流运作模
式与优缺点

功能的软件工具和单点系统的建设；第二层次为流程优化，是针对物流企业的个别业务流程或管理职能，实施部门级的信息系统建设；第三层次为综合管理，是针对整个企业的综合管理，实施企业级的信息系统建设；第四层次为公共平台，所要解决的问题是整个物流行业的公共化问题，如物流信息的发布与共享，物流行业与其他相关机构的信息交换。据不完全数据表明，目前，仅有少数较大规模的物流企业的信息化已经达到第二层次，占物流企业总数的18%左右，达到第三层次的物流企业则更少，仅占物流企业总数的5%左右，而目前还没有物流企业达到第四层次，反映出其信息化程度低的问题。

（4）物流渠道不畅。一方面经营网络不合理，第三方物流企业之间、企业与客户之间缺乏合作，货源不足，传统仓储业、运输业能力过剩，造成浪费；另一方面，信息技术落后，因特网、条形码、EDI等信息技术未能广泛应用，物流企业与客户不能充分共享信息资源，没有结成相互依赖的伙伴关系。

6.2.4 逆向物流运作模式的选择

企业在选择适合自己的逆向物流运作模式时，需要考虑许多因素，主要包括以下几个方面：

1. 经济性因素

反映回收物流经济性的指标主要包括投资额、营利性和成本等。

（1）投资额。在不同的运作模式下，企业在逆向物流方面所需的投资额是不相同的。在自营条件下，逆向物流方面的投资主要是由企业自身来承担；而在联合经营或者外包模式下，企业自身只需承担建立逆向物流系统的部分投资或者基本上不需要承担，而是完全由合作企业来承担。

（2）营利性。盈利性是企业必然要考虑的因素。在自营模式下，营利性主要表现为将废旧物品转变为再生资源，节约原材料成本，以及改善企业形象等。而在联合经营或者外包模式下，企业在上述几方面所获得的收益可能较少，或者仅达到避免法律法规惩罚的标准。

（3）成本。成本是逆向物流管理中一个不可忽视的因素。当企业采用自营模式时，需要为逆向物流业务支付较高的成本费用，主要是因为这些商品通常缺少规范的包装，又具有不确定性，难以充分利用运输和仓储的规模效益。另一个重要原因在于许多商品需要人工的分类、检测、判断和处理，不可避免地增加了人工费用。而在采用外包模式和联合经营模式时，企业也需要向对方支付一定的回收处理费用，此外，还有企业之间合作的"交易成本"。

2. 管理性因素

管理性因素是指生产企业对逆向物流各种运作模式的运用和管理能力。反映逆向物流管理性的指标主要包括以下几个：

（1）设备设施管理能力。逆向物流的运作过程中通常需要许多设施设备，包括回收处理设施、检验检测设备、修理设备及运输车辆等，对这些设施设备的维护保养及管理能力是企业需要考虑的一个重要因素。

（2）人员管理与沟通能力。企业现有员工的业务知识技术能否满足逆向物流的要求，是否需要招聘新员工，是否需要对员工进行培训，以及如何加强企业内部与员工的交流与沟通，这是企业在采用自营模式时必须考虑的问题。而在联合经营和外包模式下，企业还需要加强与外部合作企业员工的交流和沟通，以保证良好的合作关系。

（3）信息管理能力。在采用自营模式的条件下，企业可能通过加强企业内部的逆向物流的信息管理，实现信息共享，不断提高产品和服务质量；而在采用联合经营与外包模式的情况下，企业还需要加强与合作伙伴的信息交流与沟通。

3. 技术性因素

逆向物流的技术性是指逆向物流对技术水平的要求。在逆向物流的某些环节尤其是废旧物品处理环节，通常需要专门的技术设备、技术工人，才能实现废旧物品的再生利用或者无害化处理。

任务 6.3　回收物流运作

在生产销售过程和生活消费中，部分物料可通过收集、分类、加工、供应等环节转化成新的产品，重新投入生产或消费中，这样就形成了回收物流。生产企业产生回收物流，多半是由于产品质量方面的问题而产生了回收的需求，这种问题如果处理不好，则将会影响企业的信誉，甚至危及企业的生存。

6.3.1　回收物流的含义

回收物流，是指不合格物品的返修、退货，以及周转使用的包装容器从需方返回到供方所形成的物品实体流动，即企业在生产、供应、销售的活动中总会产生各种边角余料和废料，这些东西的回收是需要伴随物流活动的。

随着国内企业对消费者满意度关注程度的提高，退货物流逐渐完善。而对于产品回收物流，由于多年来人们对此方面观念淡薄，很少有企业重视。但是，随着社会资源的日趋短缺和中国进入国际市场的需要，中国的制造企业不得不面临回收物流问题。如果回收物品处理不当，则往往会影响整个生产环境，甚至影响产品的质量，而且占用很大空间，造成浪费。

知识拓展：
回收物流
的意义

6.3.2　回收物流的目的与任务

1. 回收物流的目的

具体而言，回收物流系统的目的就是如何在产品的整个生命周期过程中实现"5R"，即研究、重复使用、减量化、再循环、挽救。

2. 回收物流的任务

在回收物流方面，国外跨国企业比国内企业先行一步。研究发现，国外跨国企业对回收物流的管理任务主要侧重于四个方面：退回检验控制、恢复链流程确立、管理信息系统整合、集中退货中心管理。这四个方面在实际运作中，往往是相互关联的，任何一个因素出现异常，都会影响到其他因素，进而影响到整个回收物流系统的绩效。

6.3.3　回收物流管理流程

企业回收物流系统按其流程可以分成输入、转换两个过程。

1. 输入——产品的回收

企业回收物流产生的来源有以下几大类：

（1）企业在生产和流通过程中产生的废弃物料，包括各种报废的零部件、边角料、包装物及废气废渣等。

（2）客户要求退回的产品，包括产品过期形成的退货、产品质量不合格形成的退货、运输和保管不当造成货损形成的退货，以及订单处理错误造成重复运输、错误运输所形成的退货。

（3）因更新升级而回收的产品。现代社会科学技术日新月异，产品的寿命周期越来越短，产品更新升级越来越快，企业为了满足客户的需要，将出售的产品回收进行升级处理。

（4）产品如果存在缺陷而产生产品召回。许多企业一味追求创新，争夺市场份额，在新产品的设计和生产工艺尚不成熟的情况下就进行生产和销售，结果产品在日后的使用过程中产生诸多问题，企业不得不将它们召回重新处理。随着产品召回制度的形成，产品召回的数量将会越来越多，在这个方面所形成的废弃物也会越来越多。

2. 转换——产品的处理

企业回收物流的转换过程可以分成检验、分拣、处理和信息反馈四个环节。

（1）检验。企业必须制定回收的标准，对企业回收物流进行检验，以防止在企业回收物流过程中不合理现象的形成。如生产厂商通过制定产品退货标准，来控制客户无理由的退货；制定生产过程中产品报废标准，来控制产品报废数量，减少企业回收物流。

（2）分拣。分拣是转换过程中一个重要环节，企业根据回收废弃物的种类和回收的原因，在废弃物回收过程中，将它们进行分拣，以便下一步进行加工处理。分拣一定要注意废弃物的同质性，这样可以大大减少接下来处理的工作量。

（3）处理。处理是转换过程中的核心环节，对不需要维修的产品，零售商或配送中心可直接回收处理再销售；对需要维修的产品，零售商或配送中心将它们转交给生产厂家，进行维修处理，然后再销售；对报废的半产品和产成品，生产厂家可将它们拆成零部件，经过重整以后变成原材料；对废气废渣，生产厂家可以采取焚烧、填埋和机械处理等手段。

（4）信息反馈。企业回收物流信息系统可以有效地保证企业回收物流的完成，同时给其他管理部门提供辅助意见。对退货信息（包括退货理由、退货数量和货损情况等）进行记录，为退货运输、库存管理和再销售提供信息。对报废产品进行记录，为生产部门提供生产管理信息和原材料供应信息。另外及时为营销部门制定的营销策略提供依据，为客户管理部门传递客户意见和建议，提高客户关系管理质量。

6.3.4 退换货回收物流

产品退换物流流程如图6-7所示，具体分为以下四个步骤：

（1）商家根据有关条件接受客户的退货、换货要求。对产品的退货、换货，企业销售部门要确认、记录，并将退货、换货的原因分析清楚，上报有关部门（质保部、生产控制部），同时销售部应组织车辆、人员进行产品的回收处理。

（2）生产企业应对退货、换货产品进行检查验收、入库。检查产品，对于能够维修的产品应尽最大可能进行维修，并在规定期间内维修完毕，送交客户手中；对于不能维修、报废的产品，生产企业应定期进行组织车辆、人员进行统一的废弃物处理；对于换季产品，企业应合理调配进行销售，或组织进行有效的仓储管理。

（3）对于退货、换货的产品应进行分类仓储保管，重新入库。企业对产品应重新编码、分类，进行分区、分库管理。库房管理人员应认真填写入库清单，对产品的有关信息进行登记，并将信息录入计算机信息系统，以便于对产品进行仓储管理。退货、换货进行工作的同时，库房管理人员应针对库房的产品数量进行有效的调整。由于产生了退货、换货，势必造成库存的产品数量出现变动，可能造成新的产品库存积压，造成生产企业订单数量增大，因此，有必要针对库房产品数量及订单进行有效的修正。

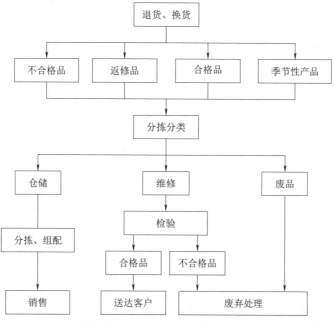

图 6-7　产品退换物流流程

（4）对于合格品（维修品、季节性产品）进行出库分拣、验收、组配，根据市场客户的要求进行产品的配送。产品的二次出库配送，应进行售后的质量跟踪调查。对于不合格品应及时进行标示，填写报废品单据，递交质量保障部门进行质量分析。企业的质保部门对产品进行分析，给出评估报告后，企业按废旧产品进行废弃处理。

实战训练6-2

　　在某汽车 4S 店，一辆宝石蓝色轿车由于颜色不讨好一直卖不出去。厂方市场部建议，首先由这家 4S 店通过折价、赠送礼品等方式加强促销；同时，告知同城的另一经销商，如果他们有客户需要这种颜色的车，则允许调货；如果两周内仍然不能推销出去，则告知相邻省份的经销商，并通知厂方销售部，查询全国其他经销商订货需求，如有订货计划，则直接将这辆车调至该地。最后，在没有任何经销商需要这辆车的情况下，发送回厂重新改喷漆面。

　　问题：厂家为什么要采取各种措施减少轿车回流？

6.3.5　产品回收物流

1. 产品回收物流的内容

　　产品回收管理（product recovery management，PRM），是"按照法律、合同要求或责任义务，生产企业对所有弃置产品、零部件和材料的管理"。其目的是以最小的成本恢复产品最大的经济价值，同时满足技术、生态与法律的限制。

　　在当前的买方市场下，许多企业不得不面对弃置品或回收品。关于产品回收管理的主要内容如下：

（1）产品设计必须考虑拆卸方便、处理效果好，修复后质量可靠。

（2）次级市场必须充分开发。

（3）产品回收要保证足够的数量和质量。

（4）决策时要能得到相应的信息。

（5）必须有对回收品的修复策略。

2. 产品回收物流的动机

一般来讲，开展产品回收物流的主要动机如下：

（1）环境管制。20世纪后半叶，随着环境问题的加剧，世界各国政府都更加重视环境保护政策法律的修订，也制定了诸多关于产品回收的新环境政策。

（2）经济利益。产品回收物流的经济动因主要包括以下三方面：

1）废弃物处理成本增加太快，填埋成本相对较高，循环再用减少了废物数量。

2）修复的产品可以在其他地方出售或者应用于生产中，节省了新部件或新材料的成本。

3）利用回收的产品加以改造，往往可以节约新产品的研发周期，从而大幅度缩短交货提前期，提高顾客满意度水平，实现企业基于时间的战略竞争优势。

（3）商业考虑。一般来讲，企业回收其产品的商业动机如下：

1）企业想通过回收产品分析该产品缺陷的本质，找出原因，以便在之后的生产中避免这样的缺陷，并可据此估计缺陷品的数量。另外，通过检测回收产品，企业能收集处理方案，甚至可以把这些产品当作新产品出售。

2）企业回收产品可防止有缺陷产品进入其他处理通道，从而影响顾客对该产品的需求。为了保护品牌的形象，企业主动加强产品回收物流的管理。

3. 产品回收物流的分类

（1）根据回收产品的来源，产品回收物流分为来自消费者的产品回收物流和来自中间商（批发商、代理商、经销商、零售商等）的产品回收物流。

1）来自消费者的产品回收物流主要有：①消费者退还新产品，如退还不合格产品；②消费者退还用过的产品，如回收汽车的发动机、水泵等，可以从中取得零件；③消费者退还可重用的产品，如啤酒瓶等的回收等。

2）中间商会因为产品缺陷、营销回流、产品过时或过量库存而把产品退回给制造商。

（2）根据回收产品的处理去向划分，收到返回的物资和产品之后，企业可以按照再制造、维修、再利用、再销售、进行回收或作为废品处理等六种方法之一对其进行处理（如图6-8所示）。

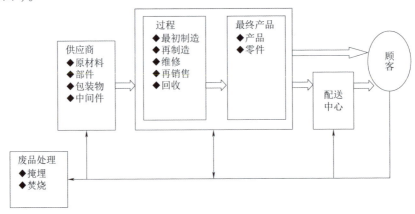

图6-8　逆向产品流动

▲▲▲ 实战训练6-3 ▲▲▲

2022年4月，苹果公司宣布：①召回售出地为中国内地和澳门，以及日本和美国的一小部分iPhone7设备，原因是在状态栏中显示"无服务"（即使在蜂窝移动信号覆盖范围内），生产日期在2016年9月—2018年2月。②召回一小部分iPhone 11显示屏，原因是显示屏停止对触控操作做出响应，生产日期为2019年11月—2020年5月。③召回iPhone X显示屏模块，原因是显示屏或显示屏的一部分不响应或间歇响应触控操作，或即使没有进行触控操作，显示屏也会做出反应。④召回极少数的iphone 12和iphone 12 Pro设备，原因是在拨打或接听电话时听筒发不出声音，生产日期为2020年10月—2021年4月。苹果授权服务提供商免费提供维修或更换计划服务。另外，苹果对部分产品的维修计划期会延长，比如，对召回的iPhone7设备提供了长达4年的额外服务计划，所以直到现在依然可以去官方换新/维修。

问题：苹果公司为什么要主动召回iPhone相关设备？

6.3.6 包装回收物流

回收品中最重要的是可再用包装，包括玻璃、塑料瓶、纸箱、托盘和集装箱等。

1. 包装回收物流业务流程

（1）预处理。无论回收物流中的货物是来自最终客户，还是来自分销中心中的其他成员，也不管最终包装物的目的地在何处，回收物流中所有的包装物在送至下一目的地之前都应先进行预处理，包括清洗、检测、归集和分类等工作。

（2）运输。运输是包装回收物流中主要的成本项，正因为如此，回收站的设置往往很分散且接近客户，这也是提高回收物流的有效性和服务水平所要求的。

（3）最终处理。企业必须为进入回收物流的包装物决定最终目的地。包装物回收物流的最终处理途径有重新利用、整修、回收物料、循环利用、贱卖等形式。

2. 包装回收物流注意事项

企业包装物的回收利用应进行科学合理的规划、严肃认真的实施，避免出现对社会、环境、人员造成污染。因此，对生产企业包装物的有效回收利用应重点关注以下几个问题：

（1）广为宣传，分类处理。生产企业包装物回收是企业降低成本、提高企业利润的有效方法之一。企业针对包装物的回收，应下大力气进行内部宣传，使企业员工对包装物回收有一个深刻认知。包装物在生产企业中的分类、归类，企业应有一个明确的管理方法及措施。应将企业包装物的二次回收利用提升到生产管理的日程中来，坚持企业包装物回收利用，包装物的回收利用有利于企业的发展、有利于生产环境的保护、有利于企业员工素质的提高、有利于企业的生产运营管理。

企业包装物回收分类对于企业包装物的回收起着重要作用，包装物的分类回收可以进一步充分利用包装物各自的特性，做到物尽其用。包装物的回收利用本着"先利用，后回收"的原则，包装产品应坚持企业、客户共同协商的原则，使产品包装更有利于企业的回收再利用。企业包装物的分类可以在员工进行产品拆装、分拣的过程中进行，企业员工针对包装物的不同种类，可以直接将包装物品分类存放，以利于进一步回收利用。

宣传和策划企业包装物回收的重要性在于充分调动全体员工对包装物回收工作的支持。只有企业员工认识到回收包装物对企业、个人、社会有着重要意义，才能将企业包装物回收的工作做到认真、卓越，才能使企业在市场竞争中更具有竞争力。

（2）防止二次污染。回收与综合利用包装废弃物的最终目标是充分利用原材料，降低企业成本，保护生态环境。但是，在包装废弃物进行回收时更应注意是否产生了二次污染，应防止在废弃物回收的过程中给环境、员工造成污染和伤害。

例如，在物流过程中，由于纸及纸制品具有易潮湿、易变质的特性，针对纸及纸制品应进行严格避雨、防水措施，避免纸包装产生腐烂。应避免纸及纸制品在强光下暴晒，因为纸及纸制品的过度干燥，容易形成大量灰尘，散布在空气中。在纸及纸制品回收利用的过程中，操作人员应戴口罩防止灰尘吸入。操作时操作者应戴手套，避免污染物对人体的伤害及污染。

针对危险品包装物（金属、陶瓷类外包装）的回收利用，应注意在第一次使用后金属、陶瓷包装物中的残留物对环境、员工的污染和伤害。针对此类包装物应建立特殊标准作业，确认无污染及危害的情况下，再进行有防范措施的回收再利用。

（3）建立回收机构与考核制度。企业废旧包装物的回收与利用应建立有效的管理体系与机构，采取有效的管理方法与措施，建立考核办法及制度。企业在废弃物回收的过程中，应有专门的机构针对废弃物进行管理，使废弃物的回收工作步入规范化、法治化的轨道，以便推动企业包装物及废弃物更好地回收利用。

企业利用回收包装物进行异类物品包装时，应明确注明包装物是二次利用的，并且将本次包装产品的说明（名称、数量、型号等）、有关信息粘贴在明显处，同时要注意粘贴的标签要牢固，防止丢失。

企业应对生产现场的包装物回收进行认真考核，对企业产生的包装废弃物应建立定比率回收，也就是生产物料的件数与包装材料数量的比较。做到能够回收利用的包装物尽最大可能回收利用，力求将包装物废弃数量降低到最少。对生产现场不能再利用的废弃物包装材料也要进行过磅、称重，每日对包装物进行记录，防止包装物的丢失。对危险品不可回收利用的包装物，企业应进行破坏性回收，防止不法之人利用包装物进行冒充、欺骗。

6.3.7 回收物流的特点

回收物流将有一定使用价值的废旧物资进行回收，通过分拣、加工、分解，使其重新进入生产和消费领域。

1. 回收物流方式多样

企业回收物品种类繁多，是由多个因素决定的。一是几乎所有的生产企业都可能产生回收资源，企业类型不同，则产生的回收资源不同；二是几乎每个生产企业的每一道工序的每个阶段的生产过程都会产生回收资源；三是社会各行业，几乎所有人类的生产成果，最终都可能产生回收资源。因此，由于回收资源产生的渠道多、方式复杂，决定了回收物流方式的多样性。

2. 回收资源的物流数量大

企业回收资源数量一般较大，不仅总量大，而且许多回收资源的单独处理数量也较大，这就决定了回收资源需要有一个庞大的物流系统来支撑。

3. 回收资源物流的粗放运作

企业回收的资源中除少数特别有价值外，绝大多数价值低且数量大。一般经过一次生产或消费之后，主要使用价值已耗尽，因此，在纯度、精度、质量、外观等方面都不是很好，这就决定了采取粗放运作的物流方式处理企业回收资源是很有必要的。这样，可以使回收资源重新使用形成新的价值，从而降低物流成本。

4. 回收资源物流的路程较短

企业回收资源物流的路程一般都很短，这是由于企业在处理回收资源时，承受的去留费用较高，企业一般都尽可能在内部解决或由相关企业消化。企业回收资源的主要使用价值已丧失，新的使用价值需要承受物流费用和研究费用等，决定了企业回收资源就近利用的性质，因此，企业回收资源的物流路程不会太长。

▶▶▶ 实战训练6-4 ◀◀◀

2023年8月，京东、顺丰、中国邮政等三大物流商业巨头采取各种措施力推"可循环回收"包装应用，创立绿色物流平台，共同助力环保事业。

在快件包装方面，推广使用"可循环回收"材料。①使用可回收包装材料。三大企业积极推广使用可回收材料，如纸箱、可降解塑料等，取代传统的一次性包装材料。这些可回收材料能够有效降低包装废弃物的产生。②设立回收站点。三大物流企业在各个城市设立了回收站点，方便消费者将不需要的包装材料进行回收。这些回收站点通常位于物流中心或者配送中心，便于整合回收资源。③回收运输网络。这些企业建立了完善的回收运输网络，将回收的包装材料从回收站点运输到回收加工厂。他们会与回收企业合作，确保回收材料得到合理处理。④提供回收奖励计划。京东、顺丰等企业还推出了回收奖励计划，鼓励消费者参与包装回收。消费者可以通过回收包装材料获得积分或者优惠券等奖励，增加参与度。⑤合作推广可循环包装。这些企业与一些品牌和供应商合作，推广使用可循环包装。他们在供应链中引入可循环包装的概念，与供应商共同努力减少包装废弃物的产生。

在建设平台方面，践行绿色物流。①京东打造"绿色物流"品牌。京东物流率先提出"绿色物流"品牌，致力于在物流领域推进环保理念。为了实现绿色物流，京东物流在物流包装方面采取了多项措施，其中之一是推广"可循环回收"包装。京东物流联合多家包装供应商，开发出可以回收利用的物流包装。在京东，顾客可以选择使用这种绿色包装，或者将其捐赠给京东公益，助力环保事业。②顺丰推广"绿色包装计划"。顺丰速运也推出了"绿色包装计划"，积极推广"可循环回收"包装。顺丰速运采用了生物降解材料、可回收材料等环保材料制作物流包装，同时加强了包装管理，推广"一箱多件""一袋多件"等方式，优化包装空间利用率，减少了包装材料的使用，为环保事业出一份力。③中国邮政倡导"绿色物流"理念。中国邮政也在推广"绿色物流"理念，积极推动"可循环回收"包装应用。作为国家邮政企业，中国邮政致力于打造绿色物流，为社会和环境贡献力量。中国邮政在物流包装方面，采用了多种环保材料，推广"可循环回收"包装，还推出了"包装轻盈计划"，减少了包装材料的使用，优化了物流包装。

"可循环回收"包装是可持续发展的重要一环，也是绿色物流的重要组成部分。京东、顺丰、中国邮政等物流巨头，积极推广"可循环回收"包装应用，倡导"绿色物流"理念，共同助力环保事业，为共建美丽中国出一份力！

问题：

1. 京东、顺丰、中国邮政这三大企业包装"可循环回收"物流属于哪一种运作模式？

2. 京东、顺丰、中国邮政这三大企业采取哪些措施来推广"可循环回收"包装？你认为还可以采取哪些措施或方法？

3. 什么是绿色物流？阐述"可循环回收"包装与绿色物流的关系。

任务6.4　废弃物物流运作

随着科学技术的发展和人民生活水平的提高，人们对物资的消费要求越来越高：既要质量好，又要款式新。于是被人们淘汰、丢弃的物资日益增多。这些废弃物由于变质、损坏，或使用寿命终结失去了使用价值，但如果不妥善处理，则会造成环境污染，就地堆放还会占用生产用地以致妨碍生产，这类物资的处理过程称为废弃物物流。废弃物物流虽不能直接给企业带来效益，但非常具有发展潜力。

6.4.1　废弃物的含义与分类

废弃物是指在生产建设、日常生活和其他社会活动中产生的，在一定时间和空间范围内基本或者完全失去使用价值、无法回收和利用的排放物。

废弃物的分类与特点如表6-2所示。

表6-2　废弃物的分类与特点

分类方式	种类	特点
按照废弃物物理形态	固体废弃物	固体废弃物也称垃圾，其形态是各种各样的固体物混合杂体。这种废弃物物流一般采用垃圾设备处理
	液体废弃物	液体废弃物也称废液，其形态是各种成分的液体混合物。这种废弃物物流常采用管道方式排放或净化处理
	气体废弃物	气体废弃物也称废气，主要是工业企业，尤其是化工类工业企业的排放物。多种情况下是通过管道系统直接向空气中排放
按照形成废弃物来源	产业废弃物	产业废弃物即产业垃圾。第一产业最终废弃物为农田杂屑，大多不再收集，而自行处理；第二产业最终废弃物多数采取向外界排放或堆积场堆放、填埋等方式处理；第三产业废弃物主要是生活垃圾和基本建设产生的垃圾，这类废弃物种类多、数量大、处理难度大，大多采用就近填埋的办法处理
	生活废弃物	生活废弃物即生活垃圾。生活废弃物排放点分散，所以需用专用的防止散漏的半密封的物流器具储存和运输
	环境废弃物	企业环境废弃物一般有固定的产出来源，主要来自企业综合环境中

6.4.2　废弃物物流的含义

废弃物物流，是指将在经济活动中失去原有使用价值的物品，根据实际需要进行收集、分类、加工、包装、搬运、储存等，并分送到专门场所时所形成的物品实体流动。废弃物物流与回收物流相似，仍然是由运输储存、装卸搬动、包装、流通加工和物流信息等环节组成，其物流技术也是围绕这些环节发展的，但因系统的性质所决定，故技术特点有所不同。

6.4.3　废弃物物流的作用

废弃物物流的作用是无视对象物的价值或对象物没有再利用价值，仅从环境保护的角度出发，将其焚化，进行化学处理或运到指定地点堆放、掩埋。

知识拓展：废弃物物流相关的法律规定

当今，由于环境问题的日益突出，以及物流与环境的密切关系，在研究社会物流和企业物流时必须考虑环境问题。废弃物如何合理回收，以减少其对环境的污染，且可以最大限度地再利用，也是物流管理所需考虑的内容，废弃物物流将越来越受到社会和企业的重视。

6.4.4　废弃物物流作业流程

1. 收集

废弃物的来源分布极为广泛，遍布每一个工矿、企业和家庭，因此，采用多阶段收集逐步集中的方式，广泛使用各种小型的机动车和非机动车辆。

2. 预处理

废弃物的预处理是指采用物理或化学、生物的方法，将废弃物转变为便于运输、储存、回收、利用和处理的形态。常用的预处理技术主要包括以下几个：

（1）分拣、分解、分类。在初期收集阶段，各种废弃物往往是混杂在一起的，但是按照其本身可使用的价值，其去向是各不相同的。

（2）压块和捆打。目的是提高废弃物的回收率，减小体积，形成作业单元，便于装卸和运输。压块适用于机加工中的切屑，而捆打适用于细长料。

（3）切断和破碎。切断是为了装卸搬运作业方便，而破碎则往往是为了分拣。如废汽车含有钢铁、有色金属、橡胶、玻璃等材料，经破碎以后可以进行材料拣选、分类和收集。

（4）打包。目的是装卸搬运作业方便和满足冶炼工艺入炉的需要，避免熔化烧损。

3. 运输

在所有的物流活动中，运输是一个必不可少的重要环节。同样，在危险性废弃物物流作业中，运输发挥着重要作用。从收集开始到最终处理完毕，运输是中心环节之一。物流过程中的运输能力、运输反应速度，在很大程度上制约了废弃物的物流效率。

4. 最终处理

危险性废弃物会给人身健康、自然环境带来极大的危害，因此，对危险性废弃物的最终处理一直是行业困扰的问题。在经过最终处理之后，危险性废弃物的危险性应能够被彻底消除。当今，废弃物最终处理方式通常有以下几种：

（1）安全掩埋。大多数企业对于最终废弃物的处理，是选择在政府规划地区，利用原有的废弃坑塘或人工挖掘出的深坑，将其运来、倒入，表面用好土掩埋。其优点是不形成堆场、不占地、不造成露天污染、可防止异味对空气污染；缺点是挖坑、填埋要有一定投资，在未填埋期间仍有污染。

（2）垃圾焚烧。垃圾焚烧是在一定地区用高温焚毁垃圾。这种方式只适用于有机物含量高的垃圾或经过分类处理将有机物集中的垃圾。

（3）垃圾堆放。在远离城市地区的沟、坑、塘、谷中，选择合适位置直接倒垃圾，垃圾堆放也是一种处理方式。

（4）净化处理加工。净化处理加工是对废液、废物等进行净化处理，减少对环境危害的处理方式。

其实，对废弃物管理的最好方法是从源头减少废弃物的排放量，国家应该有具体的实施方法，一方面应逐渐对生产垃圾和生活垃圾实行计量收费制度，另一方面也要让物流企业看到这一产业有利可图。

6.4.5　废弃物物流合理化

废弃物物流的合理化处理必须从资源节约及环境保护的战略高度进行综合考虑，一是尽可能减少废弃物的排放量；二是对废弃物排放前的预处理；三是废弃物的最终排放处理。

1. 生产过程中产生的废弃物的合理化处理

为了做到对企业废弃物的合理化处理和无害化处理，企业通常可以采取以下做法：

（1）建立一个对废弃物收集、处理的管理体系，要求企业对产生的废弃物进行系统管理，把废弃物的最终排放量控制在最小的限度之内。

（2）在设计、研制、开发产品时，要考虑到废弃物的收集及无害化处理等问题。

（3）加强每个生产工序废弃物的利用。

（4）尽可能将企业产生的废弃物在企业内合理化处理；暂时做不到企业内处理的也要经过无害化处理后，再向外排放。

2. 产品进入流通、消费领域产生的废弃物的无害化处理

为了建立良好的企业形象，加强对社会环境的保护意识，企业还应该关注产品进入流通、消费领域产生的废弃物的无害化处理。

（1）遵守政府有关规章制度，鼓励商业企业和消费者参与产品废弃物的收集和处理工作，如以旧换新购物。

（2）倡导消费者把产品废弃物纳入企业废弃物的回收系统，不再作为城市垃圾而废弃，避免增加环境压力，如废旧电池回收。

（3）加强环保的宣传教育，鼓励消费者积极参与废弃物合理化处理的活动。

3. 企业排放废弃物的无害化处理

为了实现企业最终排放废弃物的无害化处理，主要应做到以下几点：

（1）建立一个能有效处理废弃物的环保系统。

（2）通过有效地收集处理和搬运，节约运输量。

（3）在焚烧、填埋废弃物的处理中，尽可能防止二次污染。

（4）在处理最终废弃物的过程中，把不能回收的部分转换为其他用途。如用焚烧废弃物转化的热能来制取蒸气、供暖、供热水等。

废弃物的处理与社会文明发展程度、科学技术水平、社会文化及国家的经济实力息息相关，与国民素质的高低有关。不同地域、不同时间、不同社会条件下，人们对废弃物有

微课：国内外逆向物流发展对比

不同的认识，随着时间的推移，随着社会科学技术的发展，废弃物的处理及利用将会在人类社会活动中逐步开展，并得以发展壮大。

课堂笔记

物流素养

当今，逆向物流被认为是企业降低成本的最后一块处女地。但对国内企业来说，开展逆向物流资源相对贫乏，受到巨大的资源和环境制约，因此，由市场自发产生的逆向物流活动带有一定的盲目性和无序化的特点。

据分析调查，我国废旧家电、礼品、废旧车辆、废旧轮胎等的回收异常火爆，但回收物流往往是不规范的：①废旧家电往往是通过对旧家电"穿"新衣来牟取利润的，这侵犯了低收入消费群体的合法权益。②商家把低价回收的礼品高价出售，从中牟取暴利。礼品回收在一定程度上会扰乱正常的市场交易秩序，助长了腐败。③废旧车辆、废旧机电和废旧轮胎等废弃物回收利用行为也有违市场交易的公平性。

以小组为单位，讨论与思考：

企业应如何自觉遵守法律法规，减少生产过程的外部危害性，勇担回收再利用与再制造的社会责任与使命？

前沿视角

逆向物流：应对供应链最大的"未解决"挑战

对于发货人来说，处理货物从消费者返回零售商、分销商或制造商的过程从来都不容易。如果建立供应链来管理从制造商到消费者的物流，逆向物流则采取相反的方法。有了正确的运输、产品跟踪和退货处理基础设施，逆向物流可以很快成为托运人的重要成本中心。

一、电商时代下的退货

据 Statista 最新数据显示，2022 年全球范围内网购退货率：印度为 73%，中国为 66%，德国和瑞士为 51%，英国和美国为 49%。这些现实使企业处于一种陌生的境地，它们必须在逆向物流上投入更多的精力，各企业正在仔细研究如何管理其供应链的逆向物流。

近几年来，消费者对产品退货和换货的期望也发生了变化，大多数人现在希望通过一种简化的方式退回那些不符合预期的服装、有缺陷的电器或颜色不太合适的地毯。仅仅归还物品是不够的；消费者希望他们可以快速、轻松地完成这项工作，而且不需要额外收费。这使得拥有一个有效的逆向供应链对现在和未来都极其重要。

二、逆向物流的运营成本效益

当把一条供应链倒过来时，它突然变得不再是一个价值中心，而是一个成本中心。退货会使零售商损失 9%～15% 的收入，虽然今天的消费者要求更简单、免费的退换货处理，但逆向物流流程本身尚未成为典型组织的收入驱动因素。除非你经营一家负责逆向物流的第三方物流公司（3PL），否则你可能无法从逆向供应链获得收入。在注意力、资源和投入方面，逆向物流历来落后于正向物流。

如果操作正确，那么逆向物流还需要一个供应链，能够以成本效益运行，同时在一个面向正向的网络中逆向运行。要实现这一点，需要设计一些系统来处理退货授权，提供友好的界面，管理产品聚合（如在返回仓库、3PL 或零售地点时），并处理实际退货过程（如产品是否可以通过次要渠道转售、如何才能可持续地处理等）。

对每一个回到工厂的产品进行逆向物流时，企业还必须考虑品牌保护。如可能有机会二次销售的退货商品，一些品牌可能会避免二次销售，保护其品牌在消费者眼中的形象。这些因素综合起来，描绘了一个相当复杂的逆向物流图景。网上销售的产品中，退换货比例会达到 40%。那些忽视这一现实的组织最终可能会为这种疏忽付出高昂的代价。

三、逆向物流的五个组成部分

在与托运人合作完善逆向物流流程时，需要从以下五个不同的方面解决：

（1）退货系统。消费者需要授权才能完成退换货，而企业需要有完善的系统来处理这种面向消费者的逆向物流组件。通过提供一个在线的自助门户，消费者可以获得 RMA，托运人可以减少纸质和人工干预。通过将这些操作集成到 ERP 系统、仓库管理系统（WMS）或运输管理系统（TMS）中，托运人可以在逆向物流过程中获得较高的可见性，同时确保其系统和平稳地运行。

（2）退货运输。接下来，货物必须返回到商店、仓库或制造商的位置。这需要一个精心安排的处理和运输过程。关键步骤包括在消费者位置提货包裹（或在指定的仓库下车），货物的汇总，线路运到汇总中心，然后线路运回退货处理中心。一旦到达退货处理中心，退货就会被处理和检查。然后，产品被退回库存，保存装运到次要渠道，或者以保护品牌或保护可能与产品相关的任何机密信息的方式报废。

（3）产品召回。产品召回带来了一系列独特的逆向物流挑战。召回是一组"大量退货"，一次到位，召回通常由产品变更、产品缺陷、监管变更和其他外部因素驱动。管理召回需要一个能够快速响应并扩大规模的网络以满足这些需求。系统要求与典型的逆向物流设置类似，但也包括提醒消费者将产品退回/更换这些物品。还需要在远期履约框架内保持良好的可视性，以便能够检查和隔离任何需要从装运中扣留的召回产品。

（4）修理和翻新退回的货物。虽然低价值的产品可能不值得修理和翻新，但一些电子产品、电器、家具和其他高端产品通常值得采取额外的步骤。这不仅有助于保持公司在每一件产品上的盈利能力，还使更多的产品远离世界垃圾填埋场，帮助托运人以更环保可持续的方式运营。一个有效的退货过程需要一个具有维修及翻新能力的站点。在站点里，测试退回的产品，以清楚地了解其是否值得维修，并确定维修成本。

（5）可持续性和品牌保护。随着世界上大部分地区专注于减少碳足迹和温室气体（GHG）排放，越来越多的公司正在将可持续性纳入其逆向物流中。这不仅包括重新利用退回的产品，还利用包装设计。一是减少包装耗材，二是在运输过程中将产品损害最小化。对于必须处理的产品，应以环境友好的方式采取行动。而且，从品牌保护的角度来看，托运人还必须确保其产品被正确销毁而不会流入灰色市场。

四、企业不能忽视逆向物流

从战略层面来看，无效的逆向物流流程可能会阻碍增长。它也很昂贵和笨重，尤其是当库存开始堆积在储藏室或仓库中等待处理时。有效的逆向物流管理，有利于帮助企业节约成本，并获得更高水平的消费者体验。如有一家领先的消费电子企业，将其 6 个站点整合为一，统一管理其正向物流、退货处理和现场维修，由于站点提供了综合服务，因此，这帮助企业减少库存、报废和退货成本，节省了大量开支。

随着电子商务销售的持续增长，较高比例的退货会对很多公司产生影响。打造一个消费者信任的有效逆向物流，将是零售商、分销商和制造商在未来很长一段时间内实现盈利增长的关键。

（资料来源：www.shushangyun.com，2022-06-08）

知识检测

项目6知识
检测答案

一、单项选择题

1. 由于产品质量或物流过程中造成的货损，以及顾客出于消费倾向造成的合理退货，均属于（　　）。

A. 逆向物流　　　B. 销售物流　　　C. 生产物流　　　D. 消费物流

2. （　　）是企业物流的一种，是针对生产制造过程中废弃物的专用物流，在社会经济活动中占有重要地位。

A. 供应物流　　　B. 生产物流　　　C. 销售物流　　　D. 废弃物流

3. 关于逆向物流的说法，正确的是（　　）。

A. 逆向物流是指回程运输形成的物流

B. 逆向物流是指反季节产品流动形成的物流

C. 逆向物流是指与正常物流方向相反的物流

D. 逆向物流是指由于各种原因回收产品形成的物流

4. 促使逆向物流迅速发展的主要原因是（　　）。

A. 生产成本降低　　　　　　　　B. 科技水平提高

C. 服务质量改善　　　　　　　　D. 市场需求扩大

5. 与正向物流相比，逆向物流的特点是（　　）。

A. 回收品数量不确定　　　　　　B. 易于管理和操作

C. 废弃物分类整理快　　　　　　D. 市场可预测性强

6. 下列更适宜发展逆向物流的企业是（　　）。

A. 食品加工　　　　　　　　　　B. 电子产品研发

C. 原油加工　　　　　　　　　　D. 汽车零部件制造

7. 下列选项关于回收物流与废弃物物流特点的说法，正确的是（　　）。

A. 回收物流与废弃物物流的物资只能堆放在露天场所

B. 在输送放射性的核废料过程中，对其包装要求是严格的

C. 回收物流与废弃物物流对废弃物的流通加工方式单一

D. 回收物流与废弃物物流的物流费用成本高

8. 回收物流包括以下一些种类：退货回收、维修回收、使用期满回收和（　　）。

A. 废气回收　　　B. 包装回收　　　C. 销售退回　　　D. 采购退回

9. 关于按构建逆向物流模式主导者的叙述中，不正确的是（　　）。

A. 企业主导的逆向物流模式

B. 第三方物流企业主导的逆向物流模式

C. 行业协会主导的逆向物流模式

D. 政府主导的逆向物流模式

10. 逆向物流中的（　　）称为废弃物物流。

A. 退货产生的回收物流

B. 有回收价值的再生资源物流

C. 经回收有用部分后报废处理的物品物流

D. 无价值废弃物物流

二、多项选择题

1. 关于逆向物流系统的责任主体的叙述中，正确的是（　　）。

A. 生产企业　　　　B. 销售企业　　　　C. 消费者　　　　D. 行业协会

2. 逆向物流分为（　　）。

A. 退货产生的回收物流　　　　　　B. 有价值回收的再生资源物流

C. 无价值废弃物物流　　　　　　　D. 销售物流

3. 废弃物的处理方式主要有（　　）。

A. 垃圾掩埋　　　　B. 垃圾收集　　　　C. 垃圾焚烧　　　　D. 垃圾堆放

E. 净化处理加工

4. 回收物流是将不合格物品的（　　）从需方向供方所形成的物品实体流动。

A. 返修　　　　　　B. 退货　　　　　　C. 单证　　　　　　D. 周转使用的包装容器

5. 下列关于回收物流表述正确的有（　　）。

A. 回收物流是废品回收处理的物流

B. 回收物流是废品回收处理再利用的物流

C. 回收物流是对再生资源进行回收的物流

D. 回收物流是对再生资源进行回收再利用的物流

6. 企业回收物流的特点有（　　）。

A. 企业回收物流的方式多样　　　　B. 企业回收物流的数量大

C. 企业回收物流的运作粗放　　　　D. 企业回收物流的路程较长

7. 回收物流的意义（　　）。

A. 有利于充分利用有限的社会资源　　B. 降低物料成本

C. 提高顾客价值，增加竞争优势率　　D. 改善环境行为，塑造企业形象

8. 产品回收物流管理的目的在于如何在产品整个生命周期过程中实现"5R"，其中R是指（　　）。

A. 挽救　　　　　　B. 重复使用　　　　C. 减量化　　　　　D. 再循环

9. 下列关于废弃物物流表述正确的有（　　）。

A. 废弃物物流是对生产经营过程中产生的废弃物所进行的处理活动

B. 废弃物物流是对经济活动中的不可利用物资进行处理的物流活动

C. 废物物物流过程实际上就是对废弃物的处理过程

D. 废弃物物流过程实际上就是对回收物的处理过程

10. 逆向物流对企业和社会的战略意义主要体现在（　　）方面。

A. 利用逆向物流强化企业竞争优势

B. 获得经济收益

C. 改善企业形象，获取社会效益

D. 参与国际竞争的需要

E. 可以节约资源、改善环境，有利于可持续发展

任 务 实 施

1. 东芝体现的是哪种逆向物流运作模式？这种逆向物流运作模式有哪些优点？

_____

_____

_____

_____

2. 企业选择逆向物流运作模式需要考虑哪些因素？什么样的企业适合选择和东芝相似的逆向物流运作模式？

_____

_____

_____

_____

3. 从逆向物流的构成上看，汽车零部件再制造属于哪一种？该种逆向物流有什么特点？

_____

_____

_____

_____

4. 逆向物流对企业和社会的战略意义主要体现在哪些方面？

_____

_____

_____

_____

5. 你认为国外回收物流对我国有哪些借鉴作用？

_____

_____

_____

_____

模块三

企业物流管理

项目 7　物流库存管理

知 识 目 标

1. 了解库存的内涵与作用，掌握库存成本的构成；
2. 掌握库存 ABC 管理法的基本原则、步骤及库存控制方式；
3. 理解定量库存控制模型的原理，掌握订货点和经济订货批量的确定；
4. 理解定期库存控制模型的原理，掌握其计算公式；
5. 理解定量库存控制和定期库存控制各自的优缺点及适用范围；
6. 掌握 MRP 的原理、输入与输出内容、物料清单内容及逻辑运算步骤。

技 能 目 标

1. 会应用 ABC 管理法控制库存；
2. 会应用定量库存控制模型，计算经济订货批量和订货点；
3. 会应用定期库存控制模型，计算订货间隔期、最高安全库存和订货量；
4. 能够根据企业资源制订物料需求计划；
5. 能够根据企业资源制订基于 MRP 的采购计划。

素 养 目 标

1. 具备社会主义核心价值观，从整体利益出发控制库存；
2. 具备辩证唯物主义世界观和方法论，制订生产计划和采购计划；
3. 具备脚踏实地、一丝不苟、精益求精的工作作风。

项 目 任 务

情境 1：A 公司应用 ABC 管理法控制库存

A 公司是一家专门经营医疗器械及用品的公司，该公司现经营的商品有 26 个品种，为 69 个客户服务，年营业额 6 800 万元。对于 A 公司而言，因其商品交货期较长、库存占用资金大，库存管理显得尤为重要。公司自行开发了一个能够有效保证库存精度的库存管理系统。

利用该系统，A 公司将 26 种商品按销售额大小排序，划分为 A、B、C 类。排序在前三位的商品销售总额为 5 780 万元，占总销售额的 85%；第四至第七位商品的销售总额为 816 万元，占总销售额的 12%；其余的 19 种商品销售总额为 204 万元，占总销售额的 3%。在此基础上，公司对前三种商品实行连续检查策略，即运用连续控制系统每天检查其库存情况。但由于该公司每月的销售量不稳定，因此，每次订货的数量不同。数据显示，该类商品的订货提前期为 2 个月，即如果预测在 6 月份销售的商品，则应该在 4 月 1 日下订单给供应商，才能保证商品在 6 月 1 日到库。为了防止预测的不准确及工厂交货的不准确，该公司为三种商品分别设定了订货点。公司对排位第四至第七的商品采用周期性检查策略，每个月检查库存并订货一次，目标是确保后两个月的销售库存（其中一个月的用量视为安全库存，另外一个月的用量为在途库存）。每月订货时，再根据当时剩余的实际库存数量，决定需订货的数量。对于其余19种商品，该公司则采用了定量订货的方法。即根据历史销售数据，得到商品的半年销售量，为该种商品的最高库存量，并将其两个月的销售量作为最低库存。一旦库存达到最低库存时就订货，将其补充到最高库存量。

在对商品进行ABC分类以后，该公司又对其客户按照购买量进行了分类。对于A类客户，实行供应商管理库存，一直保持与他们的密切联系，随时掌握他们的库存状况；对于B类客户，基本上可以用历史购买记录，以需求预测作为订货的依据；而对于C类客户，有的是新客户，有的一年也只购买一次，因此，只在每次订货数量上多加一些，或者用安全库存进行调节。

A公司将ABC管理法及其他库存管理方法结合起来，对库存进行综合管理，使该公司在满足顾客需求的情况下，较好地实现了库存控制目标，完成了"开源节流"的任务。

情境2：K公司应用MRP法控制库存

K公司是一家专门从事家具生产的公司，主要产品以学生课桌为主，课桌主要由两部分构成：桌面（1张）和桌腿（4条）。K公司自己加工桌面，加工周期是2周。桌腿主要从外地订购，订货提前期是1周，另外需要1周的组装过程。目前，K公司接到了两个订单，如表7-1所示，通过查询记录后发现，第一周的在途订货量为70条桌腿。

表7-1　学生课桌的8周主生产计划

周期	1	2	3	4	5	6	7	8
总需求量/个				100				150

阅读以上材料，完成以下任务：

1. 若要像A公司那样获得精确的库存记录，需要有哪些方面的保障措施？

2. A公司A类商品的库存控制策略与哪种库存控制模型相似？异同点有哪些？

3. K公司在配套批量订货条件下，该如何制订订货计划？

4. K公司若在订货批量为300条桌腿和70张桌面的前提下，又该如何制订订货计划？

5. A公司的ABC管理法和K公司的MRP法库存控制有何不同？两者各有哪些优缺点？

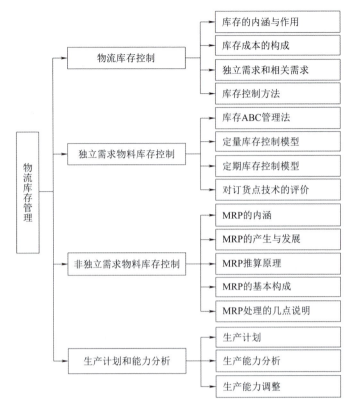

任务知识

任务 7.1　物流库存控制

库存控制又称库存管理，是对制造业或服务业生产、经营全过程的各种物品、产成品及其他资源进行管理和控制，使其库存保持在经济合理的水平上。

7.1.1　库存的内涵与作用

1. 库存的概念

从企业生产、经营活动的全过程而言，库存是指企业用于生产/服务所使用的，以及用于销售的储备物资；库存的形态主要包括原材料、辅助材料、在制品、产成品和外购件等四大类。

库存，既是生产、服务系统合理存在的基础，又是合理组织生产、服务过程的必需。以较低的库存成本，保证较高的供货率，不仅在理论上是成立的，在实践方面也是完全可以达到的。

2. 库存的作用

库存是经济系统稳定运行的重要因素，无论是制造业还是服务业，都普遍建立了自己的库存系统，因为库存可以发挥以下作用：

（1）满足预期客户的需求，使他们随时可以买到需要的物品，提高服务水平，降低缺货产生的机会损失。

（2）保持生产过程的连续性，因为生产过程要耗费一定时间，势必产生在制品库存。

（3）作为生产过程的缓冲，避免供应延误或设备故障等原因导致的生产过程中断。

（4）适应季节特点，如农副产品等季节供应和园艺用品等季节性需求，平滑生产运作过程。

（5）节省采购或生产费用，享受价格折扣，获得规模经济效益。

但建立库存也需要付出代价，主要包括以下内容：

（1）库存的采购费用或生产调整费用，前者由外购物品产生，后者为企业自产零部件发生的费用。

（2）库存系统的运行费，如仓库租金或折旧、保管费用、税款与保险费和人员工资等。

（3）库存物资的资金积压而形成的机会成本。

（4）库存损耗，如物品过期、破损、腐烂、人为损坏等费用。

由于库存存在利弊得失的双重特性，因此，要严格地控制库存水平，使其既满足生产、销售需要，又最大限度地减少成本。

7.1.2 库存成本的构成

库存成本是建立库存系统时或采取经营措施所造成的结果。库存系统的成本主要有购入成本、订购成本、作业更换成本、储存成本及缺货成本。

1. 购入成本

购入成本又称物料成本，是指购买或生产该物料所花费的费用。它等于物料的单价（生产成本）与年总需求量的乘积。

物料成本通常以年为单位，年需求量用 D 表示，单价用 P 表示，则购入成本 $=DP$。

2. 订购成本（或称订货费用）

订货成本又称采购成本，用于对外订货，是指每次订货或采购所发生的全部费用。

订购成本中有一部分与订货次数无关，如采购人员的工资、办公用品费用、电话费用等，称为固定成本，用 F_1 表示；另一部分与订货次数有关，如差旅费、邮资等，称为变动成本。若每次的变动成本用 C 表示，则订货次数与年需求量 D 及每次进货量 Q 有关，即订货成本 $=F_1+(DC/Q)$。

3. 作业更换成本

作业更换成本又称工艺、设备调整费或生产准备成本，针对自制件来说，是指在批量生产方式下，加工对象发生变化（即作业更换）时进行的必要生产线调整、物料准备和人员培训等所发生的费用。

4. 储存成本

储存成本又称保管成本，是指储存、保管库存物料所发生的各项费用。

储存成本包括储存费用（取暖、照明及仓储建筑物的折旧）、人员费用、库存记录的保存费用（管理和系统费用，包括盘点及检查库存）、安全与保险、库存物品变质损坏和过时所发生的成本。

5. 缺货成本

缺货成本，是指生产、经营过程中因库存不足出现缺货所造成的各项损失，一般包括生产受影响（停工待料、重新开始生产的准备费用、使用代用品）而造成的损失费、紧急加班或订货而支付的额外费用，以及因商誉降低而造成的未来利润损失。

7.1.3　独立需求和相关需求

物料的需求可分为独立需求（independent demand）和相关需求（dependent demand）两种类型。

1. 独立需求

独立需求，又称市场需求，是指对一种物料的需求，在数量上和时间上与其他物料的需求无关，只取决于市场和顾客的需求。从库存控制的角度理解，其本质含义是指那些具有不确定性，企业自身不能控制的需求。

2. 相关需求

相关需求，又称从属需求或非独立需求，是指对一种物料的需求，在数量上和时间上直接依赖于对其他物料的需求。从库存控制的角度理解，其本质是指那些具有确定性，企业自身能够控制的需求。

在库存管理中，简单地讲面向经销库存的需求是独立需求；面向生产库存的需求是相关需求。独立需求中各物资的需求一般是互不相关的；对于相关需求，对任一物料的需求是其他物料需求的直接结果，通常，该物料是其高层次物料的一个零部件。例如，公司接到一个生产1 000辆自行车的订单，那么对于自行车的需求是独立需求，它来自公司外部的许多渠道，与其他产品的需求无关。公司生产1 000辆自行车需要2 000个车轮，车轮的需求就是相关需求。独立需求和相关需求的区别如表7-2所示。

表7-2　独立需求和相关需求的区别

项目	独立需求	相关需求
需求来源	顾客	生产库存
需求量和需求时间	通过客户订单和市场预测得到，具有随机性	完全取决于生产需要，从主生产计划中推算得到，进行预测没有意义
服务对象	面向客户（产品或维修），为市场服务	面向生产
计划方法	定期订购、定量订购（EOQ）	MRP
实例	成品库存和备品、备件库存，如汽车	原材料和零部件在制品、成品库存

3. 生产过程的需求分析

企业的生产（制造）过程，由投入、转移、产出等环节构成。如果结合投入、转换、产出过程来分析独立需求和相关需求，则会发现：对企业产出的需求，都是企业本身所不能控制的独立需求。而生产过程中，对投入、转换部分的需求，最终产品和产品零部件的需求一旦确定，就可以通过预测、订货，将需求量、需求时间确定下来，则对原材料、外购件、外协件和其他辅助材料的需求，以及对加工、转换环节的半成品、在制品的需求，均为相关需求，其需求的数量和时间均能根据明确的从属需求关系逐级精确计算出来。

但是，对原料等的需求和对转换环节在制品等的需求，应在库存控制方式上有所区别。由于供应商的交货期、物料运输期、物料质量，以及其他不可抗力因素的影响，企业对这些外部因素的控制程度很低，有的甚至根本无法控制。因此，企业对原材料等的库存管理，需按独立需求的库存控制方式处理。

7.1.4　库存控制方法

物料的采购量会影响企业库存总量，进而影响仓库所需的储存空间。JIT 管理方式虽然能减少生产阶段的成品库存，却增加了配送次数，使得配送费用提高。在库存管理过程中，常采取传统的库存控制方法有：ABC 管理法、定量订货法、定期订货法、MRP 法。

任务 7.2　独立需求物料库存控制

独立需求物料是指物料的需求量之间没有直接联系，也就是说没有量的传递关系。这类库存物料的控制主要是确定订货点、订货量、订货周期等。独立需求物料的库存控制模型有：库存 ABC 管理法、定量库存控制模型和定期库存控制模型。

知识拓展：
ABC 库存
管理原理

7.2.1　库存 ABC 管理法

1. 概述

ABC 管理法可以对企业库存（物料、在制品、产成品）按其重要程度、价值高低、资金占用或消耗数量等进行分类，排序，以分清主次、抓住重点，并分别采用不同的控制方法。其要点是从中找出关键的少数（A 类）和次要的多数（B 类和 C 类），并对关键的少数进行重点管理，以获得事半功倍的效果。

应用 ABC 管理法进行库存控制，采用的是"补充库存"的控制模式。通过对内部库存规模的适当控制，来保证外界的随机需求。因此，ABC 管理法所针对的是独立需求型库存项目。

2. 基本原则

运用 ABC 管理法可以识别企业总成本影响最大的物品和项目，确保人员管理将精力放在有极大节约潜力的物品上。ABC 管理法的基本原则及其具体内容如表 7-3 所示。

表 7-3　ABC 管理法的基本原则及其具体内容

原则	类别	具体内容
原则一：控制程度	A	尽可能严加控制，包括最完备准确的记录、最高层的经常评审；要求供应商按订单频繁交货，尽量缩短提前期
	B	正常的控制，包括良好的记录和常规的关注
	C	尽可能使用简便的控制，包括定期检查，简化记录；采用大库存量与订货量以避免缺货
原则二：采购记录	A	要求最准确、完整、明晰的记录，频繁甚至时时更新记录；对事务文件、报废损失、收发货要严密控制
	B	只需正常记录、成批更新
	C	简单记录、成批更新
原则三：优先级	A	在一切活动中给予这类物料高优先级以压缩其提前期与库存
	B	只做正常的处理，仅在关键时给予高优先级
	C	给予这类物料最低优先级

原则	类别	具体内容
原则四：订购过程	A	提供仔细、准确的订货量
	B	每季度或者发生主要变化时评审一次 EOQ 或订货点
	C	一般不对这类物料作 EOQ 或订货点的计算，通常在存货较多时就订购下一年的供应量

3. 管理步骤

ABC 管理法在实际运用过程中，通常可以参照以下步骤进行：

（1）收集数据。按分析对象和分析内容，收集有关数据。如分析产品成本，则应收集产品成本因素、产品成本构成等方面的数据。

（2）处理数据。对收集来的数据资料进行整理，按要求计算和汇总。

（3）制作 ABC 分析表。如表7-4所示，ABC 分析表栏目构成如下：第一栏为物料编号；第二栏为品种，即每一种物料皆为一个品目数，品目数累计实际就是序号；第三栏为累计品种百分数，即累计品种数对总品种数的百分比；第四栏为单价；第五栏为销售量；第六栏为销售额（单价×销售量），即各种物品平均资金占用额；第七栏为销售额累计，即平均资金占用额累计；第八栏为销售额累计百分数，即平均资金占用额累计百分数；第九栏为分类。

表7-4　ABC 分析表

物料编号	品种/%	累计品种/%	单价/元	销售量/件	销售额/元	销售额累计/元	销售额累计/%	分类
1	2.22	2.22	480	3 280	1 833 600	1 833 600	66.8	A
2		4.44	470	1 680	789 600	2 623 200		
3		6.67	200	1 060	212 000	2 835 200		
4		8.89	8	23 750	190 000	3 025 200		
5	2.22	11.1	29	6 000	174 000	3 199 200	88.6	B
6		13.3	45	3 820	171 900	3 371 100		
…		…	…	…	…	…		
13		28.9	1.5	40 000	60 000	4 012 365		
14	2.22	31.1	10.2	4 880	49 776	4 062 141	100	C
15		33.3	11.25	37	41 675	4 103 816		
…		…	…	…	…	…		
44		97.8	1.2	1 838	1 606	4 527 607		
45		100	1.00	1 060	1 606	4 529 213		

（4）根据 ABC 分析表确定分类。按 ABC 分析表，观察第三栏累计品种百分数和第八栏平均资金占用额累计百分数，将累计品种百分数为5%～15%，而平均资金占用额累计百分数为60%～80%的前几种物料，确定为 A 类；将累计品种百分数为20%～30%，而平均资金占用额累计百分数也为20%～30%的物料，确定为 B 类；其余为 C 类，C 类情况正和 A 类相反，其累计品种百分数为60%～80%，而平均资金占用额累计百分数仅为5%～15%。

4. 库存控制方式

（1）A类物料的控制方式。A类物料是库存控制的重点，具有品种较少、价格较高的特点，并且多为生产（经营）关键及常用物料。对A类物料一般采用连续控制方式，随时检查库存情况，一旦库存量下降到一定水平（订货点），就要及时订货，每次订货量以补充目标库存水平为限，同时也减少存货积压，也就是减少其昂贵的储存费用和大量的资金占用。

（2）B类物料的控制方式。对B类物料存货的控制，要事先为每个项目计算经济订货量和订货点，同时也要设置永续盘存卡片来反映库存动态，以节省储存和管理成本。

（3）C类物料的控制方式。对于C类物料存货的控制，由于它们为数众多，而且单价又很低，存货成本也较低，因此，可以适当增加每次的订货数量，减少全年的订货次数。

7.2.2 定量库存控制模型

定量库存控制模型控制库存物料的数量，是指当库存量下降到预定的最低库存数量（订货点）时，按规定数量（一般以经济订货批量为标准）进行补充的一种采购方法。

1. 定量订货法的原理

企业认为，库存物料消耗到订货点时，便采取订货策略并发出订货单，经过到货时间延续，库存物料量又陡然上升，循环往复，促使生产或经营连续不断。该方法的关键在于计算出订货点时的库存量和订购批量，对某种产品来说，当订货点和订购量确定后，就可以利用永续盘点法实现库存的自动控制。

因此，当库存量达到订货点时，即为该物料的采购时机，而采购批量为经济采购批量。定量订货法是通过订货点和经济订货量两个量来控制库存量大小的，其特点是订货点不变，订购批量不变，而订货间隔期不定，如图7-1所示。

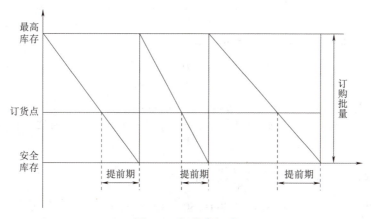

图7-1　订货点订购

2. 订货点的确定

订货点，是指提出订购时的库存量。对于某种物料或产品，由于生产或销售的原因而逐渐减少，当库存量降低到某一预先设定的点时，即开始发出采购单（订货单）来补充库存，直至库存量降低到安全库存时，发出的订单所订购的物料刚好到达仓库，补充了前一时期的消耗，这一订货的数值点，称为订货点。订货点太高，资金占用高；订货点太低，资金占用低，但可能会造成缺货。因此，合适的订货点为保证企业的正常运转起到了关键的作用。

订货提前期，是指从订货单发出到所订货物收到的这一段时间。订货提前期的长短取决于采购员前往和办理订货手续的时间，供方备货时间和办理运输计划与托运时间，承运单位装车、运输时间和卸货、转运、验收入库所需时间的总和。

在需求和订货提前期确定的情况下，不需设置安全库存，订货点为

$$订货点=订货提前期×平均日耗量 \tag{7-1}$$

但企业经济活动经常会出现一些不可预测性，在需求和订货提前期都不确定的情况下，需要设置安全库存，订货点为

$$订货点=订货提前期×平均日耗量+安全库存 \tag{7-2}$$

$$安全库存=(每天最大耗用量-平均每天正常耗用量)×供货周期 \tag{7-3}$$

【应用实例7-1】某商品平均日销售量为30件，备运时间为10天，保险储备量为150件，求订货点。

分析：订货点=30×10+150=450（件）。

3. 经济订货批量的确定

经济订货批量，是固定订货批量模型的一种，可以用来确定企业一次订货（外购或自制）的数量。当企业按照经济订货批量来订货时，可实现订货成本与储存成本之和的最小化。

（1）经济订货批量的计算。

年库存总成本=订购成本+购入成本+储存成本

＝全年的订货次数×每次订货成本+年需求量×单位购入成本+

平均存货量×单位储存成本

$$=\frac{DK}{Q}+DP+\frac{QC}{2} \tag{7-4}$$

当年库存总成本最小时，经济订货批量为

$$EOQ=\sqrt{\frac{2DK}{C}}=\sqrt{\frac{2DK}{PF}} \tag{7-5}$$

【应用实例7-2】某商品以每件50元购入，订购成本为8元/次，该商品的年需求量为3 000件，库存成本为价格的10%，订购周期为3天，求该商品的经济订购批量和订货点（全年工作日按250日计算）。

分析：$EOQ=\sqrt{\frac{2DK}{PF}}=\sqrt{\frac{2×8×3\ 000}{0.1×50}}=98$（件）。

订货点$B=(D÷年工作日)×L=(3\ 000÷250)×3=36$（件）。

（2）有安全库存的经济订货批量的计算。安全库存也称保险库存，它作为缓冲器用来预防由于自然界或环境的随机干扰而造成的缺货。它用来补偿在补充供应前，实际需求量超过预期需求量或采购时间超过预期前置时间而产生的需求。安全库存会降低缺货成本，但会增加库存成本。

经济订货批量与理想的经济订货批量相同，即

$$订货点=理想的经济订货批量的订货点+安全库存 \tag{7-6}$$

$$安全库存=平均每天的需求量×安全库存天数 \tag{7-7}$$

实战训练7-1

　　某企业每年需要一种特制产品 1 000 件，每次订购成本为 70 元，每年每单位产品的库存持有成本为 3.5 元。

　　问题：

　　1. 该企业每次订购的最佳数量应为多少？

　　2. 若该产品安全库存天数为 3 天，提前订货期为 4 天，则该种产品的订货点应为多少？（每年按 360 天计算，需有计算公式和计算过程，计算结果四舍五入保留整数）

　　（3）有价格折扣的经济订货批量的计算。在现实生活中，为了诱发更大的购买行为，供应商往往在订购数量大于某个最小数值时提供价格优惠。如果订购量大于供应商规定的折扣限量，则购货厂家自然会愿意接受优惠的价格，但是当订货量小于这一限量时，购买厂家是否接受这一价格优惠就要进行分析。因为购货厂家争取数量折扣时，一方面可以使库存的单位成本下降，订货费用减少，运输费用降低，缺货损失减小，抵御涨价的能力增强；另一方面又使库存量增大，库存管理费也可能因此上升，流动资金的周转减慢，库存货物可能老化、陈旧。因此，问题的关键在于增加订货后是否有净收益，若接受折扣所产生的总费用小于订购 EOQ 所产生的总费用，则应该增加订货而接受价格折扣；否则，不接受供应商的价格折扣数量。

　　通常采用以下步骤确定最佳订货批量：

　　1）按不同价格分别计算经济批量，并确定该经济批量是否有效。

　　2）计算以每一有效经济批量订货的年库存总成本。

　　3）比较以上计算出来的各项年库存总成本，选取年库存总成本最小的订货量为最佳经济订货批量。

　　【应用实例7-3】 某企业生产产品，每年需采购零件 20 000 只，订购成本 100 元/次，购买单价为 30 元。为促销，若一次购买 520 只以上，则可享受价格折扣 10%；若一次购买 800 只以上，则享受折扣 20%；其中单位储存成本为价格的 50%，求企业的最佳订购批量。

　　分析：

　　（1）$P=30$ 元，$Q=\sqrt{\dfrac{2DK}{PF}}=\sqrt{\dfrac{2\times20\,000\times100}{30\times50\%}}=516.4$（只）；

　　　　$P=27$ 元，$Q=\sqrt{\dfrac{2DK}{PF}}=\sqrt{\dfrac{2\times20\,000\times100}{27\times50\%}}=544.33$（只）；

　　　　$P=24$ 元，$Q=\sqrt{\dfrac{2DK}{PF}}=\sqrt{\dfrac{2\times20\,000\times100}{24\times50\%}}=577.35$（只）。

　　（2）$P=30$ 元，$TC=\dfrac{KD}{Q}+DP+\dfrac{CQ}{2}=607\,746$（元）；

　　　　$P=27$ 元，$TC=\dfrac{KD}{Q}+DP+\dfrac{CQ}{2}=547\,356$（元）；

　　　　$P=24$ 元，$TC=\dfrac{KD}{Q}+DP+\dfrac{CQ}{2}=487\,300$（元）。

　　所以最佳订货批量为 800 只。

4. 定量订货法的应用范围

定量订货法事先确定了经济订货批量和订货点，一般适用于：单价比较便宜，不便于少量订货的产品，如螺栓、螺母等；需求预测比较困难的维修材料；品种数量繁多、库房管理事务量大的产品；消费量计算复杂、通用性强、需求量比较稳定的产品。

7.2.3 定期库存控制模型

企业由于受到生产、经营目标或市场因素的影响，往往事先确定订货时间，这样在一个生产或经营周期内基本确定订货数量，从而形成相对稳定的订货间隔期，定期订货法随之产生。所谓定期订货法，是指按预先确定的订货时间间隔按期进行订货，以补充库存量的一种库存管理方法。

1. 定期订货法的原理

库存物料耗用至某一预先指定的订货时间（不发生任何缺货损失，保证生产或经营的连续性），便开始订货并发出订货单，直至进货。待到下一期订货时间，循环往复，始终保持订货间隔期不变，而每次订货数量是变化的。其决策思路是事先依据对物料需求量的预测，确定一个比较恰当的最高安全库存量，在每个周期将要结束时，对库存进行盘点后决定订购量。因此，定期订货法以固定的订货间隔时间和最高库存量为基础，以每次实际盘存的库存量与预定的最高库存量的差为订货量。其特点是订货间隔期不变，订购物资量不定。

2. 定期订货法的计算公式

用定期订货法订货，关键是需要确定订货间隔期、最高安全库存和每次订货量。

$$最优订货间隔期=经济订货批量/年需求量 \tag{7-8}$$
$$最高安全库存=平均每天耗用量（日需求率）×（供货周期+订购间隔时间）+安全库存 \tag{7-9}$$
$$订货量=最高库存量-现有库存量-订货未到量+顾客延迟购买量 \tag{7-10}$$

3. 定期订货法的应用范围

定期订货法不必严格跟踪库存水平，减少了库存登记费用和盘点次数。对于价值较低的商品可以大批量购买，也不必关心日常的库存量，只要定期补充库存就可以了。因此，定期订货方式适用于零售，销售量不稳定或品种数量多的商品。例如，食品店就经常使用这种方法，有些食品每天进货，有些食品每周进一次，有些食品可能每月才进货一次。

7.2.4 对订货点技术的评价

从20世纪20年代末到20世纪60年代，订货点技术一直作为唯一的物资资源配置技术得到广泛深入的研究和应用，已经形成了一套完整的理论体系和应用方法体系。它的基本理论和基本方法一直到现在仍然有生命力，特别适用于"用户未来需求量连续且均匀稳定"的情况，甚至在后来发展起来的MRP法中，也借鉴应用了订货点技术的思想和方法。

1. 订货点的优点

它是至今能够对独立需求物料进行资源配置的唯一方法；在应用未来需求不确定的独立需求物料的情况下，可以做到经济有效的资源配置；订货点技术操作简单，运行成本低；订货点技术特别适用于客户未来需求连续且均匀稳定的情况。

2. 订货点的缺点

运用订货点技术控制库存时，库存量太高、库存风险大，不适用于相关需求，即它在满足某个客户的需求时，不考虑它和别的需求的相关关系。因此，企业内部生产各环节、各工序间的需求物料的配置供应，一般不能直接用订货点技术来完整地实现。

任务 7.3　非独立需求物料库存控制

非独立需求物料库存控制模型即 MRP 模型，它是生产企业用来订购物料需求计划、进行生产管理的一种方法。它不仅可以制订企业的物料投产计划，还可以制订企业外购件的采购计划，非常适合加工、制造、装配企业使用。配合使用计算机，可以迅速制订出比较详细复杂的企业生产计划和采购计划。

7.3.1　MRP 的内涵

MRP 是一种管理理念、生产方式，也是一种方法技术、一个信息系统，既是一种库存控制方法，也是一种时间进度安排方法。其核心思想是：围绕物料转化组织相应的资源，实现在正确的时间、正确的地点得到正确的物料，实现按需准时生产，提高客户服务水平，同时使库存成本最低、生产运作效率最高。

物料需求计划的特点如下：

1. 需求的相关性

在流通企业中，各种需求往往是独立的。而在生产系统中，需求具有相关性。如根据订单确定了所需产品的数量之后，由产品结构文件即可推算出各种零部件和原材料的数量，这种根据逻辑关系推算出来的物料数量称为相关需求。不但品种数量有相关性，需求时间与生产工艺过程的决定也是相关的。

2. 需求的确定性

MRP 的需求都是根据主产品进度计划、产品结构文件和库存文件精确计算出来的，品种、数量和需求时间都有严格要求，不可改变。

3. 计划的复杂性

MRP 计划要根据主产品的生产计划、产品结构文件、库存文件、生产时间和采购时间，把主产品的所有零部件需要数量、时间、先后关系等准确计算出来。当产品结构复杂、零部件数量特别多时，其计算工作量非常庞大，人力根本不能胜任，必须依靠计算机实施这项工程。

7.3.2　MRP 的产生与发展

随着计算机技术的发展和传统订货点方法问题的暴露，美国 IBM 公司 J. Orlicky 博士于 20 世纪 60 年代设计并组织实施了第一个 MRP 系统。其主要思想是打破产品品种台（套）之间的界限，把企业生产过程中涉及的所有产品、零部件、原材料、中间件等视为相同的物料，再把所有物料分成独立需求和相关需求，并根据产品的需求时间和需求数量进行展开，按时间段确定不同时期各种物料的需求。

自 20 世纪 60 年代产生以来，MRP 经历了一个由基本 MRP（又称开环 MRP），到闭环 MRP，再到 MRP Ⅱ，最后到 ERP 的发展过程。

1. 开环 MRP 阶段

20 世纪 60 年代初发展起来的 MRP 仅是一种物料需求计算器。它根据对产品的需求、产品结构和物料库存数据来计算各种物料的需求，将产品出产计划变为投入出产计划、外购件和原材料的需求计划，从而解决了生产过程中"需要什么、何时需要、需要多少"的问题。它是开环的，没有信息反馈，也谈不上控制。

2. 闭环 MRP 阶段

20 世纪 70 年代初期推出的闭环 MRP 在原有 MRP 的基础上，对其功能进行了修改完善，增加了信息反馈机制、计划调整等功能。闭环 MRP 基本上可以保证计划的有效性，使 MRP 真正成为一种计划与控制系统。

3. MRP II 阶段

MRP II 是 20 世纪 80 年代初开始发展起来的，是一种资源协调系统，代表了一种新的生产管理思想，把企业生产活动与财务活动联系在了一起，实现了财务信息与物流信息的集成，包含了企业的销售、生产、计划与控制、库存、采购与供应、财务会计、工程管理等整个生产经营活动。

4. ERP 阶段

进入 20 世纪 90 年代，在 MRP 基础上发展起来的 MRP II 得到了蓬勃发展。先进的 MRP II 是在整个企业范围内运行，以实现企业资源的最佳配置和运营为目的的。这种新型的 MRP II 系统称为企业资源计划（enterprise resource planning，ERP）。世界上许多著名的软件供应商都提供 ERP 系统及其实施服务。

动画：
从 MRP 到 ERP

7.3.3 MRP 推算原理

MRP 推算的基本原理是根据企业的主产品生产计划、主产品的结构文件和库存文件，分别求出主产品的所有零部件的需求时间和需求数量，如图 7-2 所示。推导分析不能凭空想象，也不能靠估计，一定要进行严格的推算。

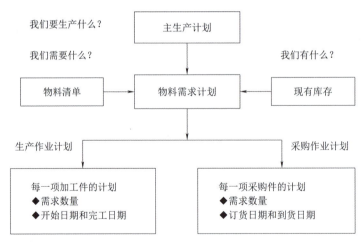

图 7-2 MRP 推算的基本原理

对于相关需求性质的物料的订购与补充，MRP 通常应用下列逻辑展开分析处理：

（1）生产什么产品（时间、品种、数量、质量）？

（2）产品需要哪些物料（组件）？

（3）这些物料目前的库存有多少？

（4）这些物料已经订货的有多少？它们将何时入库？

（5）这些物料何时需要？需要多少？

(6) 这些物料何时发出订货？

MRP 推算的基本原理，有时也称"制造业的方程式"。它适用于包含多种物料（组件）的产品生产过程。

7.3.4 MRP 的基本构成

MRP 系统的基本组成由输入、计算处理、输出三部分组成，如图 7-3 所示。其中输入部分包括主生产计划、物料清单和库存状态文件；计算处理部分主要依靠计算机程序，对输入数据进行处理；输出结果为报告文件。报告文件分两类：一是包括订单等的主要报告；二是包括一些计划报告、意外情况等的次要报告。

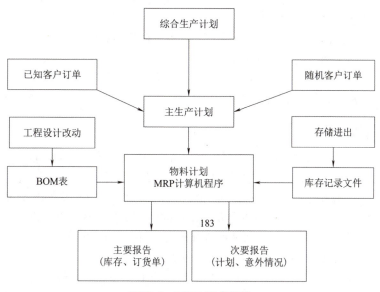

图 7-3 MRP 组成结构

1. MRP 输入的信息

MRP 系统中主要输入的信息有三个部分：主生产计划、物料清单和库存状态文件。这三个数据就成为物料需求计划的数据，并将生产计划扩展为包括物料在内的详细的生产计划。

（1）确定主产品计划（master production schedule，MPS）。MPS 来自企业的年度生产计划，是 MRP 的主要输入信息，是 MRP 运行的驱动源。

所谓主产品，是指企业提供给社会的主要产成品，通俗理解为最终出厂产品，例如，汽车制造厂商的主产品就是汽车，电视机厂商的主产品就是电视机等。主产品的生产计划，是企业接受社会订货，或者计划提供给社会的主产品的数量和进度计划，包括数量和时间两个要求，即生产多少和什么时候生产。但是，企业生产还有另外一个次要依据，就是企业对社会上处于使用状态的主产品进行维修保养所需要的零部件的需求计划。这些零部件的生产也需要企业承担，例如，电视机厂商不仅仅要生产整台的电视机，还要生产维修电视机所需的常用维修零件，其生产计划主要是指社会维修业所提出的零部件的订货计划。

【应用实例 7-4】表 7-5 为某企业主生产计划。它表示产品 A 的计划出产量为第 5 周 10 台、第 8 周 15 台；产品 B 的计划出产量为第 4 周 13 台、第 7 周 12 台；产品 C 的计划出产量为第 1 周至第 9 周每周出产 10 台。

表 7-5　某企业主生产计划

产品	1	2	3	4	5	6	7	8	9
产品 A/台					10			15	
产品 B/台				13			12		
产品 C/台	10	10	10	10	10	10	10	10	10

（2）确定主产品的结构文件。主产品的结构文件又称物料清单（bill of material，BOM），就是求出装配主产品需要哪些零件、部件、原材料，哪些要自制，哪些要外购，自制件在自制过程中又要采购哪些零件、部件、原材料等。但 BOM 不是一个简单的物料清单，它还提供了主产品的结构层次、所有各层零部件的品种数量和装配关系。

一般用一个自上而下的结构树表示。每一层都对应一定的级别，最上层是 0 层，即主产品级，0 层的下一层是 1 层，对应主产品的一层零部件，这样一层一层往下分解，一直分解到最末一层 n 层，一般是最初级的原材料或者外购零配件。每一层各个方框都标有三个参数：

1）零部件名。

2）零部件数量，是指构成相连上层单位产品所需要的本零部件的数量。

3）相应的提前期，包括生产提前期和订货提前期。所谓生产提前期，是指从发出投产任务单到产品生产出来所需要的时间。而订货提前期是指从发出订货到所订货物采购回来入库所需要的时间。提前期的时间单位要和系统的时间单位一致，也以周为单位。有了这个提前期，就可以由零部件的需要时间而推算出投产时间或采购时间。

【应用实例 7-5】图 7-4 为某企业产品 A 的物料清单。产品 A 由 2 个 B、4 个 C、3 个 D 组成，而 B 由 2 个 E、4 个 F 组成，D 由 2 个 C、3 个 G 组成。各物料的提前期均为 1 周。

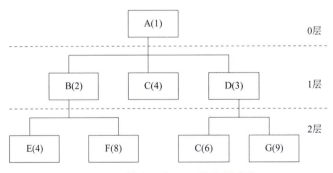

图 7-4　某企业产品 A 的物料清单

（3）确定库存文件。也称库存状态文件，它包含各个品种在系统运行前的期初库存量的静态数据，但主要提供并记录 MRP 运行过程中实际库存量的动态变化过程。所谓库存文件，就是主产品及主产品所属所有零部件、原材料的现有库存量清单文件，即主产品零部件库存一览表。库存文件是编制 MRP 必不可少的信息来源之一，库存文件与产品结构文件不同，它经常处于不断的变化之中。MRP 每进行一次，它就发生一次变化。MRP 的库存文件中包含关于订什么、订多少、何时发生订货等重要信息，包含每一个元件的记录。

由于库存量的变化，是与系统的需求量、到货量、订货量等各种数据变化相联系的，所以库存文件实际上提供和记录各种物料的所有参数随时间的变化。这些参数包括以下内容。

1）总需求量，是指主产品及其零部件在每一周的需要量。其中主产品的总需要量与主生产进度计划一致，而主产品的零部件的总需要量根据主产品出产进度计划和主产品的结构文件推算而得出。

总需要量中，除了以上生产装配需要用品，还可以包括一些维护用品，如润滑油、油漆等。既可以是相关需求，也可以是独立需求，合起来记录在总需要量中。

2）计划到货量，是指已经确定要在指定时间到达的货物数量。它们可以用来满足生产和装配的需求，并且会在给定时间点实际到货入库。它们一般是临时订货、计划外到货或者物资调剂等得到的货物，但不包括根据这次 MRP 运行结果产生的生产任务单生产出来的产品和根据采购订货单采购回来的外购品，这些产品由计划接受订货来记录。

3）现有库存量，是指每个周库存物资的数量。由于在一周中，随着到货和物资供应的进行，库存量是变化的，所以周初库存量和周末库存量是不同的。因此，规定这里记录的库存量是周末库存量。库存量是满足各周需求量的物资。在有些情况下，为了防止意外情况造成的延误，还对某些关键物资设立了安全库存，以减少因紧急情况而造成的缺货。在考虑安全库存的情况下，库存量中还应包含安全库存。

【应用实例 7-6】某企业的库存文件如表 7-6 所示。

表 7-6　某企业的库存文件

Y 零件 （提前期为 2 周）	周次										
	1	2	3	4	5	6	7	8	9	10	11
总需求量/件						300			300		300
预计到货量/件		400									
现有库存量/件	20	420	420	420	420	120	120	120			
净需求量/件									180		300
计划发出订货量/件							180		300		

从表 7-6 可以看到，第 6 周、第 9 周和第 11 周各需要 Y 零件 300 件。现有库存量为 20 件，预计在第 2 周将会得到 400 件，因此，在第 2 周将会有 Y 零件 420 件，该库存量一直持续到第 5 周。第 6 周要使用 Y 零件 300 件，所以第 6、第 7、第 8 周 Y 零件的库存只有 120 件。依此类推，第 9 周 Y 零件的净需求量为 180 件，第 11 周净需求量为 300 件。

由于 Y 零件提前期为 2 周，计划发出订货要考虑提前期，因此，第 7 周必须发出订货量 180 件，第 9 周必须发出订货量 300 件。

如果考虑安全库存和经济订货批量，则计算会更复杂。

以上三个文件是 MRP 的主要输入文件。除此以外，为运行 MRP 还需要有一些基础性的输入，包括物料编码、提前期、安全库存等。

2. MRP 处理过程

MRP 整个处理过程可以用图 7-5 所示的流程图表示。整个过程可以分成以下两步：

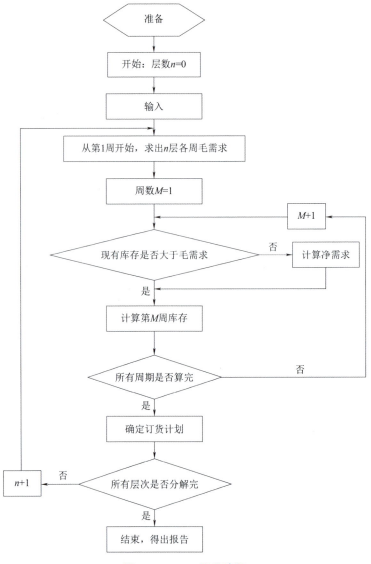

准备

开始：层数 $n=0$

输入

从第1周开始，求出 n 层各周毛需求

周数 $M=1$

$M+1$

现有库存是否大于毛需求 ——否—— 计算净需求

是

计算第 M 周库存

所有周期是否算完 ——否——

是

确定订货计划

所有层次是否分解完 ——否—— $n+1$

是

结束，得出报告

图 7-5　MRP 处理过程

（1）第一步：准备。在运行 MRP 之前，要做好以下几个方面的准备工作：

1）确定时间单位，确定计划期的长短。一般计划期可以取 1 年，时间单位取为周，则计划期就是 52 周。当然时间单位也可以取天，计划期可以取任意的天数。在这里，取时间单位为周，计划期长度为 M 周。

2）确定物料编码，包括主产品和零部件的编码。

3）确认主产品出产进度计划，它被表示成主产品各周的出产量。

4）确认物料清单，它被表示成具有层级结构的树形图。由主产品（0 层）开始，逐层分解成零部件，直到最后分解到最低层（设为 n 层），即初层原材料或外购零配件为止。每个组成零部件都要标明零部件名、单个上层零部件所包含本零部件的数量和本零部件的生产（或采购）提前期。每一层都要标明层号。

除了主产品（一般为独立需求）及其零部件（一般为相关需求），还有些辅助生产用品、维护及维修用品等需要外购的用品，可以作为独立需求，按实际需要量直接列入物料清单的最底层，参与共同的物料需求计划。

5）准备好主产品及其所有零部件的库存文件，特别是各自的期初库存量和计划到货量。有些物资，特别是长距离、难订货的物资，还要考虑安全库存、经济订货批量和订货点等。

（2）第二步：逐级管理。首先从层级码等于 0 的主产品开始，依次取各级层级码的各个零部件，每层需要计算的数据主要有毛需求量、计划到货量、现有库存量、净需求量、计划下达量等，处理如下：

1）毛需求量的计算。0 层的各周毛需求量根据主生产计划得出。计算完一层后，将其各周计划下达的物料数量乘以相应倍数，得出下一层物料需求量，直到最底层计算完毕。

$$独立需求物料（最终产品）的毛需求量=主生产计划的规定数量 \qquad (7\text{-}11)$$
$$相关需求物料的毛需求量=上层关联物料的净需求×倍数 \qquad (7\text{-}12)$$

2）计划到货量的计算。计划到货量，也称预计到货量或在途库存量。

$$计划到货量=预计到货量（在途库存量） \qquad (7\text{-}13)$$

3）现有库存量的计算。从第 1 周开始计算净需求和库存剩余量，若本周可用物料数量大于毛需求量，则说明本周没有产生净需求；否则就要计算本周产生的净需求。依次类推，计算各周的库存量和净需求，直到计算完所有的周数。一般为 10 周，周数越多，计划的准确性越差。

$$现有库存量=本周周初库存量+本周到货量-本周需求量 \qquad (7\text{-}14)$$
$$=上周周末库存量+本周计划到货量-本周需求量$$

考虑安全库存时：

$$现有库存量=本周周初库存量+本周到货量+安全库存-本周需求量 \qquad (7\text{-}15)$$
$$=上周周末库存量+本周计划到货量+安全库存-本周需求量$$

4）净需求量的计算。

$$净需求量=总需求量-（计划到货量+现有库存量） \qquad (7\text{-}16)$$

MRP 在实际运行中，不是所有的负库存量都是有净需求量的。净需求量可以这样简单地确定：在现有库存量一栏中第一个出现的负库存量的周，其净需求量就等于其负库存量的绝对值。在其后连续出现的负库存量的各周中，各周的净需求量等于其本周负库存量减去前一周负库存量的差的绝对值。

5）计划下达量的确定。计划下达量即计划发出订货量，是指发出采购订货单进行采购，或发出生产任务单进行生产的数量和时间。计划发出订货的时间要考虑生产或订货提前期，为了保证净需求量在需要的时刻及时得到供应，而提前一个提前期得到的一个时间。

$$计划发出订货量=同周的净需求量 \qquad (7\text{-}17)$$
$$计划发出订货时间=净需求量时间-生产（或采购）提前期 \qquad (7\text{-}18)$$

【应用实例 7-7】某企业生产的产品 A 由 1 个 B 构成，1 个 B 由 2 个 C 构成，1 个 C 由 4 个 D 构成。

已知：主生产计划如表 7-7 所示，物料清单如图 7-6 所示，原有库存、安全库存、订货单位和提前期等条件如表 7-8 所示。

课堂笔记

表 7-7　产品 A 的主生产计划　　　单位：个

周次	1	2	3	4	5	6	7	8	9	10
A 的产量	100	100	100	100	100	120	120	120	120	120

表 7-8　已知数据　　　单位：个

	预计入库（周次）	原有库存	安全库存	订货单位	提前期
产品 A	230（1）	0	0	1	1
产品 B	60（1） 70（2）	8	2	5	2
产品 C	100（1）	15	2	5	1
产品 D	800（1） 800（2）	100	10	100	2

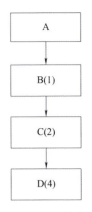

图 7-6　物料清单

解析过程：

（1）产品 A 的计算结果如表 7-9 所示，过程如下：

第 1 周：库存量＝预计库存量+原有入库量−毛需求量

$$=230+0-100=130（个）；$$

第 2 周：库存量＝预计库存量+上周入库量−毛需求量

$$=0+130-100=30（个）；$$

第 3 周：净需求量＝毛需求量−（预计库存量+上周入库量−安全库存）

$$=100-(0+30-0)=70（个）；$$

……

计划下达量：由于提前期为 1 周，因此，各周的计划下达物料数量等于下一周的净需求量。

表 7-9　产品 A 的计算结果　　　单位：个

周次	1	2	3	4	5	6	7	8	9	10
毛需求量	100	100	100	100	100	120	120	120	120	120
预计入库量	230									
库存量	130	30								
净需求量			70	100	100	120	120	120	120	120
计划下达量		70	100	100	120	120	120	120		

（2）产品 B 各周毛需求量等于相应周的计划下达量（倍数是 1）。产品 B 的计算结果如表 7-10 所示，过程如下：

第 1 周：库存量＝预计库存量+原有入库量−毛需求量

$$=60+8-0=68（个）；$$

第 2 周：库存量＝预计入库量+上周入库量−毛需求量

$$=70+68-70=68（个）；$$

第 3 周：净需求量＝毛需求量−（预计入库量+上周入库量−安全库存）

$$=100-(0+68-2)=34（个）；$$

因为订货单位为5，所以计划下达量必须是5的倍数；又因为提前期为2周，因此，第1周订货下达量为35，从第3周起库存量变为3。

......

表7-10　产品 B 的计算结果　　　　　　　　　　　　　　单位：个

项目	1	2	3	4	5	6	7	8	9	10
毛需求量		70	100	100	120	120	120	120	120	
预计入库量	60	70								
库存量	68	68	3	3	3	3	3	3	3	
净需求量			34	99	119	119	119	119	119	119
计划下达量	35	100	120	120	120	120	120			

（3）产品 C 的计算结果如表7-11所示。

表7-11　产品 C 的计算结果　　　　　　　　　　　　　　单位：个

周次	1	2	3	4	5	6	7	8	9	10
毛需求量	70	200	240	240	240	240	240			
预计入库量	100									
库存量	45	5	5	5	5	5				
净需求量		157	237	237	237	237	237			
计划下达量	160	240	240	240	240	240				

（4）产品 D 的计算结果如表7-12所示。

表7-12　产品 D 的计算结果　　　　　　　　　　　　　　单位：个

周次	1	2	3	4	5	6	7	8	9	10
毛需求量	640	960	960	960	960	960				
预计入库量	800	800								
库存量	260	100	40	80	20	60				
净需求量			870	930	890	950				
计划下达量	900	1 000	900	1 000						

▶▶▶ 实战训练7-2 ◀◀◀

假设零件 A 现有库存量为30单位，购买提前期时间是2周，订货最小批量为25单位，时段1的预计到达量为15单位，各时段的需求量如表7-13所示。

表7-13　零件 A 各时段的总需求量

计划期序号	1	2	3	4	5	6	7	8
总需求量	15	22	20	17	25	16	31	18

问题：请根据上述背景，计算表 7-14 中（1）~（10）位置上的数据。

表 7-14　零件 A 的 MRP 计算表

时段	0	1	2	3	4	5	6	7	8
总需求量		15	22	20	17	25	16	31	18
预计到货量		15							
现有库存量	30	30	8	13	21	21	5	0	7
净需求量		0	0	(1)	(2)	(3)	(4)	(5)	(6)
计划接受订货量				(7)	25	25	(8)	(9)	(10)
计划发出订货量		25	25	25		26	25		

3. MRP 的输出

MRP 系统能够对输入的数据进行处理，并且根据要求输出各种文件。MRP 输出包括主产品及其零部件在各周的净需求量、计划接受订货量和计划发出订货量发出三个文件。

（1）净需求量。净需求量，是指系统需要外界在给定的时间提供的给定物料的数量。这是物资资源配置最需要回答的主要问题，即到底生产系统需要什么物资、需要多少、什么时候需要。净需求量文件很好地回答了这些问题。不是所有零部件每一周都有净需求的，只有发生缺货的周才发生净需求量，也就是说某个品种某个时间的净需求量就是这个品种在这个时间的缺货量。

（2）计划接受订货量。计划接受订货量，是指为满足净需求量的需求，应该计划从外界接受订货的数量和时间。为了保证某种物资在某个时间的净需求量得到满足，人们提供的供应物资最迟应当在什么时候到达、到达多少。这个参数除了用于记录满足净需求量的数量和时间，还为后面的计划发出订货量参数服务，是计划发出订货量的参照点，两者数量完全相同，时间上相差一个提前期。

（3）计划发出订货量。计划发出订货量，是指发出采购订货单进行采购或发出生产任务单进行生产的数量和时间。其中发出订货的数量，等于计划接受订货的数量，也等于同周的净需求量。计划发出订货的时间是考虑生产或订货提前期，为了保证计划接受订货量或者净需求量在需要的时间及时得到供应，而提前一个提前期得到的时间。

因为 MRP 输出的参数是直接由 MRP 输入的库存文件参数计算出来的，所以为直观起见，总是把 MRP 输出与 MRP 库存文件连在一起，边计算，边输出结果。

实战训练7-3

某企业生产的主产品 A 由 2 个 B 和 1 个 C 构成，而 1 个 B 由 1 个 D 和 2 个 E 构成，1 个 D 又由 1 个 2.5 kg F 加工而成，C、E、F 都是由外购获得，A、C、D 的提前期均为 1 天，B、E、F 的提前期为 2 天。主产品需求计划和零部件外订计划如表 7-15 所示。

表 7-15　主产品需求计划和零部件外订计划

时期/周	第 1 周	第 2 周	第 3 周	第 4 周	月合计
A 出产／（件/周）	25	15	20	15	75
C 外订／（件/周）	15		15		30
E 外订／（件/周）		20		20	40

问题：

1. 列表分析生产主产品零部件采购数量。

2. 列表分析月采购计划。

7.3.5 MRP 处理的几点说明

1. 计划期的长短和时间单位的确定

原则上，MRP 计划期的长短没有任何限制，但 MRP 本身是一种生产作业计划，它主要属于近期或短期计划，因此，MRP 运行的计划期不宜太长，一般为一个月、两个月或三个月。

MRP 的时间单位一般以周为单位，也可以以天为单位，长的也可以以月为单位。根据生产作业计划的特点，不能以小时、分钟、秒为单位。时间单位越长，MRP 运行时间会越短，但是做出的计划越粗糙；时间单位越短，MRP 运行时间会越长，但计划越精细。现实中常以周为时间单位。

2. 订货批量处理

前面所举的例子中还没有提出订货批量的概念，净需求量是多少也就把订货批量取为多少，这是按需求量订货，叫需求批量订货（lot-for-lot ordering）。这只是订货批量的一种，订货批量有很多种，它们可以分为固定订货批量和非固定订货批量两大类，它们在订货批量的处理上是不相同的。

（1）固定订货批量。有些物资在各个时间阶段的订货都采用相同的订货批量。这个订货批量是根据某种原则或现实情况而确定的。例如，多品种轮番批量生产方式下，按 EOQ 公式确定的经济订货批量，按照包装或运输的规定而整箱整包地订货等。

在采用固定订货批量订货时，订货批量一般采取以下办法，使总订货量与净需求量的和大致相等。

①当净需求量小于固定订货批量时，按固定订货批量订货，或不订货。

②当净需求量等于固定订货批量时，按固定订货批量订货。

③当净需求量大于固定订货批量时，按固定订货批量的倍数订货。

很显然这样做的结果，就像订货点技术一样，可能造成库存积压太高，有时还可能出现缺货的问题。怎样使库存积压最小而又减少缺货，就要在满足水平和库存费用之间做一个权衡，要用到在订货点技术中常用的一些方法原理，采取适当的订货策略。

（2）非固定订货批量。非固定的订货批量常用的方法如下：

1）需要批量订货：按净需求量的多少订货，净需求量多就多订货，净需求量少就少订货，订货批量是随时变化的。

2）固定周期批量：固定周期一般包含多个时间单位，订货批量等于固定周期内的各个净需求量的和。由于各个时间单位中，净需求量不相等，所以订货批量也是变化的。

在非固定订货批量情况下，比较容易实现总订货量等于总需求量，可以实现库存积压少，从而满足程度高。

物流素养

MRP 是一种先进的企业管理思想和方法，它从整体优化的角度出发，对企业的各种制造资源和产、供、销、存、财等各个环节实行合理的计划、组织、控制和调整，使其在生产经营的过程中协调有序，从而在实现连续均衡生产的同时，最大限度地降低物料库存，消除无效劳动和资源浪费。因此，库存控制模式更是赋予了这一管理环节更深层次的意义和价值，体现了社会主义核心价值观的引导和传播。

以小组为单位，讨论与思考：
库存控制模式的内容体现了哪些社会主义核心价值观提倡的理念？请举例说明。

任务7.4 生产计划和能力分析

企业生产过程是一个复杂的过程，需要的资源繁多，要合理地将资源按需求进行有效的分配，企业就要制订周密、合理、科学的生产计划。做好计划是企业生产管理的首要职责，是最为重要、最为基础的工作。

7.4.1 生产计划

1. 企业生产计划分类

根据不同的切入点，可以将企业生产计划分成不同的种类，如表7-16所示。

表7-16 企业生产计划分类

分类标准		企业生产计划的类别与相关定义
按时间观点	长期计划	完成企业在较长时间段的目标，是对企业资源合理使用的规划，可以是五年、三年或一年以上
	短期计划	是指生产周期在一年以内、几个月或几周的生产周期计划。短期计划同样也合理地应用企业资源
	应急计划	是指一周或几天、几小时的生产计划
按重要性、关键性	主生产计划	是生产企业针对某一品种或几种产品在某一时间段的数量及质量的规划。主生产计划的制订依据来源于企业的战略规划与市场对产品的需求，来源于客户的订单数量
	辅助计划	是针对主生产计划之外的工作进行的规划，辅助计划可以帮助企业员工完成主生产计划。辅助计划可以是主生产计划的补充，也可以是主生产计划的调整计划或预备方案

2. 生产计划应包含的内容

生产计划的制订是为指导企业如何生产而进行的，是为企业进行生产管理而服务的。作为一个企业生产管理人员，必须对每一时间的生产计划进行充分的了解和分析，做到了如指掌，并且按照企业的生产计划执行。生产计划一旦制订将是企业生产运营的规则，企业各部门将按照生产计划进行组织生产。

企业生产计划编制时，需要包含4W2H内容：

What——做什么，制造产品的名称、类型、型号等；

How many——做多少，标明生产产品的数量或重量；

Where——在哪里做，制造的产品、半成品、零部件等物料在生产线的哪些工序生产或组装；

Who——谁来做，哪些部门参与生产或支持生产，哪些人员参加工生产；

When——时间，生产的起始时间和结束验收时间；

How——怎样组织生产。

3. 编制生产计划的流程

生产计划编制流程如图7-7所示。

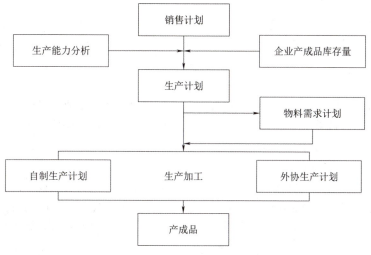

图7-7　生产计划编制流程

7.4.2　生产能力分析

企业在生产计划制订时必须对企业自身的生产能力进行分析、评估，以便满足企业生产需求。过高的企业生产能力评估，将使企业制订出来的生产计划无法按时完成；过低的企业生产能力评估，会造成企业生产资源的闲置浪费，没有满负荷的生产任务，将会产生企业生产能力的浪费。因此，在制订生产计划时必须针对企业生产能力进行分析与评估，必须科学、合理地对企业生产该产品的能力进行有效的分析。

企业生产能力也称为生产负荷能力，即制造工时计划或机器、人员、设备相结合的工作负荷承受能力。它体现了生产产品制造能力，需要将 MRP 转化为标准负荷小时（一般以月为单位）。企业只有做好对机器、人员的负荷能力的分析和评估，才能更有效地编制某一产品的生产计划，才能使生产计划切实可行。企业生产能力分析要点如下：

（1）生产某种产品时每道工序的制造工时。

（2）生产某种产品时所需要的员工数量、操作技能水平。

（3）工序之间的加工节拍，实现均衡生产，避免上下工序出现等待现象。

（4）销售计划的交货时间能否满足企业生产需求。

（5）紧急订单对生产能力的冲击。

企业生产能力计算公式为

企业生产能力=月工作日×(工作时间/天)×开工率×人员数量或设备数量　（7-19）

【应用实例7-8】某汽车零部件制造厂，拥有机械加工设备20台，每月有效工作日为20天。每天以白班、夜班两班制进行生产，白班、夜班的工作时间为 8 h，生产班次的开工率均为80%，则该企业的生产能力（生产负荷能力）为多少？

解：企业生产负荷能力=20×8×2×20×80%=5 120(h)。

7.4.3　生产能力调整

在企业生产过程中，由于订单数量大于企业生产能力或由于紧急订单对正常生产能力进行冲击，企业应对生产能力进行有效的调整，以满足市场对产品的需求。

1. 加班

企业接受订单，尤其是接受紧急订单以后，订单的时间（交货期）限制，给企业生产造成短时产能（负荷）不足现象。这时企业可以通过加班加点，延长企业生产工作时间，来提高企业短时间内产能不足现象。

2. 外包生产

当企业接受的订单严重冲击企业现有生产秩序或严重超出企业自身的生产能力时，企业就要通过将部分订单或瓶颈工序的加工外包给相应的企业进行外协加工，以提高本企业自身的生产能力，满足市场需求。

3. 增加员工及设备

当企业长期处于生产能力不足时，企业就应考虑是否增加员工及设备的数量，来提高企业自身的生产能力。企业通过增加员工及设备的数量来提高企业生产能力（企业生产负荷能力）时，企业要重新对市场信息进行评估和分析，避免企业盲目扩张生产能力，造成企业生产能力过剩、成本增加、利润下降。

【应用实例7-9】某机械加工企业接到生产订单，生产 A 产品 300 件，生产 B 产品 500 件，生产 C 产品 200 件，交货时间为 30 天。A、B、C 三种产品的加工工序及工时如表 7-17 所示。该企业拥有车床 3 台、铣床 1 台、磨床 2 台，工作生产日为 25 天，准备和发货时间为 5 天，企业工作效率为 90%。试分析企业生产能力是否满足生产需求。如不能满足生产需求，那么应如何调整生产计划？

表 7-17 产品的加工工序及工时

产品	工序号	机床名称	工时/h
A	1	车床	0.32
	2	铣床	0.24
	3	车床	0.18
	4	磨床	0.15
B	1	铣床	0.34
	2	磨床	0.08
	3	车床	0.25
C	1	车床	0.43
	2	磨床	0.25

事例分析：

计算车床、铣床、磨床 25 天工作日各自的总工作能力：

车床工作能力 = $3 \times 8 \times 25 \times 90\% = 540$（h）；

铣床工作能力 = $1 \times 8 \times 25 \times 90\% = 180$（h）；

磨床工作能力 = $2 \times 8 \times 25 \times 90\% = 360$（h）。

A 种产品使用机床能力需求：

车床：$(0.32+0.18) \times 300 = 150$（h）；

铣床：$0.24 \times 300 = 72$（h）；

磨床：$0.15 \times 300 = 45$（h）。

B 种产品使用机床能力需求：

车床：$0.25 \times 500 = 125$（h）；

铣床：$0.34×500=170$（h）；

磨床：$0.08×500=40$（h）。

C 种产品使用机床能力需求：

车床：$0.43×200=86$（h）；

磨床：$0.25×200=50$（h）。

A、B、C 三种产品共用机床能力需求：

车床：$150+125+86=361$（h）；

铣床：$72+170=242$（h）；

磨床：$45+40+50=135$（h）。

表 7-18 为机床能力分析数据。

表 7-18　机床能力分析数据

机床类型	工作能力/h	能力需求/h
车床	540	361
铣床	180	242
磨床	360	135

通过以上数据计算与分析，只有铣床不能满足生产需求，实际与订单生产的生产能力相差 62 h，其他机床的生产能力能够满足生产计划的需求。

调整办法：将铣床加工时间延长，安排铣床操作者加班 62 h，以满足生产需求。

这样调整企业生产能力，就可以满足市场订单需求，使企业获得利润。

前沿视角

工业 4.0 时代——实现智慧工厂的五大要素集成

众所周知，在工业 4.0 时代，传统的制造业工厂发生巨大的变化。智慧工厂是现代工厂信息化发展的新阶段。在数字化工厂的基础上，利用物联网技术和设备监控技术加强信息管理和服务；清楚掌握产销流程、提高生产过程的可控性、减少生产线上人工的干预、及时正确地采集生产线数据，以及合理地编排生产计划与安排生产进度；结合绿色智能手段和智能系统等新兴技术于一体，构建一个高效节能的、绿色环保的、环境舒适的人性化工厂。

要实现智能工厂，需要智能制造的产品、人、物料、工厂达到有效的组合，也需要把客户集成、智力集成、纵向集成、横向集成、价值链集成这五方面集成起来，通过这五大要素的集成，把制造的价值凝聚在一起，从而产生更大的价值。

一、客户集成

客户是智能制造的中心，是实现客户集成、智能制造的起点，通过一定的智能技术把客户的需求有机集成起来，一定会使制造价值倍增。对于客户的集成有两种情形：

第一种情形是大量的差异化需求。虽然每个需求都不相同，但是需求总量很大。这就是范围经济，通过多样化创造价值。第二种情形是个性化需求中的共性集中。这种情形是范围经济上的规模经济，价值更大。

在智能制造体系中，客户就是一个核心要素，他们拥有智能手机、平板电脑，通过移动网络可以有效地把客户集成到智能制造环境中来。

智能制造体系集成客户的过程应该是：通过 O2O 工具（如地铁中的、商场中的及随处可见的二维码）把客户吸引到相应的网站，下载 App，客户注册登录 App 后就进入了一个互动的社区。在这个社区中，客户可以预定产品、提供建议，看到生产中的产品、变更需求，发布使用体验，或者与其他客户进行交流和分享感受。客户可以邀请亲朋好友加入这个社区，从而让客户群体倍增。对于喜欢不同产品的客户还可以建立更加有针对性的细分社区空间，以便客户融入产品创造过程中。这样一个过程就是对客户的集成，使零散的需求成为一个有机的整体，驱动制造创新。因此，客户应该是智能制造的开端。

二、智力集成

世界是企业的研发部，世界也是企业的人力资源部。互联网、移动互联网的发展，使企业可以集成全世界的智力，形成企业的最强大脑；可以集成全世界的大数据资源，分析研究各种趋势；可以集成全世界的最权威的专家，引领趋势；可以集成全世界最优秀的制作人员，精工细作。

三、纵向集成

在智能工厂内部通过纵向集成将传感器、各层次智能机器、工业机器人、智能车间与产品有机地整合在一起，同时确保这些信息能够传输到 ERP 系统中，对横向集成以及端到端的价值链集成提供支持。

这种纵向集成构成了工厂内部的网络化制造体系，这个网络化制造体系由很多模块组成，这些模块包括模型、数据、通信、算法等所有必要的需求。在不同的产品生产过程中，模块化的网络制造体系可以根据需要对模块的拓扑结构进行重组，从而可以很好地满足个性化产品生产的需求。

这个集成后的网络化制造体系可以看成一个巨大的智能机器系统，模块可以看成它的程序单元，而改变拓扑结构的过程就是重新编程的过程，只不过这些所有的活动全部是自动完成的。根据不同产品发出的指令，网络化制造体系能够根据需要来组织完成生产。

纵向集成具有三种特点：一是确保不同层次的设备和传感器信号传输到 MES、ERP 系统层面，提供对横向集成及端到端集成的数据支持；二是为了满足智能制造的可变性，开发模块化和可重用性是很重要的；三是对智能系统进行功能性描述。纵向系统其实就是智能工厂系统。

按照国际模型，一个工厂的纵向系统由三层结构组成：过程控制系统（SFC）、MES、ERP 系统。智能工厂就是这三层结构的上下贯通，每一层模块化共同组成一个智能平台，同时，建构生产数据中心。这样就可以实现智能产品和智能设备之间的数据流动，从而实现数据自动采集、数据自动传输、数据自动决策、自动操作运行、自主故障处理等。

四、横向集成

横向集成是指将各种不同的制造阶段的智能系统集成在一起，既包括一个公司内部的材料、能源和信息的配置（如原材料、生产过程、产品外出物料、市场营销等），也包括不同公司之间的价值网络的配置。横向集成与纵向集成、价值链集成整合起来构成了智能制造网络。

横向集成通过互联网、物联网、云计算、大数据、移动通信等全新技术手段，对分布式的智能生产资源进行高度的整合，从而构建起在网络基础上智能工厂间的集成。

横向集成也是实现价值链集成的基础，没有横向集成，也就没有价值链集成。

五、价值链集成

一个产品的生产过程可能包括产品需求确定、产品设计、产品规划、产品工程、生产、销售服务等多个价值链环节，每个环节可能由不同的企业完成。所谓的价值链集成就是要把在一个企业之中或多个企业之间的产品从需求分析开始直到销售服务的全价值链集成起来，确保个性化产品能够实现。

价值链集成是客户价值的实现途径，横向集成和纵向集成则保障了这种价值的最大化实现，它们共同组成了智能制造体系。

通过这五大要素集成，把分布在各个环节上的智能要素联系起来，形成了能够创造价值的网络体系，这些价值网络通过节点和连接不断产生增值。

随着智能制造和大数据时代的到来，新的以信息物理融合系统（CPS）为基准的自动化架构已形成雏形。在新型架构中，多层级的严格分隔和信息流自上而下的方法将会逐渐被替代。在一个智能的网络中，每个设备或每个服务都能自动地启动与其他服务的通信。这一新型自动化架构带来的重大改变是：除了对时间有严格要求的实时控制功能和对安全生产有严格要求的安全功能仍然保留在工作层，所有的制造功能都将按产品、生产制造和经营管理这三个维度虚拟化，构成全链接和全集成的智能制造生态系统。

（资料来源：《智慧工厂》，2017 年 10 月第 35 期）

知 识 检 测

一、单项选择题

项目 7 知识检测答案

1. 物品在仓库储存过程中发生的收货、储存和搬运等费用，构成物品的（　　）。
   A. 购入成本　　　　B. 调整成本　　　　C. 订货成本　　　　D. 储存成本
2. 从物流的角度 MRP 实际上反映了一种（　　）的运作方式。
   A. 产品流向　　　　B. 推动力　　　　C. 物料流向　　　　D. 物流控制
3. （　　）的基本思想是把 MRP 同其他所有与生产经营活动直接相关的工作和资源及财务计划连成一个整体，实现企业管理的系统化。
   A. ERP　　　　　　B. JIT　　　　　　C. DRP　　　　　　D. MRP Ⅱ
4. MRP 输入的工艺路线文件不包括（　　）。
   A. 要进行的加工及其顺序　　　　　　B. 涉及的工作中心
   C. 要进行的加工及设备工艺要求　　　D. 加工所需的时间定额
5. MRP 的逻辑运算规则是（　　）推算出各零部件的生产数量与期限。
   A. 顺工艺路线　　　　　　　　　　　B. 与工艺路线平行
   C. 逆工艺路线　　　　　　　　　　　D. 与工艺路线同步
6. 定量库存控制模型要确定的量是（　　）。
   A. 订货点和订货批量　　　　　　　　B. 订货点和订货周期
   C. 订货周期和订货批量　　　　　　　D. 以上都不对
7. 定量库存控制模型和定期库存控制模型最大的差别是（　　）的变化。
   A. 订货点　　　　B. 订货成本　　　　C. 订货批量　　　　D. 订货周期
8. 在处理物料清单时，为减少大量存储重复数据，计算机采取将（　　）分开。
   A. 产品项目描述与产品结构描述　　　B. 不同层次的部件

C. 不同层次需求的同种零部件　　　　D. 自制件与外购件

9. 在 MRP 的物料清单中，对外购件（　　　）。

A. 不做产品结构层次的进一步分解　　　B. 与自制件同样进行层次分解

C. 不同外购件列在同一层次　　　　　　D. 设置同层不同代码

10. 企业生产能力分析是把物料需求计划转换为（　　　）。

A. 生产进度　　　　B. 标准负荷小时　　　C. 使用时间　　　　D. 生产时间

11. ABC 管理法的要点是从中找出关键的少数和次要的多数，其中关键的少数属于（　　　）。

A. C 类　　　　　　B. A 类　　　　　　C. B 类　　　　　　D. D 类

12. 按照控制对象价值的不同或重要程度的不同进行分类，B 类存货的（　　　）。

A. 品种数占总品种数的比例约为 10%，价值占存货总价值的比例约为 70%

B. 品种数占总品种数的比例约为 20%，价值占存货总价值的比例约为 20%

C. 品种数占总品种数的比例约为 70%，价值占存货总价值的比例约为 10%

D. 品种数占总品种数的比例约为 70%，价值占存货总价值的比例约为 70%

13. 不同类别存货的库存控制策略是不同的，一般情况下，C 类存货的控制策略是（　　　）。

A. 严密控制，每月检查一次　　　　　　B. 一般控制，每三个月检查一次

C. 自由处理　　　　　　　　　　　　　D. 随时检查

14. 某企业每年需要耗用某种物资 100 000 件，现已知该物资的单价为 20 元，同时已知订货成本为 5 元/次，每件物资的年储存费率为 20%，年订货总成本是（　　　）元。

A. 500　　　　　　B. 1 000　　　　　　C. 1 500　　　　　　D. 2 000

二、多项选择题

1. MRP 的依据是（　　　）。

A. 主生产计划　　　B. 采购计划　　　　C. 物料清单　　　　D. 库存信息

2. 下列关于定量库存控制模型和定期库存控制模型的描述，错误的是（　　　）。

A. 定期库存控制模型是"事件驱动"，定量库存控制模型是"时间驱动"

B. 定期库存控制模型平均库存量较小，定量库存控制模型没有盘点期

C. 定量库存控制模型比定期库存控制模型所花费的库存控制时间更长

D. 定量库存控制模型适用于具有相关需求特征的物品的库存控制

3. 在需求与订货提前期不变的情况下，若不考虑安全库存，则影响订货点的因素有（　　　）。

A. 经济订货批量　　　　　　　　　　　B. 产品单价

C. 订货提前期　　　　　　　　　　　　D. 订货成本

4. MRP 系统计算物料需求量，设计计算物料的（　　　）。

A. 毛需求量　　　　B. 经济订货批量　　C. 净需求量　　　　D. 计划订单下达量

5. 独立需求产品计算包括（　　　）。

A. 中间产品　　　　　　　　　　　　　B. 最终产品

C. 为售后服务准备的零部件　　　　　　D. 为防范突发事件准备的零部件

6. 物料需求计划逻辑运算规划的优点是（　　　）。

A. 自动计算出制造产品所需零部件及物料数量

B. 动态模拟以后多个周期的物料需求

C. 确定所有独立物料需求

D. 便于调整与修改计划

1. 若要像 A 公司那样获得精确的库存记录，需要有哪些方面的保障措施？

_____

_____

_____

_____

2. A 公司 A 类商品的库存控制策略与哪种库存控制模型相似？异同点有哪些？

_____

_____

_____

_____

3. K 公司在配套批量订货条件下，该如何制订订货计划？

_____

_____

_____

_____

4. K 公司若在订货批量为 300 条桌腿和 70 张桌面的前提下，又该如何制订订货计划？

_____

_____

_____

_____

5. A 公司的 ABC 管理法和 K 公司的 MRP 法库存控制有何不同？两者各有哪些优缺点？

_____

_____

_____

_____

项目 8 生产现场物流管理

知识目标

1. 了解生产现场物流管理意义、流程；
2. 了解生产现场物流的人员、物料、安全、设施设备管理等内容；
3. 掌握生产现场 5S 管理的实施步骤及实施要点；
4. 掌握目视管理的基本要求、分类、工具及级别；
5. 理解定置管理中人与物的关系、场所与物的关系及人、物、场所与信息的关系；
6. 掌握定置管理的内容及开展步骤。

技能目标

1. 能够运用 5S 管理工具对生产物流现场进行有效管理；
2. 能够运用目视化管理工具与方法对生产现场进行管理，提出改善方案；
3. 能够对生产现场物流进行定置管理，提出改善方案。

素养目标

1. 树立以人为中心的现场安全管理意识，正确认识安全与生产的辩证关系；
2. 具备遵守行业标准、行为规范的职业素养。

项目任务

莱茵科斯公司的现场管理

作为专注于智能制造和工业自动化解决方案的提供商，山东莱茵科斯特智能科技有限公司依托德国莱茵集团的营商环境和硬件设施，致力开办、经营的"智造高端人才培训基地+研究院+教学"科技设备工厂，拥有丰富的技术积累和行业经验，致力于将德式智能引入中国，推动中国制造业向中高端领域迈进。

该公司集职教、研发、生产于一体，包括智能制造跨企业高端人才教育培训基地、"双元制"教学师资培训基地；德国"双元制"教育体系本土化研究院；现代化信息化智造人才实训科技设备生产工厂等。

2021 年 6 月，陈岩在培训中发现该公司培训现场的墙壁上挂着 6S 管理看板（如图 8-1 所示），看着这张 6S 管理看板，陈岩陷入了沉思，认为看板制作有问题。在经过某仓库时，陈岩还发现仓库的卷门在中途降落时需要按下开关才会停止，否则不能自动停止在卷门的下方，若不注意而放置物品，则会造成物品破损。这同样引起了陈岩的警觉，认为生产现场需要进一步改善。

6S 管理规范

整理 SEIRI

要与不要，一留一弃

将工作场所的任何物品区分为有必要和没有必要的，除了有必要的留下来，其他的都消除掉。

整顿 SETION

科学布局，取用快捷

把留下来的必要用的物品依规定位置摆放，并放置整齐加以标识。

清扫 SEISO

清除垃圾，美化环境

将工作场所内看得见与看不见的地方清扫干净，保持工作场所干净、亮丽的环境。

安全 SECURITY

防微杜渐，警钟长鸣

重视成员安全教育，每时每刻都有安全第一观念，防患于未然。

素养 SHITSUKE

养成习惯，以人为本

每位成员养成良好的习惯，并遵守规则做事，培养积极主动的精神。

清洁 SEIKETSU

形成制度，贯彻到底

将整理、整顿、清扫进行到底，并且制度化，经常保持环境处在美观的状态。

图 8-1　6S 管理看板

阅读以上材料，完成以下任务：

1. 山东莱茵科斯特智能科技有限公司制作的看板中对 6S 管理的解释是否正确？若不正确，则请写出正确的解释。

2. 山东莱茵科斯特智能科技有限公司制作的 6S 管理看板有无问题？若有问题，则请进行改正，并为该公司制作正确的 6S 管理看板。

3. 6S 管理看板本身是指哪种管理工具？"整顿"过程中运用的是哪种管理工具？

4. 针对"仓库的卷门在中途降落时需要按下开关才会停止，否则不能自动停止在卷门的下方，若不注意而放置物品，则会造成物品破损"的问题，运用所学的现场管理工具为山东莱茵科斯特智能科技有限公司提出改善措施。

思 维 导 图

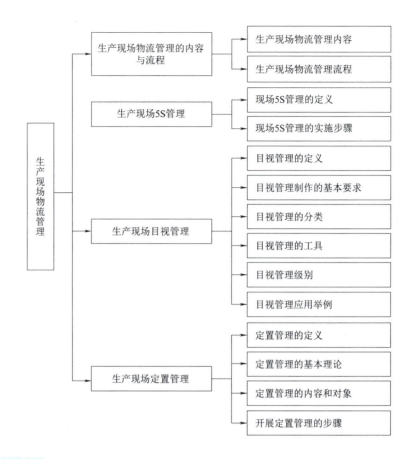

任 务 知 识

任务8.1 生产现场物流管理的内容与流程

生产现场物流管理对企业生产运营起着重要作用。物料的准时供应，是企业生产运营的基础保障；物料的库存影响企业的运营成本；物料在生产现场的存放方式，关系到企业生产现场的管理与准时化生产的运行。

8.1.1 生产现场物流管理内容

生产企业现场物流管理涉及内容很多，主要包括人员管理、物料管理、设备设施管理、安全管理等。

1. 生产现场物流人员管理

物流企业的发展，核心是人才问题。企业生产物流在企业运营管理过程中对物流人员的管理极为重要，生产企业物流的科学管理与发展，必须对员工进行有效的培训和严格的考核，使每一个员工能够自觉地融入本企业管理文化之中。

知识拓展：
优化生产现场
管理的意义

对于企业物流人才的培养与管理，主要涉及以下几个方面：

（1）人员岗位设置。企业生产现场物流人员组织机构和人员设置是企业管理必不可少的一部分。现代大型生产企业已认识到生产物流对企业生产及市场竞争的重要性，纷纷将企业物流管理从企业组织机构中的生产控制部门分离出来，物流活动单独核算或形成独立部门，如图8-2所示。

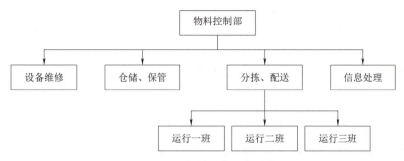

图8-2　物料控制部组织结构

企业生产物流部门的管理人员，主要的工作内容是进行企业生产的协调和服务工作，针对紧急事件的处理，同时针对企业物流员工的工作情况、生产进度，进行科学的调整与管理。管理人员要针对不同的生产计划，进行设计和配送路线的规划，针对企业生产不同的产量进度进行人员、设备的调配，同时要针对生产计划安排员工的业务培训任务及进行生产能力的改善。

设备维修岗位设置主要针对生产现场物流所应用的物流设施设备进行日常的维修与养护，对企业的设备进行有效的维修规划。生产现场，一些生产用的叉车、牵引车、托盘、物料箱等需要有计划地进行维修与改善。维修人员可以是专职维修人员，也可以是兼职维修人员，人员的确定视企业生产状况而定。

仓储、保管岗位设置针对企业生产物料接收与保管。企业生产物料经过采购部订货以后，供应商按规定时间将货物送达企业生产现场，企业仓储人员按计划进行货物验收与入库。生产现场的仓储多为临时仓储，其储存量极少，仅能维持2~3 h的生产线装配用量。

分拣、配送人员的工作内容主要是针对企业生产计划进行生产前物料的准备工作。分拣人员根据物料清单进行物料的分拣，并且将分拣好的物料组配在一个台车上，等待配送人员按时进行生产线物料配送。配送人员将分拣好的物料台车，按照生产线的装配顺序和生产节拍的要求，驾驶牵引车，准时将物料配送到生产组装线的工位区，同时将生产线上的空工位台车、回收物带回临时仓储区进行处理。配送人员各自行走的配送路线是固定的，每一个配送人员的工作路线各不相同。配送路线及配送的物料（零部件）是企业生产进行设计和科学论证的，企业生产线的物料配送路线及零部件品种随着生产线生产的产品不同而进行不断的修改。

信息处理人员（微机员）是企业运行的神经中枢，生产线的生产状况完全由信息处理人员将信息传递到企业的各个部门。企业生产现场物流如何与生产线直接对接，重要的就是信息的传递与处理。信息处理人员将生产线的生产计划（产品数量、型号、物料需求）准时打印出来，并且发送到仓储、分拣人员手中，确保仓储、分拣人员准时拣货，确保配送人员准时将生产线需要的物料（零部件）准时送到生产工位。

（2）员工岗位培训。企业员工培训工作在企业生产与管理过程中是一项非常重要的任务，针对当前企业物流员工专业素质普遍较低的现状，企业应下大力气对员工进行业务及技能的培训，下大功夫对员工的个人素质、价值观、岗位技能等进行有效的培训，使员工能够尽快地融入企业文化中。

针对企业员工的岗位技能培训，单纯采取"师傅带徒弟"的培训方式并不是最有效的员工培训形式，很多的技能加工操作用师傅带徒弟的方法进行培训速度很慢，并且不能达到企业培训的要求。当今有效的员工技能培训，更多的是聘请专职培训人员对企业员工进行有效的培训，他们制定培训大纲，编写培训教材及培训计划等，并且实施培训的方案及方法更加科学、合理。

企业对员工的岗位培训还应更重视长期教育的方式，更应重视标准作业的操作培训。提倡企业每个年度都针对员工进行有效的岗位操作标准作业的实训，使企业员工对标准操作的过程形成习惯化，形成思维定式。

2. 生产现场物料管理

生产现场物料管理是指对物料进行计划、协调和控制的过程，要求对在制品的投入、产出、领用做到有记录、有管理。在制品的发放要记录数量，有领用凭证，在制品出入及时登记入账，在制品管理应做到有序管理。

（1）建立和健全收发领用制度。在制品和半成品的收发领用，要有入库单、领料单等原始凭证。在制品的库房管理应严格地按制度进行验收、入库、发放。在制品和半成品的收发应当遵循先进先出的原则，使库存的半成品经常新旧更迭。

物料在生产现场暂存区进行配送时，配送人员应根据生产指示看板进行零件配送。

（2）正确、及时地进行记账核对。在企业生产过程中，车间与车间之间、工段与工段之间、工序与工序之间的在制品（半成品）的收发必须及时登记，并将信息及时传递到有关部门。登记的同时还要做到定期对物料进行盘点，做到账实相符。

（3）合理地存放和保管。企业生产现场在制品管理有两种情况：一是在企业生产现场有物流库房的情况下，对在制品及半成品按 ABC 管理法进行管理；二是企业推行 JIT 生产方式，对暂存区按生产厂家、在制品种类进行分区管理。

3. 生产现场物流设备设施管理

生产企业物流在运行过程中，有很多物流设备设施，如叉车、吊车、牵引车、托盘、货筐、计算机、条码机、打印机、货架等。企业在设备维修与保养的问题上应大力推行全员生产维修（total productive maintenance，TPM）。TPM 是企业设备管理的先进方法与理念，是以设备维修为切入点，带动企业生产的全面管理。TPM 提倡企业员工全员参与到设备维护的工作中，做好设备的自主维护和专业维护，使设备不出现故障，实现"零"故障的目标。

（1）自主保全（维修）。自主保全是指设备和场所的使用者自主实施对设备和场所的保全活动。自主保全的主要工作就是操作者自主进行设备点检。点检主要是依靠人的感官进行外观检查，检查设备的振动、异响、泄漏、异味、松动等方面异常，还包括使用简单工具对设备进行调整、紧固、加油、清扫等方面的工作。企业设备点检基准卡（如车辆点检卡，如表 8-1 所示）的基本内容包括点检部位、点检内容、点检方法、点检标准、点检周期、点检人员等六个方面。

知识拓展：
全员生产维修

表 8-1　车辆点检卡

点检项目	点检内容	班次	日期							
			1	2	3	4	5	6	7	...
车轮	轮胎有无磨损或损坏，轮缘、轮毂、螺帽是否缺失	白								
		夜								
转向	起动后行进过程中要左右转弯试一下转向装置是否好使	白								
		夜								
电瓶水	电瓶水有无泄漏、缺少情况	白								
		夜								
刹车	每天起动车辆后，要试运行前进后退，将手柄松开检查刹车是否正常	白								
		夜								
仪表	检查仪表盘上的电量指示灯是否正常	白								
		夜								
喇叭	每天起动车辆时鸣笛声音是否正常	白								
		夜								
班长签字		白								
		夜								

（2）计划保全。计划保全又称专业保全，是指由专业维修人员进行的保全活动。生产企业每年针对设备的使用年限、生产负荷应制订设备维修计划，应有固定人员进行计划保全管理。生产企业常用设备维修计划一般分为大、中、小修计划。大修计划一般在生产停歇时进行，中修计划是在生产间歇时进行，小修计划基本在生产停滞时就可以进行。计划保全流程如图 8-3 所示。

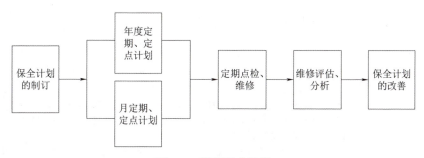

图 8-3　计划保全流程

（3）个别改善。企业生产现场物料运送常用的设备设施，如叉车、牵引车、电瓶车、吊车等，根据生产使用情况、操作者的建议、生产工艺进行有效的个别改善，确保物流设备处于良好状态，使设备能够充分发挥性能，提高生产效率。表 8-2 为某生产企业车辆维修使用管理，表 8-3 为某生产企业叉车驾驶要领。

表 8-2　某生产企业车辆维修使用管理

序号	作业顺序	要点
1	电量不足	停止使用，立即充电，充电时严格按照充电要领进行

续表

序号	作业顺序	要点
2	外观破损	停止使用，作业者及时通知班组长，联络厂家维护保养
3	车轮气压少	停止使用，作业者及时通知线外人员，对其车轮打压
4	车轮螺栓松动	通知线外人员，拿扳手将松动的螺栓拧紧
5	照明灯泡不亮	停止使用，作业者及时通知线外人员，更换灯泡
6	燃油缺少	及时通知线外人员，对该车进行燃油补给
7	燃油泄漏	停止使用，通知班组长联络厂家来修理，用空桶接漏油点处，防止燃油泄漏流到地面，作业者对车或地面的燃油进行清理，泄漏在外的燃油未清理完毕，禁止一切电源接近漏油区域
8	润滑油缺少	停止使用，通知线外人员补充
9	润滑油泄漏	停止使用，通知班组长联络厂家来修理，作业者用抹布擦干漏在外面的润滑油
10	电瓶水缺少	通知线外人员补给
11	电瓶水泄漏	停止使用，作业者用抹布擦干电瓶水溢出的地方，用器具将电瓶内多余的水抽出。马上做4S管理，保持电瓶顶部的清洁和干燥，并将出孔罩盖牢。电瓶中有易燃气体，避免靠近火源
12	冷却水缺少	停止使用，作业者补给冷却水
13	冷却水泄漏	停止使用，用抹布擦干冷却水溢出的地方
14	刹车不好用	停止使用，通知班组长联络厂家维修
15	刹车油缺少	补给刹车油，不要让杂物进入油罐中
16	仪表功能不正常	停止使用，通知班组长联络厂家维修
17	起重架和升降支撑架不好用	停止使用，通知班组长联络厂家维修
18	铰链伸张度变形和损伤	停止使用，通知班组长联络厂家维修

表8-3 某生产企业叉车驾驶要领

序号	作业顺序	要点
1	使用前进行车辆点检（参照车辆点检表）	点检项目：外观、车轮、照明灯、燃油、润滑油、液压油、电瓶、冷却水、刹车踏板、刹车油、停车闸杆、方向盘、喇叭、仪表、载重操作系统、发动机、充电器。点检完毕后要填写车辆点检卡。 检查车辆及周围、地面是否有漏水现象，如有，则应及时对车辆及地面进行清理。 车辆点检和使用中发现异常，立即停止使用车辆，通知班组长进行处理
2	起动车辆	确认周围的安全情况，按照起动说明操作。 车辆在起动时，要鸣笛
3	行驶时，前进后退	前进、后退的变更一定要在车停后进行。 禁止货叉在升高的状态下，行驶和转向
4	叉货时	货叉要距离地面20 cm
5	叉货后行驶时	叉取货物转弯时，车速要慢，避免货物甩出去。 车速不得超过5 km/h。 叉车叉取货物后，正向行驶时货物高度不能超过作业者水平视线

序号	作业顺序	要点
6	空载时	车速不得超过 5 km/h
7	倒车时	要转过头，进行周围安全确认，转头倒车行走
8	在狭小的空间内作业	要设有专人指挥
9	车辆使用完毕后	对车辆电瓶充电，充电时，要严格按照充电要领进行

4. 物流现场安全管理

生产企业物流现场的安全管理应从以下几个方面入手：

（1）企业管理者要高度重视，狠抓落实。企业安全管理不是口号，是靠企业管理细节保障的，应从管理人员做起。各级主管部门要经常开展安全生产教育培训、板报宣传、生产安全演练及不安全因素分析等活动；要认真执行劳动保护方针政策，按照规章制度下达生产工作指令；要对员工进行安全操作方法的指导，并定期和不定期地进行检查；督促班组安全员认真组织每周的安全活动；发生安全事故应立即向上级报告，保护好现场，并积极组织抢救，防止事态扩大，并且对安全事故进行分析，吸取教训，举一反三，建立标准作业，避免类似事故再次发生。只有各级管理人员和班组长以身作则，处处以"安全第一"为己任，认真执行标准作业，才能保障企业的安全运行。

（2）培养员工安全认知与确认习惯。企业安全的保障来源于企业员工对工作中的不安全因素的认知，企业员工应自觉遵守安全规定（如表8-4所示）。一是每个员工针对生产现状确认不会对自己及工友产生不安全因素，确认处在安全位置，着装和保护用品佩戴整齐，在操作过程中没有违反安全规定；二是要对企业生产现场物料的堆放、摆放、料架存放的状态进行稳定性确认，对生产现场所使用的物流工具、设备、车辆、料架的稳定状态与完好性进行确认，对生产现场限制标识（危险物品、禁止入内、严禁烟火）的安全目视管理进行确认。

表8-4　企业员工安全规定

序号	作业顺序	要点
1	正确穿戴劳保用品	按照标准着装
2	在厂内行走要走人行通道	确认人行道绿色标识，行走两人以上不要拉横排
3	在指定地点吸烟	在其他场所禁止吸烟
4	禁止横向穿越生产线	走绿色人行通道
5	不是自己的设备不准随意开动	必须持证上岗
6	工作前4小时不准喝酒	工作期间禁止饮酒
7	不要在厂房内嬉戏、打闹、大声喧哗	容易产生安全事故
8	不得穿拖鞋、凉鞋进入厂房	必须穿安全鞋
9	不要把手插进口袋走路	防止摔倒时手拿不出来，造成伤害
10	未经允许不得进入加工现场	必须经部门批准，有人员陪同

（3）危险预知训练。危险预知训练是将一些生产活动过程制成相应的图片，企业员工针对图片进行不安全因素分析，找出企业潜在的不安全因素，明确危险的部位与形式，企业员工运用头脑风暴法对其进行改善，达到防止事故发生的目的。企业危险安全预知训练记录表如表8-5所示，有四个步骤。

表 8-5　企业危险预知训练记录表

年　　月　　日

组长			组员		记录员	
1	存在的隐患					
	图片（照片）					
2	确定主要危险点					
○◎	序号	在找出的危险点中，相对重要的以○符号标示；特别重要的以◎符号标示				
	1					
	2					
	3					
3	每个组员的解决方法					
○◎	序号	在解决方法中，相对可行的以○符号标示；特别可行的以◎符号标示				
	1					
	2					
	3					
4	班组统一的解决方法：集体行动目标					
○◎	序号	在解决方法中，相对可行的以○符号标示；特别可行的以◎符号标示				
	1					
	2					
	3					

　　第一步：掌握现状。企业进行不安全因素分析时，应实事求是，采用"现场、现物、现实"进行分析解决。将现时的生产状况、条件如实取证，以供分析使用。

　　第二步：追究本质。针对出现的问题分析其真因，避免解决表面问题。

　　第三步：建立对策。找到问题的真正原因，企业员工针对问题的原因找出解决的办法。建立标准作业，积极培训员工，使问题不再出现。

　　第四步：设定目标。建立新的安全目标，使企业生产更加安全。

　　（4）企业危险品管理。企业生产过程中常见的危险品可分为强酸、强碱、油漆、燃用油、清洗剂等。由于危险品具有燃烧、爆炸、腐蚀等特性，企业必须对危险品的安全严格管理。由于危险品的特性容易造成员工、企业财产的伤害和损失，所以企业对危险品的物流管理规定为一级防范。

　　我国对企业危险品的保管运输有严格的规定，包括各种审批制度、运输通行证、仓储数量、监管登记等。危险品管理应依法进行，严格遵守各项审批制度，对危险品的仓储、运输我国法规有《危险品物品表》《危险货物分类和品名编号》《危险品管理条例》等。我国将危险品危险的程度分为两级，即一级危险品和二级危险品。

　　对于危险品的包装企业应格外注意。危险品的外包装要先保证危险品不受损害及外界因素影响，保护危险品的使用价值；其次，防止危险品对企业、环境造成损害。在企业物流运输过程中，物流人员要时刻注意危险品的包装是否有变形、裂纹、泄漏等现象，危险品在仓储、保管、发放过程中，应有明确的说明、标示、流程及固定人员签字规程；应由特殊仓库进行保管，减少危险品对企业的损害。

根据危险品不同的特性，使用不同的保管方法进行仓储。首先，要将危险品进行分库、分区、分类保管仓储；其次，对危险品的保管与出库，应按照企业安全手册要求进行；最后，企业应建立验收、出库的标准作业。针对危险品操作的标准作业应更加严格。在危险品进行仓储、保管作业时，应全部记录在案。企业应定期或不定期地对记录进行督察和抽查。

8.1.2　生产现场物流管理流程

生产企业现场物流管理涉及内容很多，能够有序地、不间断地给企业生产线及时配送物料，保障企业生产顺利进行，必须有一个良好的标准流程管理。

生产现场物流主要从原材料的入库开始，流程如图 8-4 所示。

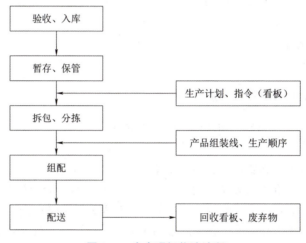

图 8-4　生产现场物流流程

（1）对入场的原材料（零部件）进行外包装的初步检验，合格后接收入库。

（2）入库的原材料按生产需求和生产企业要求不同，在生产现场暂存区、分区分类进行储存。

（3）按照生产计划及生产指示看板的要求，对物料进行拆包分拣。

（4）将分拣的物料按生产产品品种的顺序或生产指令进行组配。

（5）按生产现场指令（节拍）将物料配送到生产工位（工序）。

（6）将生产现场空置的工位器具及回收物料带回物流场地进行处置。

总之，生产物流管理不仅是针对物流的经营进行管理，更多的是要参与到企业生产的管理之中。只有站在一定的生产管理运营高度上分析物流的经营与决策，才能使企业物流更好地适应企业生产。企业生产物流管理最重要的是如何降低企业生产成本，提高企业生产效率，保障企业生产正常运行。

任务 8.2　生产现场 5S 管理

现场 5S 管理是企业生产现场管理的优秀工具，它不仅可以规范员工的工作形态，还能够使企业员工养成良好的习惯，最终提高企业员工的个人和团队素质。

知识拓展：
5S 管理的发展

知识拓展：
5S 管理与
其他管理
活动的关系

8.2.1　现场 5S 管理的定义

5S 是指整理（seiri）、整顿（seiton）、清扫（seiso）、清洁（seiketsu）和素养（shitsuke）五个项目，又称"五常法则"或"五常法"；因日语的拼音均以 s 开头，英语也是以 s 开头，所以简称 5S。

5S 是现场管理的基础（如图 8-5 所示），是 TPM（全员参与的生产保全）的前提，是 TQM（全面品质管理）的第一步，也是 ISO 9000 有效推行的保证。5S 水平的高低，代表着管理者对现场管理认识的高低，这又决定了现场管理水平的高低，而现场管理水平的高低，制约着 ISO、TPM、TQM 活动能否顺利、有效地推行。通过 5S 活动，从现场管理着手改进企业"体质"，则能起到事半功倍的效果。

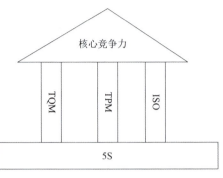

图 8-5　5S 在现场管理的功能

8.2.2　现场 5S 管理的实施步骤

5S 管理活动是企业现场管理活动的一项重要措施。

1. 整理

整理是把工作环境中必要和非必要的物品区分开来，是节约有效空间的技术。企业生产现场物品种类繁多，包括原材料、零部件、工卡、量具等。企业生产现场物料的庞杂，造成现场管理混乱，企业生产不顺畅，使企业生产管理无处下手；企业生产现场的混乱摆放，造成企业生产效率下降，操作者生产移动距离即路线长，造成劳动强度增大。针对企业的这些现象，企业要将生产现场物品进行整理、分析，为企业员工创造一个整齐、明亮的工作场地。

整理实施的要点如下：

（1）对现场进行全面检查。注重棚架周围、现场死角、工具箱等，尤其是平时生产不注意的地方，往往存放很多不用品。

（2）区分必需品和非必需品。区分时，应根据使用频率的原则。

（3）清理非必需品。清理时把握的原则是看"现有使用价值"而不是看"原购买价值"。对于现在不用的物料（零部件、工卡、量具）坚决从生产现场中清除掉，如表 8-6 所示。

表 8-6　必需品和非必需品的区分与处理方法

类别	使用频度	处理方法	备注
必需品	每小时	放在工作台上或随身携带	
	每天	现场存放（工作台附近）	
	每周	现场储存	
非必需品	每月	仓库储存	
	三个月	仓库储存	
	半年	仓库储存	定期检查
	一年	仓库储存（封存）	定期检查

类别	使用频度		处理方法	备注
非必需品	两年		仓库储存（封存）	定期检查
	未定	有用	仓库储存	定期检查
		无用	折价变卖或废弃或转移用途	定期清理
	不能用		折价变卖或废弃或转移用途	立刻废弃

（4）定期检查。企业员工应每天进行生产现场的检查，并且要认真分析为什么每天出现如此多的非必需品，从中找出问题的真正原因并加以解决。"整理"活动的具体检查内容如表 8-7 所示。

2. 整顿

整顿是将整理留下的物品分门别类依规定摆放，并加以标示，是节约时间的技术。企业生产过程中，经常出现"寻找"事件，如人找人、人找物料等。企业通过整顿，将有用的物品固定位置摆放，企业员工不再因为找不到物料、找不到有关人员而耽误生产。

整顿实施的要点如下：

（1）定点。物品摆放要有固定的地点和区域，便于寻找，消除因混放而造成的差错。

（2）定类。物品摆放要按种类区分放置，便于拿取。

（3）定量。物品摆放要目视化，使定量装载的物品做到过目知数，摆放不同物品的区域采用不同的色彩和标示加以区别。

（4）定期检查。"整顿"活动的具体检查内容如表 8-7 所示。

3. 清扫

清扫是指清除现场内的脏污，清除作业区域的物料、设备、工具、设施的垃圾。清扫包含三个层次：一是清除生产现场的脏污；二是防止脏污发生；三是保持工作场所的干净整齐。

清扫实施的要点如下：

（1）自己使用的物品，如设备、工具等，要自己清扫，不增加专门的清扫工。

（2）对设备的清扫，着眼于对设备的维护保养。清扫设备要同设备的点检结合起来，清扫即点检；清扫设备要同时做设备的润滑工作，清扫即保养。

（3）清扫也是为了加强生产安全。当清扫地面发现有飞屑和油水泄漏时，要查明原因，并采取措施加以改进。

（4）定期检查。"清扫"活动的具体检查内容如表 8-7 所示。

表 8-7　现场 5S 管理"整理、整顿、清扫"活动具体检查内容

项目		检查内容
作业台、椅子	整理	（1）现场不用的作业台、椅子。 （2）杂物、私人品藏在抽屉里或台垫下。 （3）放在台面上当天不用的材料、设备、夹具。 （4）用完后放在台面上的材料的包装袋、盒
	整顿	（1）凌乱地搁置在台面上的物料。 （2）台面上下的各种电源、信号线、压缩空气管道等乱拉乱接、盘根错节。 （3）作业台、椅子尺寸形状大小不一、高低不平、五颜六色，非常不雅。 （4）作业台椅子等都无标识

课堂笔记

项目		检查内容
作业台、椅子	清扫	(1) 设备和工具破损、掉漆、残缺。 (2) 作业台、椅子上的灰尘、脏污。 (3) 材料余渣、碎屑残留。 (4) 墙上、门上乱写乱画。 (5) 垫布发黑、许久未清洗。 (6) 表面上看起来干净，实际上却脏污不堪
货架	整理	(1) 现场随意摆放的货架，几乎变成了临时仓库。 (2) 货架与摆放场所的大小不适应，或与所摆放物不适应。 (3) 不用的货物、设备、材料都堆放在上面
	整顿	(1) 摆放的物品没有识别标示，除了当事人，其他人不方便拿取。 (2) 货架或物品堆积得太高，不易拿取。 (3) 不同的物品层层叠放，难以取放。 (4) 没有按"重低轻高"的原则来摆放
	清扫	(1) 物品连同外包装在内，一起放在货架上，清扫困难。 (2) 只清扫货物却不清扫货架。 (3) 布满灰尘、脏污。 (4) 物品已放很久了也没有再确认，很有可能变质
通道	整理	(1) 弯道过多，机械搬运车通行不便。 (2) 行人和货物的通道混用。 (3) 作业区与通道混杂在一起
	整顿	(1) 未将通道位置画出。 (2) 被占为他用。 (3) 被占物品摆放超出通道。 (4) 坑坑洼洼，凹凸不平，人行、车辆全都不易通行
	清扫	(1) 灰尘多，行走过后有痕迹。 (2) 有积水、油污、纸屑等。 (3) 有灰尘、脏污的地方。 (4) 很久未打蜡或刷漆，表面锈迹斑斑
设备	整理	(1) 现场有不使用的设备，残旧、破损的设备有人使用却没有进行维护。 (2) 过时老化的设备仍在勉强运作
	整顿	(1) 使用暴力，野蛮操作设备。 (2) 设备放置不合理，使用不便。 (3) 没有定期地保养和校正，精度有偏差。 (4) 运作的能力不能满足生产要求。 (5) 缺乏必要的人身安全保护装置
	清扫	(1) 有灰尘、脏污的地方。 (2) 有生锈、褪色的地方。 (3) 渗油、滴水、漏气。 (4) 导线、导管全都破损、老化。 (5) 滤脏、滤气、滤水等装置未及时更换。 (6) 标识掉落，无法清晰地分辨

项目		检查内容
办公台	整理	(1) 办公台多于作业台，几乎所有的管理人员都配有独立的办公台。 (2) 每张台都有一套相同的办公文具，未能做到共用。 (3) 办公台面干净，抽屉里边却杂乱无章。 (4) 办公台上摆放不能使用的文具。 (5) 私人物品随意放置。 (6) 茶杯、烟灰缸放在办公台上面。 (7) 堆放了许多文件、报表
	整顿	(1) 现场办公台的设置位置主次不分。 (2) 办公台用作其他用途。 (3) 台面办公文具、电话等没有进行定位。 (4) 公共物品放在个人抽屉里。 (5) 抽屉上锁，保管物品
	清扫	(1) 台面脏污，物品摆放杂乱无章，并且积有灰尘。 (2) 办公文具、电话等物品污迹明显。 (3) 台上办公垃圾多日未倾倒
文件资料	整理	(1) 各种新旧版本并存，混乱不清。 (2) 过期的文件资料仍在使用。 (3) 存在许多无用的文件资料。 (4) 保密文件无人管理，任人随意阅读。 (5) 个人随意复印留底
	整顿	(1) 未能分门别类，没有用文件柜、文件夹存放。 (2) 没有定点摆放，四处都有，真正要用的又不能及时找出。 (3) 文件种类繁多，难以管理。 (4) 接收、发送都未记录或未留底稿。 (5) 文件即使遗失，也没有人知道
	清扫	(1) 复印不清晰，难以辨认。 (2) 随意涂改，没有理由和负责人。 (3) 文件破损、脏污。 (4) 文件柜、文件夹等污迹明显。 (5) 没有防潮、防虫、防火等措施
公共场所	整理	(1) 闲置空间用来堆放杂物。 (2) 洗涤物品与食品混放。 (3) 消防通道堵塞。 (4) 排水、换气、调温、照明等设施不全。 (5) 洗手间不分男女区域
	整顿	(1) 区域、场所无标识。 (2) 无整体规划图。 (3) 物品无固定位置。 (4) 逃生路线不明确。 (5) 布局不合理，工作效率低
	清扫	(1) 玻璃破损，不能挡风遮雨。 (2) 门窗、墙面被乱涂乱画。 (3) 墙面污黑，地面污水横流。 (4) 采光不好，视线不佳。 (5) 外层污迹明显，无人擦洗。 (6) 无人定期进行必要的清洁、消毒

4. 清洁

清洁是将整理、整顿、清扫实施的做法制度化、规范化（如表8-8所示），确保3S的成果。清洁就是建立制度，鼓励员工对工作进行认真总结。制度、规范的建立来源于对工作经验的认真总结，只有不断地进行总结，并建立书面的文件，才能将员工的个人管理技能、技术转化为企业的财富。

表8-8　清洁的含义

3S 成果	整理	整顿	清扫
没进行清扫	必需品和非必需品混放	找不到必需品	工厂到处都是脏污、灰垢
将清扫习惯化	清除非必需品	用完的物品放回原处	清扫脏污、灰垢
将清扫制度化	不产生非必需品的机制	取放方便的机制	不会脏污的机制

清洁实施的要点如下：

（1）物清洁。车间环境不仅要整齐，而且要做到清洁卫生，保证员工身体健康，提高员工的劳动热情。

（2）人清洁。不仅物品要清洁，员工本身也要做到清洁，如工作服要清洁，仪表要整洁，及时理发、刮须、修指甲、洗澡等。

（3）精神清洁。员工不仅要做到形体上的清洁，而且要做到精神上的"清洁"，待人要讲礼貌、要尊重别人。

（4）空气清洁。要使环境不受污染，消除混浊的空气、粉尘、噪声和污染源，消灭职业病。

5. 素养

素养是指人人按章操作、依规行事，养成良好的习惯，使每个人都成为有教养的人。这是5S追求的最高境界。

素养实施的要点如下：

（1）通过规范行为改变员工的工作态度，养成良好的习惯，进而依照企业规定的事项，如厂纪厂规、各种规章制度、工作程序、标准作业等来行动，使其成为一个情操高尚的优秀员工，如图8-6所示。

微课：5S管理

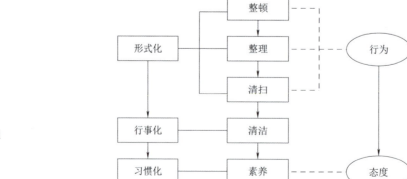

图8-6　5S推进示意图

（2）通过各种活动和手段，形成一种文化氛围。如通过宣传活动，把氛围调动起来；通过摄影、漫画、标语、演讲比赛等，将典范展现出来，让每位员工都知道 5S 活动在进行；通过检查、评比、列出名次、表扬先进，让每位员工都掌握 5S 管理活动的评价标准。

（3）培养员工良好的礼仪，养成遵守集体决定事项的习惯，创造纪律良好、有活力的工作环境。

任务 8.3　生产现场目视管理

目视管理是在生产现场 5S 管理活动中，利用形象直观、色彩适宜的视觉感知信息来组织现场生产活动，达到对作业现场的进度状况、物料或半成品的库存量、品质不良状况、设备故障、停机原因等的控制，以视觉化的工具进行预防管理。

8.3.1　目视管理的定义

目视管理（visual management）也称可视化管理，是利用形象直观、色彩适宜的视觉信息来组织管理生产现场物流活动，以提高物流劳动生产率为目的的一种管理方式。它以视觉信号为基本手段，以管理信息公开化为基本原则，尽可能地将企业的要求、规范、意图、信息展示给员工，让企业员工都看得见、看得明白，借以推动企业生产的自主管理、自我控制。所以目视管理是一种以视觉信号改变员工意识及行为的管理方法，也称"看得见的管理"。目视管理是一种行之有效的科学管理手段，它与看板结合，成为丰田生产方式的重要组成部分。

目视管理三要点如下：

要点一：状态确认——无论是谁都能判明好坏（或异常与否）。

要点二：准确程度——能迅速判断，精度高。

要点三：减少差异——判断结果不会因人而异。

目视管理三个原则如下：

原则一：透明化——将需要看到的被遮盖的地方显露出来。

原则二：视觉化——对标牌、标示、颜色等进行色彩管理。

原则三：标准化——表明正常与异常的定量管理界限，能够一目了然地作出判断。

8.3.2　目视管理制作的基本要求

目视管理是企业生产现场的一种管理方法，是一种高效的管理措施。目视管理的使用有严格的要求，我国对目视管理图示确定了相关的规章制度及规范。

1. 统一性

当目视管理图示仅限于一个主题时，企业目视管理绘制应统一。员工对图示的理解程度应一致，统一性可以使操作者对规范的行为理解一致化，减少不必要的麻烦。

2. 简约性

目视管理图示应简明扼要，使观察者能快速地阅读和理解，并且能够马上认真执行，减少不必要的猜测。

3. 鲜明性

目视管理图示制作时必须鲜明，能吸引员工的注意。目视管理图示应与周围环境有一个充分对比，吸引企业员工能够顺利地观察和注意到图示内容，促使员工按照目视管理的要求进行操作。

4. 严格性

企业应严格按照国家制度、行业规范、企业管理制度的要求绘制目视管理图示。虽然目视管理图示绘制及内容有艺术加工成分，但主体思想还是要严格、缜密。目视管理要加强指令的严肃性，使企业员工看到目视管理图示时能够严格执行纪律，统一要求。

5. 实用性

目视管理图示应具有广泛的实用性，避免烦琐，减少猜测。目视管理内容可以是班组内部信息的公开，也可以是企业制度规范的宣传。

8.3.3　目视管理的分类

目视管理在生产企业中的应用很多，它可以规范生产操作、对生产用料进行定置管理、对设备设施进行标示、提示员工安全操作及劳保用品的佩戴等，还可以提醒企业管理者及员工正确地按照规范及要求工作。

1. 物品目视管理

生产企业的现场物品（物料）极多，企业对物品的目视管理主要是针对工量卡具、计量仪器、设备的备用零件、消耗品、材料、在制品、成品等各种各样的物品进行标示。通过目视标示，什么物品、在哪里、有多少、什么时间进货、什么时间出货等信息一目了然，做到"在必要的时候、必要的物品能够被快速地取出放入"，提高企业物品仓储、保管、分拣、配送等管理效率。

物品目视管理的要点如下：

（1）标明物品的名称、用途、生产厂家、出厂日期。

（2）划线分区，确定物品存放场所。

（3）物品存放能保证先入先出顺利地进行。

（4）确定合理的数量，标示出最大库存线、安全库存线、下单线，明确下单数量。

2. 作业目视管理

作业目视管理主要展示物流作业人员应如何操作（标准作业），操作者对比标准作业，检查自己是否按企业要求操作，作业顺序及进度是否按计划正常进行。作业周围环境是否有异常情况发生，如果有异常发生，则应如何应对，解决办法应简单明了地表示出来。

物流作业目视管理的要点如下：

（1）用日历、台历、计划报表板、生产管理看板等提示作业计划及事前准备的内容，核查实际进度是否与计划一致。

（2）采用警示灯、警报器警示员工按要求正确操作。

（3）将标准作业公开化，使操作者能够更好地执行。

3. 设备目视管理

设备目视管理主要针对企业物流常用设备的点检、保养、维修、定置管理、设备现状而设计，以能够展示正确的、高效率的清扫、点检、加油、紧固等日常保养工作，能够提醒操作者如何进行保养与点检、何时进行维修与保养，达到设备"零"故障。

物流设备管理的要点如下：

（1）清晰明了地标示应该进行维持保养机器的部位、时间、方法。

（2）能迅速"显露"异常，设备、设施是否正常运转。

（3）标示计量仪器（表）的正常范围、异常范围界限。

（4）标示设备设施的维修计划，督促员工按时进行。

（5）标明设备管理责任人。

4. 安全目视管理

《中华人民共和国安全生产法》第三十五条规定，生产经营单位应当在有较大危险因素的生产经营场所和有关设施、设备上，设置明显的安全警示标志。安全警示标志的作用是警示、提醒从业人员注意危险，防止事故发生。如果安全警示标志不明显，随意设置，则起不到警示、提醒的作用。

企业生产物流安全目视管理包括三个方面：一是针对厂内机动车的使用及驾驶员的安全提示；二是针对企业危险品的运输与储存进行的安全警示；三是针对企业库存消防安全警示。将危险的事、物予以"显露化"，刺激员工的"视觉"，唤醒人们的安全意识，防止事故、灾难的发生。

物流安全目视管理的要点如下：

（1）标明防火器具体位置图，设立企业员工逃生路线图。

（2）危险品储存区应有醒目标示。

（3）厂内机动车行驶应有固定通道，并且有限速标示。

（4）厂内机动车的使用应标明负责人、准责任人。

8.3.4 目视管理的工具

1. 红牌

红牌，适宜于 5S 管理中的整理，是改善的基础起点，是用来区分生产现场物流活动中的非必需品。挂红牌的活动又称红牌作战。

2. 看板

看板是用在 5S 看板管理中，使用物品放置场所等基本状况的表示板。物品的具体位置在哪里、做什么、数量多少、谁负责等项目，让人一看就明白。因为 5S 管理的推动，它强调的是透明化、公开化，而实施目视管理就是要消除"黑箱"作业。

看板就是表示出某道工序何时需要多少数量的某种物料的卡片，是传递信号的工具。现场人员借助于看板，可以实现目视化管理，并利用形象直观、色彩适宜的各种视觉感知信息（表格、图形、数据、颜色）来组织、管理和改善现场生产活动，同时可以一目了然地发现异常状态及问题点，即"用眼睛来管理"。

3. 信号灯

在生产现场，一线管理人员必须随时知道，作业员或机器是否在正常开动、是否在正常作业。信号灯是工序内发生异常时，用于通知管理人员的工具。信号灯的种类很多，主要包括以下几种：

（1）发声信号灯。发声信号灯适用于物料请求通知。当工序内物料用完时，或者该工序的信号灯亮时，扩音器马上会通知搬送人员及时供应，几乎所有工厂的主管都一定很了解，发声信号灯必须随时点亮，发声信号灯也是在看板管理中的一个重要的项目。

（2）异常信号灯。异常信号灯用于产品质量不良及作业异常等情况，通常安装在大型工厂较长的生产装配流水线上。

一般设置红、黄两种信号灯，由员工来控制。零部件用完，出现不良产品及机器故障等异常，往往影响到生产指标的完成，这时由员工按下红灯的按钮，红灯一亮，生产管理人员和厂长都要停下手中的工作，马上前往现场，予以调查处理，异常被排除后，管理人员就可以把这个信号灯关掉，然后继续维持作业和生产。

（3）运转指示灯。运转指示灯用于检查显示设备状态的运转、机器开动、转换或停止的状况。停止时会显示停止原因。

（4）进度灯。进度灯是比较常见的，安在组装生产线上，在手动或半自动生产线，它的每道工序间隔是 1~2 min 时，用于组装节拍的控制，以保证产量。但是节拍时间间隔有几分钟时，用于作业。作业人员自己把握进度，防止作业的迟缓。进度灯一般每 10 min 亮一次，对应于作业的步骤和顺序、标准化程序，它的要求也比较高。

4. 操作流程图

操作流程图是描述工序重点和作业顺序的简明指示书，也称步骤图，用于指导生产作业。在一般的车间内，特别是工序比较复杂的车间，看板管理要有操作流程图。原材料进来后，第一道工序可能是签收，第二道工序可能是点料，第三道工序可能是转换或者转制。

5. 反面教材

反面教材，一般是现物和图结合的方式，就是让现场的作业人员知道不良操作的现象及后果。一般是放在人多且显著的位置，让作业人员了解不能正常使用或不能违规的操作。

6. 提醒板

提醒板，用于防止遗漏、遗忘。健忘是人的本性，不可能杜绝，只能通过自主管理的方法来最大限度地减少遗漏或遗忘。如在车间内的进出口处，放置一块提醒板，记录当天有多少产品要在何时送到何处，什么产品一定要在何时生产完毕，或者某时间有某领导来检查或视察。

一般来说，用纵轴表示时间，横轴表示日期，纵轴的时间间隔通常为 1 h，一天用 8 h 来区分，每 1 h，就是每一个时间段记录正常、不良或次品的情况，让作业人员自己记录。提醒板一个月统计一次，在每个月的例会中总结，与上个月进行比较，看是否有进步，并确定下个月的目录，这是提醒板的另一个作用。

7. 区域线

区域线，就是用线条画出半成品放置的场所或通道等区域，主要用于整理与整顿异常原因、停线故障等，用于看板管理。

8. 警示线

警示线，就是在仓库或其他物品放置处用来表示最大或最小库存量的涂在地面上的彩色漆线，用于看板管理。

9. 告示板

告示板，是一种及时管理的道具，也就是公告，如今天 14：00 开会，告示板就书写这些内容。

10. 生产管理板

生产管理板，是揭示生产线的生产状况、进度的表示板，记录生产实绩、设备开动率、异常原因（停线、故障）等，用于看板管理。

8.3.5　目视管理的级别

企业生产现场目视管理与制作可以分成三个级别，针对企业管理水平和需要进行分类使用。

1. 初级水准

初级水准的目视管理仅能够显示当前物料的状况，使企业员工对现场状况一目了然，是能快速、容易理解的一种表现形式。如标示物料数量多少、最高/最低库存线、库房区域分布图、机动车行走路线、厂内人行道、安全帽佩戴等。

2. 中级水准

中级水准的目视管理是在具备初级水准的基础上，能够使每位员工判断当前状况是否良好，是否出现不符合要求的信息。如对物料进行仓储保管时，当出现最高库存，甚至出现胀库现象时，能及时判断出来。

3. 高级水准

高级水准的目视管理展示的是在企业员工能够对现场状况一目了然、能够识别现状的情况下，还能在生产过程中出现异常时快速处理。高级水准的目视管理能够告知异常时需要如何处理、补救等信息。

▶▶▶ 实战训练8-1 ◀◀◀

图 8-7 显示的是目视管理无水准、无管理状态的情况，即图 8-7 中有几个球不能一目了然。

问题：请指出图 8-8、图 8-9、图 8-10 显示的是目视管理的哪一个级别，并描述该级别的状态特点。

图 8-7　目视管理图 1

图 8-8　目视管理图 2

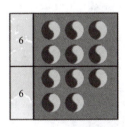

图 8-9　目视管理图 3

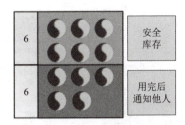

图 8-10　目视管理图 4

8.3.6　目视管理的应用举例

在企业现场管理中，目视管理应用实例非常多。表 8-9 为某生产企业目视管理的项次、现状及后续改进目标。

课堂笔记

表8-9 某生产企业目视管理的项次、现状及后续改进目标

序号	项目	目视管理项次	目视管理现状	目视管理后续改进目标	责任人	完成时间
1	看板管理目视化	(1) 看板样式目视化	各部门、班组统一看板大小、版面设计	根据精益生产推进实施情况进一步完善看板版面设计		
		(2) 看板内容目视化	各部门、班组根据自身实际情况制定看板内容，其中包括生产管理、质量管理、物料管理、人员管理、提案改善、激励制度等	根据精益生产推进实施情况进一步完善看板内容，使其能更实际地反映部门、班组进行目视化管理		
		(3) 看板责任人目视化	明确每块管理看板的责任人、监督人	明确责任人、监督人的工作内容，应该达到的标准，以及检查考核办法，有照片对应		
2	人员管理目视化	(1) 考勤管理目视化	明确考勤管理制度，制作考勤管理板和员工考勤管理牌，使员工出勤情况目视化	做好考勤目视化管理工作，逐步改进考勤管理板和员工考勤管理牌，使其更美观、耐用，有照片对应		
		(2) 劳动纪律管理目视化	明确劳动纪律管理制度，加强劳动纪律的宣传和检查	完善各岗位的管理工作，使各员工岗位职能明确		
		(3) 仪表、仪容管理目视化	制定公司仪容、仪表管理制度	完善仪容、仪表管理制度，加强仪表、仪容的宣传、落实、检查工作		
		(4) 人员岗位管理目视化	明确各自岗位的工作职责	完善岗位管理，通过看板、图表形式进行岗位管理		
		(5) 人员动向目视化	制作部门人员动向看板，便于进行目视管理	完善人员动向看板及看板内容，使其更美观，易于进行目视管理		
3	物品管理目视化	(1) 物品状态目视化	通过区域、标示、工位器具、颜色等物品的状态目视化	利用看板完善物品目视化管理工作，做好物品管理的保持、推进，检查考核工作		
		(2) 物品加工流程目视化	明确物品的加工流程，部分产品制作物品加工流程图	完善物品的加工流程管理，利用看板、图表使物品加工流程目视化		
		(3) 物品存放目视化	依据物品状态明确存放的区域、数量、工位器具	根据精益生产工作的推进，相应调整物品存放的区域、数量、工位器具，并用不同颜色对区域进行划分，方便管理		

序号	项目	目视管理项次	目视管理现状	目视管理后续改进目标	责任人	完成时间
3	物品管理目视化	(4) 物品转移目视化	明确物品转移的流程，部分产品确定了物品转移的时间、数量、频次	根据精益生产工作的推进利用看板、图表完善物品转移的时间、数量、频次		
		(5) 物品责任人目视化	明确各类物品的责任人，其中制造部统一制作物品责任人管理标示	进一步完善物品责任人标示的管理工作，并明确责任人的工作职责		
4	作业管理目视化	(1) 作业标准目视化	完善各个工位的作业标准的制定工作	利用图片、表格等更直观的工具，使作业标准目视化程度更高		
		(2) 作业流程目视化	明确各工作、各产品的作业流程	利用看板、图表等更直观的工具，使作业流程目视化程度更高		
		(3) 作业状态目视化	利用警示灯、图片等表示作业状态	完善作业状态目视化的推广工作		
		(4) 作业计划、进度目视化	利用看板、表格，使作业计划、进度目视化	利用看板、图表等更直观的工具，使作业计划、进度目视化程度更高，并做好保持检查工作		
5	设备管理目视化	(1) 各种开关、仪表目视化	利用颜色、图标等工具，使各种开关、阀门开关利用箭头来表明开、关（例如，空调利用一小布条来表明开、关）	利用各种工具进一步完善各种开关、仪表的目视化工作，并做好落实检查工作，例如，用不同颜色的箭头来标明不同管道和仪表的正常、异常范围		
		(2) 设备操作、点检、维修目视化	利用图表，使设备的操作、点检、维修目视化	充分利用看板、表格、图片、警示标语等工具，使设备的操作、点检、维修目视化程度更高		
		(3) 设备状态、性能目视化	利用图表，使设备的状态、性能目视化	利用图片、表格、警示标语等更直观的工具，使设备状态、性能目视化程度更高		
		(4) 设备责任人目视化	制作设备责任人卡片张贴于设备上	利用图片完善设备责任人的目视化，并明确设备责任人的职责，有照片对应		
		(5) 设备布局目视化	根据精益理念进行设备布局的合理优化	班组设备布局的目视化		

续表

序号	项目	目视管理项次	目视管理现状	目视管理后续改进目标	责任人	完成时间
5	设备管理目视化	(6) 设备参数目视化	设备参数只有维修、技术人员明白	明确设备的主要参数。其中英文的参数建立中英文设备单词对照表，将其利用图表的形式进行目视化		
		(7) 设备档案目视化	部分设备有设备档案，但是内容不完善	完善设备档案，其主要内容包括保养、维修、停机记录、磨损件的使用时间及周期等		
6	品质管理目视化	(1) 质量标准目视化	制定明确的质量标准	利用图片、表格将质量标准目视化		
		(2) 控制要点目视化	在作业标准中明确质量控制的要点	利用图片、实物对比等方法将质量控制要点目视化		
		(3) 质量趋势目视化	利用图表将月度质量趋势目视化	利用图表、图形将质量趋势目视化，并将整改措施的效果目视化		
		(4) 量检具使用方法目视化	规范量检具的使用方法，并使其标准化	利用图片、正确错误使用方法对比等方式，使量检具的使用方法目视化		
		(5) 量检具管理目视化	明确量检具的管理规定（使用、存放、责任人、校验周期等），进行规范管理	利用图表、行迹等方式，使量检具的管理目视化		
7	安全管理目视化	(1) 消防器材管理目视化	明确消防器材的位置，责任人、管理办法、使用方法等进行有效管理	利用图片、颜色区分、真人示范、警示标语等方式，使消防器材的管理及使用目视化		
		(2) 危险点管理目视化	明确危险点的位置，危险种类、责任人、注意事项，警示标语等进行有效管理	利用图表、图片、警示标语、"吓一跳"等方式，将危险点的管理目视化		
		(3) 安全警示标语目视化	安全警示标语悬挂贴在醒目的位置	利用图片、醒目颜色将安全警示标语悬挂张贴在醒目位置及危险源附近，将可能造成的后果目视化		
		(4) 安全责任区域管理目视化	明确安全责任区域及其相关规定进行有效管理	将安全责任区域用不同颜色区分，明确区域的管理职责及目视化管理的重点		

序号	项目	目视管理项次	目视管理现状	目视管理后续改进目标	责任人	完成时间
7	安全管理目视化	(5) 安全责任人员目视化	明确各个区域的责任人，并进行目视化管理	利用图片明确责任人的工作内容、工作范围、职位、联系方式，应该达到的标准，以及检查考核办法		
		(6) 安全宣传目视化	利用图片、影像、条幅等方式进行安全教育及宣传	充分利用看板、图片、影像、条幅、"吓一跳"等方式，将安全宣传目视化		
8	6S管理目视化	(1) 整理的目视化	明确整理的范围及整理的标准进行整理工作	利用图片、影像、标语等方式，将整理的范围及标准目视化，从而推动整理工作的目视化		
		(2) 整顿的目视化	明确整顿的范围及整顿的标准进行整顿工作	利用图片、影像、标语等方式，将整顿的范围及标准目视化，从而推动整顿工作的目视化		
		(3) 清扫的目视化	明确清扫的范围、标准、责任人进行清扫工作	利用图片、影像、标语等方式，将清扫的范围及标准目视化，从而推动清扫工作的目视化		
		(4) 清洁的目视化	明确清洁的范围及清洁的标准进行清洁工作	利用图片、影像、标语等方式，将清洁的范围及标准目视化，从而推动清洁工作的目视化		
		(5) 素养的目视化	明确素养的范围及素养的标准进行素养工作	利用图片、影像、标语等方式，将素养的范围及标准目视化，从而推动素养工作的目视化		
		(6) 安全的目视化	明确安全的范围及安全的标准进行安全工作	利用图片、影像、标语等方式，将安全的范围及标准目视化，从而推动安全工作的目视化		

物 流 素 养

我的成长与发展

伴随着"项目8 生产现场物流管理"的学习,"生产物流运作"课程学习即将结束,在学习过程中,除了我们的教学课堂,熟悉的教室、实训室、宿舍、图书馆、创客吧、楼道等都成了我们的教学现场。这些教学现场如同生产现场一样,运用了很多目视管理的工具和方法,如《学生课堂学习行为规范》《商务实训中心管理规定》等。

以小组为单位,讨论与思考:

1. 列举学校目视管理内容,要求至少列举10个以上。

2. 这些目视管理内容是如何助你自我成长与发展的?

任务8.4 生产现场定置管理

定置管理是对物的特定管理,是其他各项专业管理在生产现场的综合运用和补充,是企业在生产活动中,研究人、物、场所三者关系的一门科学。在5S活动中,它是通过整理,把生产过程中不需要的东西清除掉,不断改善生产现场条件,科学地利用场所,向空间要效益;通过整顿,促进人与物的有效结合,使生产中需要的东西随手可得,向时间要效益,从而实现生产现场管理规范化与科学化。

8.4.1 定置管理的定义

定置管理,是指对生产现场中的人、物、场所三者之间的关系进行科学的分析研究,使其达到最佳结合状态的一种科学管理方法。

定置管理起源于日本,是由青木龟男先生始创的。他从20世纪50年代开始,根据日本企业生产现场管理实践,经过潜心钻研,提出了定置管理这一新的概念,后来,日本企业管理专家清水千里先生在应用的基础上,发展了定置管理,把定置管理总结和提炼成为一种科学的管理方法,并于1982年出版了《定置管理入门》一书。目前,这一科学方法在日本许多公司得到推广应用,都取得了明显的效果。

定置管理是5S活动的一项基本内容,是5S活动的深入和发展。定置管理以实现人和物的有效结合为目的,通过对生产现场的整理、整顿,把生产中不需要的物品清除掉,把需要的物品放在规定位置上,使其随手可得,促进生产现场管理文明化、科学化,达到高效生产、优质生产、安全生产。

定置管理的"三定"原则如下:

原则一:定位置。规定物品堆放、工具放置、通道、班组(个人)工作场地位置。

原则二:定数量。对各区域堆放物品、设备、工具的数量加以限制。

原则三:定区域。对产品堆放区可具体划分为合格品区、不合格品区、待检区等。

8.4.2 定置管理的基本理论

定置管理将生产现场中人、物、场所三要素分别划分为三种状态,并将三要素的结合状态也划分为三种。

1. 人与物的关系

在生产活动中,构成生产工序的要素有五个,即原材料、机械、工作者、操作方法、环境条件。其中最重要的是人与物的关系，只有人与物相结合才能进行工作。

（1）人与物的结合方式。人与物的结合方式有两种，即直接结合与间接结合。

直接结合又称有效结合，是指工作者在工作中需要某种物品时能够立即得到，高效率地利用时间，即人所需要的物品能立即拿到手的结合，通常是指随身携带或放在身边唾手可得的物。这种结合不需要寻找，不需要由于寻找物品而造成工时消耗。这是人所追求的理想结合。

间接结合是指人与物呈分离状态，为使其达到最佳结合，需要通过一定信息媒介物的引导和确认来完成。如果信息出现差错或确认出现失误，则不仅影响了生产，而且增加了不安全因素。

（2）人与物的结合状态。生产活动中，人与物的结合有 A、B、C 三种状态。

A 状态是人与物处于有效结合状态，人与物结合立即能进行安全有效的生产活动。

B 状态是人与物处于间接结合状态，也称人与物处于寻找状态或物存在一定缺陷，经过某种信息媒介物或某种活动后才能进行有效生产活动的状态。

C 状态是物与现场生产活动无关，也可说是多余物。然而，这些物却占有生产现场一定的空间，使生产现场的场地变得狭小、杂乱，直接影响环境的整洁、人员的通行和操作，影响人与物的迅速结合。

上述三种状态，以 A 状态最为理想，对安全文明生产、对提高经济效益最为有利。因此，定置管理的目的之一，就是通过 5S 整理、整顿活动，持久保持 A 状态；对 B 状态进行分析，通过改进，使其逐渐接近或达到 A 状态；对 C 状态进行清理，将与生产失去联系的一切物品清理出生产现场，并定置在最合理的位置上。在实施定置管理的过程中，C 状态的处理是很重要的工作，一方面能使一些物品恢复使用价值；另一方面又能节约空间资源，推动安全文明生产。

2. 场所与物的关系

在生产活动中，人与物的结合状态是生产有效程度的决定因素，但人与物的结合都是在生产现场进行的。因此，实现人与物的有效结合，必须处理好场所与物的关系，也就是说场所与物的有效结合是人与物有效结合的基础，从而产生了对象物在场所中的放置科学，即定置。

（1）场所与物的有效结合形式——定置。定置与放置不同，定置即是对生产现场、人、物进行作业分析和动作研究，使物按生产需要、工艺要求科学地固定在场所的特定位置上，以达到物与场所有效结合，缩短人取物的时间，消除人的重复动作，促进人与物的有效结合。

定置与放置的比较如图 8-11 所示。

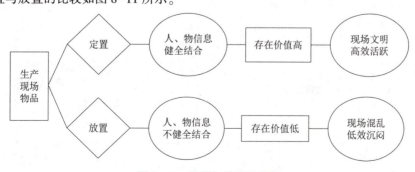

图 8-11 定置与放置的比较

在生产过程中，根据对象物流运动的规律性，并且依据便于人与物的结合和充分利用场所的原则，科学地确定对象物在场所的位置。场所与物的结合有两种基本形式：

①固定位置，即场所固定、物品存放位置固定、物品的信息媒介固定。用三固定的技法来实现人、物、场所一体化。此种定置方法适用于对象物在物流运动中进行周期性重复运动，即物品用后回归原地，仍固定在场所某特定位置。

②自由位置，即物品在一定范围内自由放置，并以完善信息、媒介和信息、处理的方法来实现人与物的结合。这种方法适用于物流系统中不回归、不重复的对象物，可提高场所的利用率。

但在实践中，两种形式可根据需要结合使用。

（2）场所的三种状态。

A 状态是良好状态，即场所具有良好的工作环境、作业面积、通风设施、恒温设施、光照、噪声、粉尘等，符合人的生理要求与生产需要，整个场所达到安全生产的要求。

B 状态是改善状态，即场所需要不断改善工作环境，场所的布局不尽合理，或只满足人的生理要求，或只满足生产要求，或两者都未能完全满足。

C 状态是需要彻底改造状态，即场所需要彻底改造，场所既不能满足生产要求、安全要求，又不能满足人的生理要求。

定置管理中人、物、场所三要素的结合状态如表 8-10 所示。

表 8-10　定置管理中人、物、场所三要素的结合状态

要素	A 状态	B 状态	C 状态
场所	指良好的作业环境。如场所中工作面积、通道、加工方法、通风设施、安全设施、环境保护（包括温度、光照、噪声、粉尘、人的密度等）都应符合规定	指需不断改进的作业环境。如场所环境只能满足生产需要而不能满足人的生理需要，或相反。故应改进，以便既满足生产需要，又满足人的生理需要	指应消除或彻底改进的环境。如场所环境既不能满足生产需要，又不能满足人的生理要求
人	指劳动者本身的心理、生理、情绪均处在高昂、充沛、旺盛的状态；技术水平熟练，能高质量地连续作业	指需要改进的状态。人的心理、生理、情绪、技术四要素，部分出现了波动和低潮状态	指不允许出现的状态。人的四要素均处于低潮，或某些要素处于极低潮，如身体、技术等
物	指正在被使用的状态。如正在使用的设备、工具、加工工件，以及妥善、规范放置，处于随时和随手可取、可用状态的坯料、零件、工具等	指寻找状态。如现场混乱，库房不整，要浪费时间逐一寻找零件与工具等物品	指与生产和工作无关，但处于生产现场物品的状态。需要清理，即应放弃的状态
人、物、场所的结合	三要素均处于良好和谐的、紧密结合的、有利于连续作业的状态，即良好状态	三要素在配置上、结合程度上还有待进一步改进，还未能充分发挥各要素的潜力，或者部分要素处于不良好状态等，也称需改进状态	指要取消或彻底改造的状态。如严重影响作业、妨碍作业、不利于现场生产与管理的状态

3. 信息媒介物与人、物、场所的关系

生产现场中众多的对象物不可能都与人处于直接结合状态，而绝大多数的物与人处于间接结合状态，为实现人与物的有效结合，必须借助于信息媒介的指引、控制与确认。因此，信息媒介的准确可靠程度直接影响人、物、场所的有效结合。

信息是客观存在的一切事物，通过物质载体所发生的消息、情报、数据和信号中包含的一切可传递与交换的知识内容。在生产活动中，信息起着指导、控制和确认对象物物流的作用。

一般地说，信息可分为四类，即指令性信息、标准性信息、引导性信息和确认性信息，统称为信息流。

在定置管理中，使用的特定信息可分为两类，即引导性信息和确认性信息。

（1）引导性信息。引导性信息，是指人们通过信息媒介物，被引导到目的场所，如位置台账、平面布置图等。

引导性信息媒介物包括第一媒介物和第二媒介物。第一媒介物告诉人们"该物在何处"，引导人们去与该物结合，例如，各种物品的位置台账，就标注着各种物品存放的场所。第二媒介物告诉人们"该处在哪里"，例如，利用定置图形象地指示存放物品的处所或区域的位置，引导人们到要去的场所。

（2）确认性信息。确认性信息，是指人们通过信息媒介物确认出物品和场所，如场所标示、物品名称（代号）等。

确认性信息媒介物包括第三媒介物和第四媒介物。第三媒介物告诉人们"这里就是该场所"，也称场所标示，如区域标牌、货架标牌、名称、标号、图示等。第四媒介物告诉人们"此物就是该物"，它是物的确认性信息。人们通过此信息媒介物，做出与该物结合的确认依据，使人与该物的结合成为有效的结合，如物品的名称、规格、数量、质量、颜色、形状等。

8.4.3 定置管理的内容和对象

1. 定置管理的内容

定置管理的内容较为复杂，根据定置管理的原理和先进企业的实践经验，定置管理的内容可用"物分四类，按图定位；ABCD，常转代费；颜色各异，红蓝黄黑；坚持定置，文明之最"来表示。

物分四类，即根据现场中人、物的结合状态物品分为四种类型。

A 类：表示常用物品，例如，正在加工的对象物和加工的手段等，用红色来表示。

B 类：表示随时要转化为 A 类的物品，例如，周转中的半成品和周转使用的工位器具等，用蓝色表示。

C 类：表示代为保管的物品，例如，待发运的产品和暂时封存的工位器具等，用黄色表示。

D 类：表示废品、废料等，等待处理，例如，钢渣、垃圾等，用黑色表示。

上述四类物品定置在合理的位置上，按标准设置标志牌，做到图物一致。

2. 定置管理的对象

定置管理的对象有以下几个方面：

（1）场地的定置。通过工艺分析和作业研究，科学合理地划分生产区、绿化区、卫生区和物品堆放区等，按要求设计合理的定置图，使区域、工序和生产现场井然有序。

（2）现场的定置。生产现场又要分原材料存放区、半成品存放区、成品存放区、检修品存放区、废品存放区等，防止混乱；要按标准设置安全通道，并要标识清楚；绿化区、卫生区和各种物品堆放区都要制定管理制度，落实责任，定期考核。

（3）设备的定置。通过动作研究、时间研究和工艺流程分析，使机械设备优化组合，工位器具布局合理；工作台、操作台高度要适当，确保操作者感到轻松自如；易损件要提前准备，定置在设备的备件箱内；各种材料、零配件要按照生产工艺要求的需用量，定置在该机台或流水线旁指定的容器中，按每班的需要量定时补充。

（4）特殊物品的定置。对易燃易爆、有毒有害、污染环境的物品，以及对不安全的作业场所实行特殊定置，预防事故，控制污染，实现安全文明生产。

（5）仓库的定置管理。通过调整物品的位置，使仓库里各种物品的摆放井然有序，定位准确、标准、整齐，从而促使仓库管理更加安全、文明，充分发挥仓库的功能，确保在指定的时间内，准确、及时向生产工序提供所需数量的材料零部件等。

（6）工具箱的定置。确定工具箱规范化摆放位置及箱内物品堆放顺序，要科学化、标准化。

（7）操作者的定置。每位操作者都要根据工序、岗位的分工，坚守在自己的操作岗位上，精心操作，不许混岗，特别是特种作业一定要持证上岗。

8.4.4　开展定置管理的步骤

开展定置管理应按照以下六个步骤进行（如图 8-12 所示）。

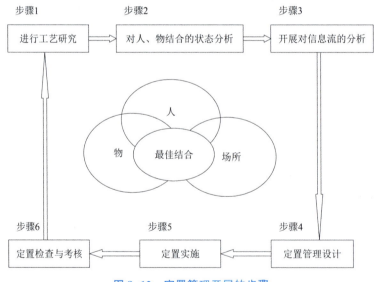

图 8-12　定置管理开展的步骤

1. 进行工艺研究

进行工艺研究是定置管理开展程序的起点，它对生产现场现有的加工方法、机器设备、工艺流程进行详细研究，确定工艺在技术水平上的先进性和经济上的合理性，分析是否需要和有可能用更先进的工艺手段及加工方法，从而确定生产现场产品制造的工艺路线和搬运路线。工艺研究是一个提出问题、分析问题和解决问题的过程，包括以下三个步骤。

（1）对现场进行调查，详细记录现行方法。通过查阅资料、现场观察，对现行方法进行详细记录，是为工艺研究提供基础资料，所以，要求记录详尽准确。由于现代工业生产工序繁多、操作复杂，如用文字记录现行方法和工艺流程，势必显得冗长烦琐，在调查过程中可运用工业工程中的一些标准符号和图表来记录，则可一目了然。

（2）分析记录的事实，寻找存在的问题。对经过调查记录下来的事实，运用工业工程中研究的方法和时间研究的方法，对现有的工艺流程及搬运路线等进行分析，找出存在的问题及其影响因素，提出改进方向。

（3）拟定改进方案。提出改进方向后，定置管理人员要对新的改进方案做具体的技术经济分析，并和旧的工作方法、工艺流程和搬运线路做对比。在确认是比较理想的方案之后，才可作为标准化的方法实施。

2. 对人、物结合的状态分析

对人、物结合的状态分析，是定置管理中最关键的一个环节。在生产过程中必不可少的是人与物，只有人与物结合才能进行工作。而工作效果如何，则需要根据人、物结合的状态来定。人与物的结合是定置管理的本质和主体。定置管理要在生产现场实现人、物、场所三者最佳结合，首先应解决人与物的有效结合问题，这就必须对人、物结合的状态进行分析。

按照人与物有效结合的程度，可将人与物的结合归纳为 A、B、C 三种基本状态。

（1）A 状态，表现为人与物处于能够立即结合并发挥效能的状态。如操作者使用的各种工具，由于摆放地点合理而且固定，当操作者需要时能立即拿到或做到得心应手。

（2）B 状态，表现为人与物处于寻找状态或尚不能很好发挥效能的状态。如一个操作者想加工一个零件，需要使用某种工具，但由于现场杂乱或忘记了这一工具放在何处，结果因寻找而浪费了时间；由于半成品堆放不合理，散放在地上，加工时每次都需弯腰，一个个地捡起来，既影响了工时，又提高了劳动强度。

（3）C 状态，是指人与物没有联系的状态。这种物品与生产无关，不需要人去同该物结合。如生产现场中存在的已报废的设备、工具、模具，生产中产生的垃圾、废品、切屑等，这些物品放在现场，必定占用作业面积，而且影响操作者的工作效率和安全。

因此，定置管理就是要通过相应的设计、改进和控制，消除 C 状态，改进 B 状态，使两者都成为 A 状态，并长期保持下去。

3. 开展对信息流的分析

信息媒介就是在人与物、物与场所合理结合过程中起指导、控制和确认等作用的信息载体。由于生产中使用的物品品种多、规格杂，它们不可能都放置在操作者的手边，如何找到各种物品，需要有一定的信息来指引；许多物品在流动中是不回归的，它们的流向和数量也要有信息来指导和控制；为了便于寻找和避免混放物品，也需要有信息来确认。因此，在定置管理中，完善而准确的信息媒介是很重要的，它影响人、物、场所的有效结合程度。

人与物结合，需要有四个信息媒介物（如图 8-13 所示）。

（1）第一个信息媒介物是位置台账，它表明"该物在何处"。通过查看位置台账，可以了解所需物品的存放场所。

（2）第二个信息媒介物是平面布置图，它表明"该处在哪里"。在平面布置图上可以看到物品存放场所的具体位置。

（3）第三个信息媒介物是场所标示，它表明"这儿就是该处"。它是物品存放场所的标示，通常用名称、图示、编号等表示。

（4）第四个信息媒介物是现货标示，它表明"此物即该物"。它是物品的自我标示，

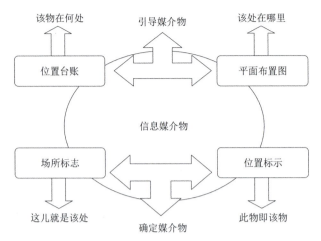

该物在何处　　引导媒介物　　该处在哪里

位置台账　　　　　　　平面布置图

信息媒介物

场所标志　　　　　　　位置标示

这儿就是该处　　确定媒介物　　此物即该物

图 8-13　人与物结合的四个信息媒介物

一般用各种标牌表示，标牌上有货物本身的名称及有关事项。

　　在寻找物品的过程中，通过第一个、第二个媒介物被引导到目的场所，因此，将第一个媒介物和第二个媒介物称为引导媒介物，再通过第三个、第四个媒介物来确认需要结合的物品，因此，将第三个媒介物和第四个媒介物称为确认媒介物。人与物结合的这四个信息媒介物缺一不可。建立人与物之间的连接信息，是定置管理这一管理方法的特色，是否能按照定置管理的要求，认真地建立、健全连接信息系统，并形成通畅的信息流，有效地引导和控制物流，是推行定置管理成败的关键。

4. 定置管理设计

　　定置管理设计，就是对各种场地（厂区、车间、仓库）及物品（机台、货架、箱柜、工位器具等）进行科学、合理定置的统筹安排。定置管理设计主要包括定置图设计和信息媒介物设计。

　　（1）定置图设计。定置图是对生产现场所在物进行定置，并通过调整物品来改善场所中人与物、人与场所、物与场所相互关系的综合反映图。其种类有室外区域定置图、车间定置图、各作业区定置图及仓库、资料室、工具室、计量室、办公室等定置图和特殊要求定置图（如工作台面、工具箱内，以及对安全、质量有特殊要求的物品定置图）。

　　定置图绘制的原则：一是现场中的所有物均应绘制在定置图上；二是定置图绘制以简明、扼要、完整为原则，相对位置要准确，区域划分清晰鲜明；三是生产现场暂时没有，但已定置并决定制作的物品，也应在定置图上表示出来，准备清理的无用物不得在定置图上出现；四是定置物可用标准信息符号或自定信息符号进行标注，并均在定置图上加以说明；五是定置图应按定置管理标准的要求绘制，但应随着定置关系的变化而进行修改。

　　（2）信息媒介物设计。信息媒介物设计，包括信息符号设计、示板图和标牌设计。

　　在推行定置管理时，进行工艺研究、各类物品停放布置、场所区域划分等都需要运用各种信息符号表示，以便人们形象、直观地分析问题和实现目视管理，各个企业应根据实际情况，设计和应用有关信息符号，并纳入定置管理标准。在设计信息符号时，如有国家规定的（如安全、环保、搬运、消防、交通等）应直接采用国家标准，其他符号企业应根据行业特点、产品特点、生产特点进行设计。设计符号应简明、形象、美观。

　　示板图是现场定置情况的综合信息标示，它是定置图的艺术表现和反映。

　　标牌是指示定置物所处状态、标志区域、指示定置类型的标志，包括建筑物标牌、货架货柜标牌及原材料、在制品、成品标牌等，它们都是实现目视管理的手段。

生产现场、库房、办公室及其他场所都应悬挂示板图和标牌，示板图中内容应与蓝图一致。示板图和标牌的底色宜选用淡色调，图面应清洁、醒目且不易脱落。各类定置物、区（点）应分类规定颜色标准。

5. 定置实施

定置实施是理论付诸实践的阶段，也是定置管理工作的重点，包括以下三个步骤：

（1）清除与生产无关的物品。生产现场中凡与生产无关的物品，都要清除干净。清除与生产无关的物品应本着"双增双节"的精神，能转变利用时则转变利用，不能转变利用时可以变卖，化为资金。

（2）按定置图实施定置。各车间、部门都应按照定置图的要求，将生产现场物品进行分类、搬、转、调整并予定位。定置的物要与定置图相符，位置要正确，摆放要整齐，储存要有器具。可移动物品，如推车、电动车等也要定置到适当位置。

（3）放置标准信息名牌。放置标准信息名牌要做到牌、物、图相符，设专人管理，不得随意挪动，要以醒目和不妨碍生产操作为原则。

总之，定置实施必须做到有图必有物，有物必有区，有区必挂牌，有牌必分类；按图定置，按类存放，账（图）物一致。

6. 定置检查与考核

定置管理的一条重要原则就是持之以恒，只有这样，才能巩固定置成果，并使其不断发展。因此，必须建立定置管理的检查、考核制度，制定检查与考核办法，并按标准进行奖罚，以实现定置长期化、制度化和标准化。

定置管理的检查与考核一般分为两种情况：一是定置后的验收检查，检查不合格的不予通过，必须重新定置，直到合格为止；二是定期对定置管理进行检查与考核，这是要长期进行的工作，它比定置后的验收检查工作更为复杂、更为重要。

▶▶▶ 实战训练8-2 ◀◀◀

某公司给每个员工发一个水杯，所以水杯都是一样的，每人贴个标签写上自己的名字，因为摆放得乱，且常被人移动，总有人找不到自己的水杯。

一开始画了田字格，并要求大家按格子摆放。但实际情况是，每次按田字格整理好后，过半天就又乱了。因为只要有1个人没有放置到格里，就会占用2个或4个格的部分位置，导致其他人也没办法放到格里。若3~5个人没摆放好，就会全部混乱。有一段时间员工人数较多，按每人一个格子摆放是够用的，但只要有几个人乱放，位置就不够用了，就会有人放到上面的窗台上。窗户外面是主通道，很多领导经常路过，影响很不好。早会公司领导强调了很多次，甚至组长专门抽时间检查，但一离开就又乱了。

问题：如何解决水杯摆放乱，导致员工找不到自己的水杯及摆放位置不够用的问题？

看板目管理——精益生产管理工具

JIT 生产方式是以降低成本为基本目的，在生产系统的各个环节全面展开的一种使生产有效进行的新型生产方式。JIT 生产又采用了看板管理工具，看板犹如巧妙连接各道工序的神经，发挥着重要作用。

一、什么是看板

为解决丰田生产过剩的问题，丰田生产主管大野耐一从超市货架获得启发，开创了"以看板拉动"（传递需求信息及物料搬运指令）的机制。就像一个空的货架，从视觉上对产品的流动进行追踪，很容易发现瓶颈在哪里、空缺在哪里、生产流程是否衔接紧密。

看板有三个基本元素：板（board）代表整个项目，列表或通道（list）代表一个分类，卡（card）代表进行的工作。

看板以图像化方式展现工作状况，而不是按时间顺序的时间线（甘特图），就像这张便条纸一样，虚拟看板会分成几个阶段，最简单的就是"已分配""进行中"和"完成"，如图 8-14 所示。

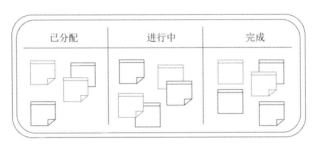

图 8-14　虚拟看板甘特图

二、看板管理的优势

（1）可视化。视觉化最直观有效。看板如同交通信号灯，管理流量，何时启动、减慢、停止，控制生产数量和生产顺序，满足客户需求。

（2）生产改进。看板系统拥有通过改善生产流程降低成本、避免浪费的固有能力，能更好地管理库存水平。一方面避免库存过多、储存的保险和确保安全的间接费用增加导致的现金流问题，也降低库存过期的风险；另一方面避免库存太少损害企业信誉，导致销售损失和客户流失。更平滑的制造流程：看板系统侧重于当前条件，计算生产水平、考虑设备停机时间，废料和切换时间，在确保满足生产计划的同时避免过度生产。

（3）对计划变动响应的灵活性。生产管理从来就不是绝无变动的，生产计划来自客户需求。看板系统的即时生产核心确保了这种灵活性。

（4）对控制权的交付。看板把控制的权力交给了真正在做事的人，恰恰是对这个环节最熟悉的人。一方面，为工作计划流程创造一个有益的缓冲空间，将监管日常运行的责任安放到每一个实施者身上；另一方面，增加了员工之间的尊重与信任，构成一个共同的目标，引发员工对工作的热情和奉献度，提高生产率。赋权是一种有效的管理工具。

（5）质量控制和自我约束。看板系统促成一个致力于质量改进的环境。小批量进度的生产进行模式导致质量控制问题可以更容易地在源头查找。此外，看板系统通过及时地检测，解决了库存过多掩盖质量的问题，后期挽回了改进烦琐的问题。

三、看板运用规则、要素及注意事项

（1）运用规则。包括可视化的工作流程；限制在工作"进行中"时下达任务；从上一个列表拖动产生工作；监控，调整，提高，以此不断改进生产、控制库存；错误的数据、金额等不能转移到下一个项目；看板始终伴随每一个项目（如图8-15所示）。

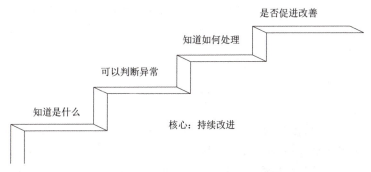

图8-15 管理看板水平高低的评估原则

（2）要素诠释。①人员：组织机构图、规章制度、电话礼仪、员工守则。②设备：操作说明书、点检标准、保养标准、测试标准。③材料：BOM构筑、部品明细、验收标准、QC工程图、出入库制度。④方法：作业指导书、生产类标准、管理类标准、程序文件。⑤环境：5S标准、ISO 14000标准、作业现场布置图等。

（3）注意事项。包括每月根据数量的变化进行看板数量的增减管理；在经过改善后尽可能地减少看板的安全在库数量；看板要在使用的时候拿出来，而且要分期分批地回收；实施分期分批地引取；发生异常等特殊情况要进行临时生产时必须要联络，分期分批发放临时看板，并要及时回收临时看板。

四、看板管理形式

（1）目标分解展示板。能使高层领导从日常管理中解脱出来。目标可按产品、工序、原因、技术等来分解。但应考虑以下情况，例如，现象把握难易度、对策实施难易度、成果把握难易度等，然后决定按什么顺序来展开。

（2）工具板。根据工具的特点或形状，安置在一块板上容易取用，又可随时方便地放回，可大大方便现场人员，节约工作时间、提高工作效率。

（3）设备计划保全日历。指设备预防保全计划，包括定期检查、定期加油及大修的日程，以日历的形式预先制定好，并按日程实施。优点是像查看日历一样方便，而且日历上已经记载了必须做的事项，等完成后做好标记。

（4）班组管理现状板。集合了部门目标、出勤管理、业务联络、通信联络、资料、合理化建议、信箱等内容，是班组的日常管理看板，一般设置在休息室的地方。

（5）区域分担图。也称责任看板，是将部门所在的区域（包括设备等）划分给不同的班组，由其负责清扫点检等日常管理工作。

（6）安全无灾害板。为了预防安全事故发生而开展的每日提醒活动，包括安全无灾害持续天数、安全每日一句、安全教育资料与信息。一般设置在大门口等员工出入或集中的

地方。

（7）定期更换板。根据备件的使用寿命定期进行更换的管理看板，一般张贴在需要更换作业的部位，方便任何人检查或监督。优点是能将文件上或电脑里要求的作业事项直观表现在看板上，不容易遗忘。

总之，使用看板管理能够直观地看到正在进行的任务及任务目前遇到的瓶颈；立即了解延迟发生的阶段和即时资源；改善团队成员之间的沟通，形成团队自我管理，并进行更适用于组织的工作流程；激励专案团队更好地进行协同合作，更好地理解彼此间的工作量。

（资料来源：微信公众号"大道扬一管理咨询"，2023-01-08）

项目8知识
检测答案

知识检测

一、单项选择题

1. 5S 管理起源于（　　　）。

A. 美国　　　　　　　B. 日本　　　　　　　C. 中国　　　　　　　D. 英国

2. 以下属于正确实施 5S 管理流程的是（　　　）。

A. 整理、整顿、清扫、清洁、素养　　　　B. 整顿、整理、清扫、清洁、素养
C. 清扫、清洁、素养、整顿、整理　　　　D. 素养、整理、整顿、清扫、清洁

3. 将生产现场多余且不用的物品清理出去，这种现象属于 5S 管理中的哪一项？（　　　）

A. 整理　　　　　　　B. 整顿　　　　　　　C. 清洁　　　　　　　D. 素养

4. 5S 管理的终极目标是（　　　）。

A. 整理、整顿　　　　B. 清扫、清洁　　　　C. 素养　　　　　　　D. 品质第一

5. 与其他管理工作相比，目视管理的特点是（　　　）。

A. 形象直观，容易识别　　　　　　　　　B. 传递信息快，效率高
C. 信息公开化，透明度高　　　　　　　　D. 以上都包括

6. 在目视管理的物品管理中，颜色的使用应该尽可能地遵照常规，下面是一个厂房的垃圾分类收集标准，你认为颜色设置最合理的是（　　　）。

A. 红色箱装有害垃圾，绿色箱装不可回收垃圾，黄色箱装可回收垃圾
B. 红色箱装有害垃圾，黄色箱装不可回收垃圾，绿色箱装可回收垃圾
C. 绿色箱装有害垃圾，黄色箱装不可回收垃圾，红色箱装可回收垃圾
D. 黄色箱装有害垃圾，绿色箱装不可回收垃圾，红色箱装可回收垃圾

7. 关于清扫的定义，正确的是（　　　）。

A. 将生产、工作、生活场所内的物品分类，并把不要的物品清理掉
B. 把有用的物品按规定分类摆放好，并做好适当的标识
C. 将生产、工作、生活场所打扫得干干净净
D. 对员工进行素质教育，要求员工有纪律观念

8. 在日常生活中，目视管理的应用实例比比皆是，下面（　　　）属于目视管理。

A. 显示装置　　　　　B. 信号灯　　　　　　C. 标志牌　　　　　　D. 以上都包括

9. 下列对清洁活动理解正确的是（　　　）。

A. 清洁就是把工作区域打扫干净
B. 清洁就是维持前 3S 管理的成果，使其形成制度化、标准化
C. 清洁就是维持前 2S 管理的成果，使其形成制度化、标准化

D. 清洁就是维持前 1S 管理的成果，使其形成制度化、标准化

10. 定置管理是研究工作场所的（   ）之间关系的一种方法。

A. 人、物、机器
B. 人、物、场所
C. 作业方法、物、场所
D. 以上都不对

二、多项选择题

1. 成功推行 5S 管理的条件是（   ）。

A. 管理者支持
B. 推行 5S 管理目标
C. 全员参与
D. 持续不断进行

2. 在生产时常常会遇到厂家送来的纸箱子码放不整齐的情况，并且还有坏纸箱子，这时需要员工放到指定区域后重新码放，这是 5S 管理中的（   ）体现。

A. 整理
B. 整顿
C. 清洁
D. 素养

3. 整理、整顿是塑造良好工作环境的方法。所谓"工作环境"包括（   ）。

A. 工厂周边、外围、厂房建筑的本身
B. 办公室、空地、马路
C. 机器、设备及其配置、工作场所
D. 仓库场地、工厂照明

4. 目视管理的原则包括（   ）。

A. 视觉化
B. 透明化
C. 标准化
D. 形式化

5. 定置管理中，信息媒介可分为（   ）。

A. 确认性信息
B. 指令性信息
C. 标准性信息
D. 引导性信息

6. 有关整理的方法，正确的有（   ）。

A. 常用的物品，放置于工作场所的固定位置或近处
B. 会用但不常用的物品，放置于储存室或货仓
C. 很少使用的物品放在工作场所内固定的位置
D. 不能或不再使用的物品，废弃处理

7. 有关整顿的做法，正确的有（   ）。

A. 将已确定无用的物品及时清理出去，腾出更多的空间，并加以利用
B. 整理有用的物品，规划存放位置并加以标示
C. 建立物品存放、管理的有效方法，使其整齐、有条理
D. 对有用的物品加以合理管制，防止混乱

8. 关于素养，下面说法正确的是（   ）。

A. 所有的员工应遵守公司的规章制度、岗位制度
B. 工作保持良好的习惯（如不聊天，不随意离岗、不闲坐、不带零食进入工作场所、不做与工作无关的事）
C. 衣着端庄，待人接物有诚信，有礼貌，不讲粗言秽语
D. 爱护生产、生活设施、公物，节约用电、用水

9. 定置实施必须做到（   ）。

A. 有图必有物
B. 有物必有区
C. 有区必挂牌
D. 有牌必分类
E. 按图定置，按类存放，账（图）物一致

10. 下列情形符合定置管理要求的是（   ）。

A. 为联系方便，将通信录张贴在办公桌隔离板上或便于查看的墙面上

B. 安全帽挂在指定位置

C. 下班之后将椅子推到办公桌底下

D. 办公桌上的烟灰缸放在固定位置，并随时保持清洁

E. 从资料柜拿出的资料用完后及时放回原位

任 务 实 施

1. 山东莱茵科斯特智能科技有限公司制作的看板中对 6S 管理的解释是否正确？若不正确，则请写出正确的解释。

_____

_____

_____

_____

2. 山东莱茵科斯特智能科技有限公司制作的 6S 管理看板有无问题？若有问题，则请进行改正，并为该公司制作正确的 6S 管理看板。

_____

_____

_____

_____

3. 6S 管理看板本身是指哪种管理工具？"整顿"过程中运用哪种管理工具？

_____

_____

_____

_____

4. 针对"仓库的卷门在中途降落时需要按下开关才会停止，否则不能自动停止在卷门的下方，若不注意而放置物品，则会造成物品破损"的问题，运用所学的现场管理工具为山东莱茵科斯特智能科技有限公司提出改善措施。

_____

_____

_____

_____

_____

参 考 文 献

[1] 陈鸿雁，张子辰. 生产物流运作管理 [M]. 北京：北京理工大学出版社，2020.

[2] 陈鸿雁. 生产型企业物流运营实务 [M]. 北京：北京大学出版社，2015.

[3] 董宏达. 生产企业物流 [M]. 2 版. 北京：清华大学出版社，2013.

[4] 中国就业培训技术指导中心. 物流师 [M]. 2 版. 北京：中国劳动社会保障出版社，2013.

[5] 陈鸿雁，孙婕. 采购管理实务 [M]. 北京：中国石油大学出版社，2021.

[6] 张彤，马洁. 采购与供应链管理 [M]. 北京：高等教育出版社，2021.

[7] 彭剑锋，张小峰. 平台型组织的五大价值 [EB/OL]. (2019-11-07). https://www.sohu.com/a/352128220_761946.

[8] 工业 4.0 时代：实现智慧工厂的五大要素集成 [J]. 智慧工厂，2017 (11)：35-36.

主 编 简 介

陈鸿雁，教授，二级国家心理咨询师，淄博职业学院教师。国家职业教育快递运营管理专业教学资源库主讲教师，山东省社会科学优秀成果评委专家，山东省家庭教育志愿服务总队专家，山东省家庭教育宣讲团成员，山东省商业职业教育专业建设物流管理分委会委员。淄博职业学院优质课程"企业管理心理实务"负责人，"生产物流运作""组织行为学""管理学"等课程负责人，主讲"生产物流运作""采购管理实务""管理学"等课程。获国家发明专利2项，实用新型专利3项。发表北大核心期刊论文12篇，出版学术专著3部，主编教材9部，其中"十二五"职业教育国家规划教材2部，山东省高等学校优秀教材二等奖2部。获得校级"优秀教师""说课比赛一等奖"等多项荣誉称号，全国商科实践教学大赛获二等奖2次。指导学生参加大学生创新创业大赛获国家级金奖1次，二等奖1次，三等奖1次。主持完成了山东省哲学社会科学规划项目，山东省职业院校教学改革项目，山东省"十三五""十四五"教育科学规划项目，全国高校、职业院校物流教改教研课题等15项，荣获各级优秀科研成果奖17项。

张子辰，博士在读。校级优秀毕业生、优秀团学干部，获主持人大赛"金话筒"奖，陕西省历史博物馆优秀讲解员。撰写《"全民直播"时代电视节目主持人的转型研究》被评为优秀毕业设计（论文）。出版学术专著1部，主编"十二五"职业教育国家规划教材1部，担任3部教材的副主编。东省哲学社会科学规划项目，山东省"十三五""十四五"教育科学规划项目，全国高校、职业院校物流教改教研课题等7项。参加昆士兰大学 Caroline Wilson-Barnao 导师"Social Media Collecting：From Content to Object"研究项目，承担子项目"中国的社交媒体收藏：从内容到对象"研究。参与开发项目"乡愁记忆·古村落云旅游"平台，承担淄博市8个古村落的视频制作。